21世纪普通高等教育应用型人才培养规划教材

主　编◎郭松克
副主编◎巴雅尔　彭　婷　陈星平

中级财务会计

ZHONGJI CAIWU KUAIJI

（第二版）

西南财经大学出版社
Southwestern University of Finance & Economics Press

图书在版编目(CIP)数据

中级财务会计 / 郭松克主编 .—2 版.—成都:西南财经大学出版社,2014.10

ISBN 978-7-5504-1623-9

Ⅰ.①中…　Ⅱ.①郭…　Ⅲ.①财务会计—教材　Ⅳ.①F234.4

中国版本图书馆 CIP 数据核字(2014)第 243710 号

中级财务会计(第二版)

主　编:郭松克

副主编:巴雅尔　彭　婷　陈星平

责任编辑:李特军

助理编辑:李晓嵩

封面设计:何东琳设计工作室

责任印制:封俊川

出版发行	西南财经大学出版社(四川省成都市光华村街 55 号)
网　　址	http://www.bookcj.com
电子邮件	bookcj@foxmail.com
邮政编码	610074
电　　话	028-87353785　87352368
印　　刷	郫县犀浦印刷厂
成品尺寸	185mm×260mm
印　　张	16.5
字　　数	375 千字
版　　次	2014 年 10 月第 2 版
印　　次	2014 年 10 月第 1 次印刷
印　　数	1—3000 册
书　　号	ISBN 978-7-5504-1623-9
定　　价	32.00 元

第二版前言

《中级财务会计》教材，目前已是汗牛充栋，但针对独立学院这一本科层次学生开发的该类教材尚不多见。

独立学院学生更注重应用性，为此，有针对性地培养三本层次的学生，使之具备一定的专业知识，同时又有较强的实际操作能力，必然成为我们的一项重要任务。为完成这一任务，我们组织了若干所独立学院长期从事于该课程教学、研究的专家和资深教师，在认真调研和开展教学研究的基础上，历时两年完成本教材的编写工作。

本教材以最新的《企业会计准则》和《注册会计师审计准则》为编写基础，以突出通俗性、实用性和可操作性为编写宗旨，体现出以下特色：

（1）本教材主要针对独立学院这一本科层次，充分考虑了学生的接受能力和应用型人才培养目标实现的需要。

（2）本教材吸收最新学术研究成果，融入最新财经法规，并将新的专业技能渗入教材之中，以提高学生实际操作能力。

（3）本教材总体结构规划为十四章。首章为总论，其后各章按会计要素的内在逻辑结构排列，最后以财务会计报告结尾。所有各章均按统一体例编写，便于教学安排和学生自学。

（4）本教材编写瞄准国家级规划教材的目标，参编者授课、实践经验丰富，并有跨区域、跨校际的合作优势，所编教材能够满足学生未来实际工作的需要。

参加本教材编写的人员有：广州大学松田学院郭松克（第一章总论）；云南师范大学董丽（第二章货币资金、第六章投资性房地产）；广州大学松田学院王永贵（第三章金融资产、第四章存货）；广州大学松田学院周敏捷（第五章固定资产）；广州大学松田学院彭婷（第七章无形资产及其他资产、第八章流动负债）；广东财经大学华商学院巴雅尔（第九章非流动负债、第十章所有者权益）；广州大学松田学院肖书平、杨烁丹（第十一章收入、第十二章费用）；广东技术师范学院天河学院陈星平（第十三章利润、第十四章财务会计报告）。全书由郭松克教授负责总体设计、总纂并统稿，彭婷、管妙娴老师对全书体例编排进行了协助统筹。

本教材虽针对独立学院本科层次的本专业和相近专业学生编写，但由于知识结构合理且通俗易懂，所以也可供高职高专同类专业学生使用，还可作为财政、税务、银行、审计等部门的专业人员和自学人员及会计专业的教师参考资料。

本教材在编写过程中得到西南财经大学出版社的悉心指导和支持，同时参照了许多同行专家的研究成果，谨表示诚挚感谢。由于编者水平有限，相互切磋机会较少，因而书中错误和疏漏难免，敬请专家及读者斧正。

郭松克

2014年10月10日

目录

第一章　总论 …………………………………………………………… (1)
第一节　财务会计概述 ………………………………………………… (1)
第二节　财务会计理论基础 …………………………………………… (2)
第三节　财务会计要素及会计计量属性 ……………………………… (6)
第四节　会计信息质量 ………………………………………………… (12)

第二章　货币资金 ………………………………………………………… (16)
第一节　库存现金 ……………………………………………………… (16)
第二节　银行存款 ……………………………………………………… (21)
第三节　其他货币资金 ………………………………………………… (28)

第三章　金融资产 ………………………………………………………… (32)
第一节　金融资产概述 ………………………………………………… (32)
第二节　交易性金融资产 ……………………………………………… (33)
第三节　贷款及应收款项 ……………………………………………… (37)
第四节　长期股权投资 ………………………………………………… (46)

第四章　存货 ……………………………………………………………… (62)
第一节　存货概述 ……………………………………………………… (62)
第二节　存货收入及发出的计价 ……………………………………… (64)
第三节　原材料的核算 ………………………………………………… (70)
第四节　其他存货的核算 ……………………………………………… (77)
第五节　存货的清查及减值核算 ……………………………………… (81)

第五章　固定资产 ………………………………………………………… (90)
第一节　固定资产概述 ………………………………………………… (90)
第二节　固定资产的初始计量 ………………………………………… (93)
第三节　固定资产的后续计量 ………………………………………… (97)

第四节　固定资产处置、清查和减值核算 …………………………（102）

第六章　投资性房地产 ……………………………………………（107）
第一节　投资性房地产概述 ……………………………………（107）
第二节　投资性房地产的确认和初始计量 ………………………（110）
第三节　投资性房地产的后续计量 ………………………………（113）
第四节　投资性房地产的处置 ……………………………………（116）

第七章　无形资产及其他资产 ……………………………………（123）
第一节　无形资产 ………………………………………………（123）
第二节　其他资产 ………………………………………………（129）

第八章　流动负债 …………………………………………………（131）
第一节　负债概述 ………………………………………………（131）
第二节　短期借款 ………………………………………………（132）
第三节　应付票据 ………………………………………………（133）
第四节　应付账款及预收账款 ……………………………………（135）
第五节　应付职工薪酬 …………………………………………（138）
第六节　应付股利 ………………………………………………（142）
第七节　应交税费 ………………………………………………（143）
第八节　其他应付款 ……………………………………………（152）

第九章　非流动负债 ………………………………………………（154）
第一节　非流动负债概述 …………………………………………（154）
第二节　长期借款 ………………………………………………（155）
第三节　应付债券 ………………………………………………（159）
第四节　长期应付款 ……………………………………………（164）

第十章　所有者权益 ………………………………………………（168）
第一节　所有者权益概述 …………………………………………（168）
第二节　实收资本（或股本） ……………………………………（169）
第三节　资本公积 ………………………………………………（174）

第四节　留存收益 …………………………………………………… (177)

第十一章　收入 …………………………………………………… (182)
第一节　销售商品收入 …………………………………………… (182)
第二节　提供劳务收入 …………………………………………… (195)
第三节　让渡资产使用权的使用费收入的核算 ………………… (201)

第十二章　费用 …………………………………………………… (203)
第一节　营业成本 ………………………………………………… (203)
第二节　营业税金及附加 ………………………………………… (206)
第三节　期间费用 ………………………………………………… (207)

第十三章　利润 …………………………………………………… (211)
第一节　营业外收支 ……………………………………………… (212)
第二节　所得税费用 ……………………………………………… (214)
第三节　本年利润 ………………………………………………… (226)

第十四章　财务会计报告 ………………………………………… (230)
第一节　财务会计报告概述 ……………………………………… (231)
第二节　资产负债表 ……………………………………………… (234)
第三节　利润表 …………………………………………………… (239)
第四节　现金流量表 ……………………………………………… (242)
第五节　所有者权益变动表 ……………………………………… (251)
第六节　附注 ……………………………………………………… (253)

参考文献 ………………………………………………………… (258)

第一章　总论

【目的与要求】

了解财务会计的内涵、特征；

理解财务会计的目标、财务会计信息的质量特征；

掌握财务会计假设、财务会计要素及确认和计量。

【主要内容】

财务会计目标；

财务会计假设；

财务会计信息质量；

财务会计要素；

财务会计确认基础和计量属性。

【考核重点】

财务会计目标；会计假设所起的作用；会计要素的确认、计量；会计信息质量特征。

第一节　财务会计概述

一、财务会计的内涵

财务会计产生的历史比较悠久，自从帕乔利复式记账法产生以来，已有600多年的发展过程。财务会计从内涵结构上看已形成三大组成部分，即基础会计、中级财务会计和高级财务会计；同时它们和后起发展的管理会计相对应，共同构成现代企业会计。

20世纪初，在市场经济条件下，公司制企业成为当代主要的企业组织形式，公司制的主要特点是所有权与经营权分离，经营者是受托代理经营。因此现代企业管理分成两个方面：一方面是出于企业外部的股东对企业重要政策的控制；另一方面是出于企业内部的管理当局对企业生产经营的全面管理。与之相适应，现代企业会计也形成两个互有联系而又相互独立的系统：一个是主要为外部管理服务的财务会计；另一个是主要为内部管理服务的管理会计。

财务会计把企业视为一个整体，着重按企业外部信息使用者的需要，以会计准则为依据，对已经完成或已发生的交易或事项，运用一整套专门的会计方法，以货币为主要计量单位，按照确认、计量、记录和报告的程序，以财务报告为主要形式，定期、总括地反映企业财务状况、经营成果及现金流量等信息。财务会计的本质是一项价值管理活动，是人们对在生产过程中的价值运动进行管理的一项经济管理活动。

二、财务会计的特征

同管理会计相比较，财务会计的基本特征如下：

（一）财务会计以计量和传送信息为主要目标

财务会计的目标主要是通过确认、计量、记录和报告对不参与企业经营管理的投资者、债权人、政府部门、社会公众提供会计信息。从信息的性质看，主要是反映企业整体情况，并着重历史信息；从信息的使用者看，主要是外部使用者，包括投资人、债权人、社会公众和政府部门等；从信息的用途看，主要是利用信息了解企业的财务状况和经营成果。

（二）财务会计以财务报告为工作核心

财务信息的主要载体是反映企业整体的财务状况、经营业绩和现金流量变化情况的财务报告。因此，财务报告是会计工作的核心，会计报表是财务报告的重要组成部分。现代财务会计所编制的会计报表是以公认会计原则为指导而编制的通用会计报表，并把会计报表的编制放在最突出的地位。

（三）财务会计以传统会计模式作为数据处理和信息加工的基本方法

为了编制会计报表，财务会计还要运用较为成熟的传统会计模式作为处理和加工信息的方法。财务会计所采用的程序和方法是描述性的，主要是针对会计主体已经发生的一切经济活动进行连续、系统、全面、综合的确认、计量、记录与报告。

（四）财务会计以公认会计原则为指导

公认会计原则是指导财务会计工作的基本原理和准则，是组织会计活动、处理会计业务的规范。在我国，公认会计原则是由1项基本准则和38项具体准则以及应用指南和企业会计准则解释公告所组成的会计准则体系，这是我国财务会计必须遵循的规范。

第二节　财务会计理论基础

一、财务会计目标

财务会计目标是财务会计活动所要达到的目的，即会计为什么要提供会计信息、要为哪些人服务、提供哪些会计信息。由于财务会计主要以财务报告形式提供信息，因此，财务会计目标也称为财务会计报告目标。财务报告的目标定位决定着财务报告应当向谁提供有用的会计信息，应当保护谁的经济利益，这是编制企业财务报告的出发点。财务报告目标定位决定着财务报告所要求会计信息的质量特征，决定着会计要素的确认和计量的原则。

从20世纪20年代开始，西方会计界就此问题进行了不懈的探索，我国会计界从20世纪80年代起也就此问题进行研究。目前会计理论界对会计目标的研究，归纳起来主要有三种观点，即“受托责任观”、“决策有用观”和“双重目标观”。

（一）“受托责任观”

这种观点认为，财务会计目标就是以适当的方式有效地反映受托人的受托责任及其履行情况，即财务会计应向委托人报告受托人的经营活动及其成果，并以反映经营业绩及其评价为中心。

受托责任观的核心是资源的受托者向资源的委托者报告资源受托管理的情况，强调财务会计信息的可靠性；采用历史成本计量属性；会计信息侧重于过去，以保证会计信息的可验证性；重视利润表项目的确认与计量，目的在于评价经营者的经营业绩。

（二）“决策有用观”

这种观点认为，财务会计的目标就是向会计信息使用者提供对其决策有用的信息，即会计应当为现时的和潜在的投资者、信贷者和其他信息使用者提供有利于其投资和信贷决策及其他决策的信息。

决策有用观的核心是向信息使用者提供有助于经济决策的信息，强调会计信息的相关性；主张各种计量属性并存择优（历史成本、重置成本、可变现净值、未来现金流量的现值等）；重视资产负债表项目的确认与计量；提供的会计信息在关注过去的同时，更倾向于未来，其目的在于帮助投资者作出正确的投资决策。

（三）“双重目标观”

我国《企业会计准则——基本准则》第四条规定，财务会计报告的目标是向财务会计报告使用者提供与企业财务状况、经营成果和现金流量等有关的会计信息，反映企业管理层所托责任履行情况，有助于财务报告使用者作出经济决策。

从上述表述可以看出，我国会计准则对财务报告目标的定位不是单纯的受托责任观，也不是决策有用观，而是介于两者之间，是双重目标。既保证会计信息的真实性，向委托人报告财产的真实情况，同时又要兼顾会计信息使用者决策有用性的需要。由此可见，财务报告的决策有用观和受托责任观应是有机的统一。

二、财务会计信息使用者

财务会计信息使用者主要包括投资者、债权人、政府及其有关部门和社会公众等。

（一）投资者

投资者既包括现有投资者，也包括潜在投资者。投资者需要利用会计信息评价企业的财务状况和管理当局的经营业绩，判断管理当局是否按既定的经营目标使用资金；

分析企业所处行业的市场前景、本企业的发展潜力和面临的风险，做出维持现有投资、追加投资或转让投资的决策。保护投资者的利益、服务于投资者的信息需要是财务报告编制的首要出发点。

（二）债权人

企业的资金来源除了投资者投入的资本外，通常还有向银行等金融机构贷入的款项或者向供应商等赊购货物所形成的应付款项。贷款人、供应商等债权人通常关心企业的偿债能力和财务风险，需要信息来评估企业能否如期支付贷款本金及其利息，能否如期支付所欠货款等。

（三）政府及其有关部门

政府及其有关部门既是市场经济主体，又是经济管理和监管部门。它们通常关心经济资源分配的公平、合理，市场经济秩序的公正、有序，宏观决策所依据信息的真实可靠等。因此，需要获取会计信息来监管企业的各项活动（尤其是经济活动）、制定税收政策、进行税收征管和国民经济统计等。

（四）社会公众

企业的生产经营活动还与社会公众密切相关。例如，企业可能以多种方式对当地经济作出贡献，包括增加就业、刺激消费、提供社区服务等。因此，在财务报告中提供有关企业发展前景、经营效益及其效率等方面的信息，可以满足社会公众的信息需要。

三、财务会计基本假设

财务会计基本假设也称财务会计核算的基本前提，它是企业财务会计工作的必要前提或先决条件。财务会计基本假设包括会计主体假设、持续经营假设、会计分期假设和货币计量假设。

（一）会计主体假设

会计主体是指企业会计确认、计量和报告的空间范围，具体指会计工作为其服务的特定单位或组织。在会计主体假设下，企业应当对其本身发生的交易或者事项进行会计确认、计量和报告，反映企业本身所从事的各项生产经营活动。

明确界定会计主体是开展会计确认、计量和报告工作的重要前提。明确会计主体，才能划定会计所要处理的各项交易或事项的范围，才能将会计主体的交易或事项与会计主体所有者的交易或事项以及其他会计主体的交易或事项区分开来。

会计主体与法律主体不同。一般来说，法律主体都是会计主体，但会计主体不一定是法律主体。判断一个主体是不是会计主体的标准有三个方面：其一是该主体是否独立核算，自负盈亏；其二是该主体是否有一定的经济资源；其三是该主体是否有独立的经营权和决策权。而法律主体要视其是否具有法人资格。例如，作为某一个公司下属的一个经营部或一个部门，其如果需要进行独立核算，那么它是一个会计主体，但因其可能不具备法人资格，因而它不是一个法律主体。同样，对一个由多个具有法人资格的企业所组成的集团公司来说，需要编制该集团公司的合并会计报表，它是一个会计主体，但通常该集团公司不是一个法律主体。独资、合伙形式的企业都可以作为会计主体，但都不是法人。

（二）持续经营假设

持续经营是指在可预见的未来，企业将会按照当前的规模和状态持续经营下去，不会停业，不会大规模削减业务，不会面临破产清算。持续经营假设明确了会计工作的时间范围。

在持续经营的前提下，会计确认、计量和报告应当以企业持续、正常的生产经营活动为前提，不采用破产清算的一套处理方法，这样才能保持会计信息处理的一致性和稳定性。只有以企业正常经营为前提，取得固定资产时才可以按历史成本计价；企业所负担的债务才可以按照原先规定的条件偿还，企业在会计核算中所使用的会计处理方法才得以保持不变，企业的会计记录和会计报表所披露的信息才能真实可靠。

（三）会计分期假设

会计分期又称为会计期间，是指将一个会计主体持续经营的生产经营活动划分为若干个连续的、长短相等的会计期间，以便结算盈亏，按期编报财务报告，从而及时向财务报告使用者提供企业阶段性的财务状况、经营成果和现金流量等信息。

由于有了会计分期，才产生了当期与以前期间、以后期间的差别，出现了权责发生制和收付实现制的区别，才使不同类型的会计主体有了记账的基准，进而出现了应收、应付、折旧、摊销等会计处理方法。

在会计分期假设下，企业应当划分会计期间，分期结算账目和编制财务报告。会计期间分为年度和中期。中期是指短于一个完整的会计年度的报告期间，如半年度、季度和月度。我国以日历年度为一个会计年度，即从每年1月1日至12月31日为一个会计年度。

（四）货币计量假设

货币计量假设是指会计主体在会计确认、计量和报告时以货币为基础进行计量，反映会计主体的生产经营活动。

货币计量假设包括两个层次：一个层次是货币计量单位，另一个层次是货币的币值稳定与否。为全面反映企业的生产经营活动和有关交易、事项，会计确认、计量和报告选择货币作为计量单位。但是，统一采用货币计量也存在缺陷。例如，某些影响企业财务状况和经营成果的因素，如企业经营战略、研发能力、市场竞争力等，往往难以用货币来计量，但这些信息对于使用者决策也很重要。为此，企业可以在财务报告中补充披露有关非财务信息来弥补上述缺陷。货币计量假设以货币价值不变，币值稳定为前提。因为只有在币值稳定或相对稳定的情况下，不同时点的资产价值才具有可比性，同一期间的收入和费用才能进行比较，才能计算确定其经营成果，会计核算提供的会计信息才能真实反映企业的经营状况。在通货膨胀率不断上升的今天，货币计量这一假设受到了挑战，由此出现了通货膨胀会计，但货币计量仍然是会计核算的基本假设。

企业进行会计核算，除了应明确以货币作为主要计量尺度之外，还需要具体确定记账本位币，即按何种统一的货币来反映企业的财务状况与经营成果。按照企业会计准则的规定，在我国境内的企业应以人民币作为记账本位币。企业平时经营业务以外币为主的企业，可以采用某种外币作为记账本位币，但是年末编制财务报表时，必须将外币折算为人民币反映。

上述会计核算的四项基本假设，具有相互依存、相互补充的关系。会计主体确立了会计核算的空间范围，持续经营和会计分期确立了会计核算的时间长度，货币计量则为会计核算提供了必要手段。

四、会计确认基础

（一）权责发生制

权责发生制也叫应计制，是指凡是当期已经实现的收入和已经发生或应承担的费用，不论款项是否支付，都应当作为当期的收入和费用，计入利润表；凡是不属于当期的收入和费用，即使款项已在当期收付，也不应当作为当期的收入和费用。

我国《企业会计准则——基本准则》第九条规定“企业应当以权责发生制为基础进行会计确认、计量与报告”，直接明确了权责发生制的企业会计基础地位。

在实际工作中，企业发生的货币收支业务有时与交易或事项本身并不完全一致。如款项已经收到，但销售并未实现（如预收款项业务）；或者款项已经支付，但并不是为本期生产经营活动而发生的（如预付款项业务）等。为了明确会计核算的确认基础，正确反映企业在特定期间的财务状况和经营成果，就要求企业在会计核算过程中以权责发生制为基础。

（二）收付实现制

收付实现制又称现金制或实收实付制，是以款项的实际收付为标准来处理经济业务，确定本期收入和费用、计算本期盈亏的会计处理基础。

在现金收付制的基础上，凡在本期实际付出的款项，不论其应否在本期收入中获得补偿，均应作为本期费用处理；凡在本期实际收到的现款，不论其是否属于本期均应作为本期收入处理。反之，凡本期还没有以现款收到的收入和没有用现款支付的费用，即使它归属于本期，也不作为本期的收入和费用处理。

该确认基础适用于行政事业单位。

第三节　财务会计要素及会计计量属性

一、财务会计要素

财务会计要素也称财务报告要素，是指按照交易或者事项的经济特征所作的基本分类。会计要素按照其性质分为资产、负债、所有者权益、收入、费用和利润。其中，资产、负债和所有者权益要素侧重反映企业的财务状况，即反映企业在某一日期经营资金的来源和分布情况；收入、费用、利润要素侧重反映企业的经营成果，即反映企业在一定时期内生产经营活动的结果。

（一）资产

1. 资产的含义

资产是指企业过去的交易或者事项形成的，由企业拥有或者控制的，预期会给企业带来经济利益的资源。

2. 资产的特征

（1）资产是由企业过去的交易或者事项形成的。企业过去的交易或者事项包括购买、生产、建造行为或其他交易或者事项。而预期在未来发生的交易或事项不形成企业的资产。

（2）资产应为企业拥有或控制的资源。资产作为一项资源，必须由企业拥有或者控制。由企业拥有或者控制是指企业享有某项资源的所有权，或者虽然不享有某项资源的所有权，但该资源能被企业所控制。

（3）资产预期会给企业带来经济利益。资产预期会给企业带来经济利益是指直接或者间接导致现金和现金等价物流入企业的潜力。资产预期能为企业带来经济利益是资产的重要特征。如果某一项目预期不能给企业带来经济利益，那么就不能将其确认为企业的资产。前期已经确认为资产的项目，如果不能再为企业带来经济利益的，也不能再确认为企业的资产。

3. 资产的确认条件

将一项资源确认为资产，首先应当符合资产的定义。除此之外，还需要同时满足资产确认的两个条件。

（1）与该资源有关的经济利益很可能流入企业。与该资源有关的经济利益很可能流入企业是指资产的确认应当与经济利益流入的不确定性程度的判断结合起来，即5%及以下为极小可能，大于5%且小于等于50%为可能，大于50%且小于等于95%为很可能，95%以上为基本确定。

（2）该资源的成本或者价值能够可靠地计量。可计量性是所有会计要素确认的重要前提，资产的确认同样需要符合这一要求。只有当有关资源的成本或者价值能够可靠地计量时，资产才能予以确认。

（二）负债

1. 负债的含义

负债是指企业过去的交易或者事项形成的，预期会导致经济利益流出企业的现时义务。

2. 负债的特征

（1）负债是企业承担的现时义务。负债必须是企业承担的现时义务，这是负债的一个基本标志。现时义务是指企业在现行条件下已承担的义务；未来发生的交易或者事项形成的义务，不属于现实义务，不应当确认为负债。现时义务可以是法定义务，也可以是推定义务。其中法定义务是指具有约束力的合同或者法律、法规规定的义务，通常必须依法执行。

（2）负债的清偿预期会导致经济利益流出企业。只有企业在履行义务时会导致经济利益流出企业的，才符合负债的定义；如果不会导致经济利益流出企业的，就不符合负债的定义。在履行现时义务清偿负债时，导致经济利益流出企业的形式是多种多样的。例如，用现金偿还或以实物资产偿还，以提供劳务偿还，部分转移资产、部分提供劳务偿还等。

（3）负债是由企业过去的交易或者事项形成的。企业只有过去发生的交易或者事项才形成负债，企业将在未来发生的承诺、签订的合同等交易或者事项，不形成负债。

3. 负债的确认条件

将一项现实义务确认为负债，必须符合负债的定义，同时还需要满足以下两个条件的，才能作为负债核算，并在资产负债表中反映。

（1）与该义务有关的经济利益很可能流出企业；

（2）未来流出的经济利益的金额能够可靠地计量。

（三）所有者权益

1. 所有者权益的含义

所有者权益是指企业资产扣除负债后由所有者享有的剩余权益。公司的所有者权益又称为股东权益。

2. 所有者权益的特征

所有者权益的来源包括所有者投入的资本、直接计入所有者权益的利得和损失以及留存收益等。所有者权益一般由股本或实收资本、资本公积、盈余公积及未分配利润组成。所有者权益具体包括实收资本（或股本）、资本公积和留存收益。

所有者投入的资本，是指所有者投入企业的资本部分。它既包括构成企业注册资本或者股本部分的金额，又包括投入资本超过注册资本或者股本部分的金额，即资本溢价或者股本溢价。这部分投入资本在我国企业会计准则体系中被计入了资本公积，并在资产负债表中的资本公积项目下反映。

直接计入所有者权益的利得和损失，是指不应计入当期损益、会导致所有者权益发生增减变动的、与所有者投入资本或者向所有者分配利润无关的利得或者损失。其中，利得，是指由企业非日常活动所形成的、会导致所有者权益增加的、与所有者投入资本无关的经济利益的流入；损失，是指由企业非日常活动所发生的、会导致所有者权益减少的、与向所有者分配利润无关的经济利益的流出。直接计入所有者权益的利得和损失主要包括可供出售金融资产的公允价值变动额、现金流量套期中套期工具利得或损失属于有效套期部分等。

留存收益，是指企业历年实现的净利润留存于企业的部分，主要包括计提的盈余公积和未分配利润。

3. 所有者权益的确认条件

由于所有者权益体现的是所有者在企业中的剩余权益，因此，所有者权益的确认主要依赖于其他会计要素，尤其是资产和负债的确认。企业应把所有者权益项目列入资产负债表。

（四）收入

1. 收入的含义

收入是指企业在日常活动中形成的、会导致所有者权益增加的、与所有者投入资本无关的经济利益的总流入。

2. 收入的特征

（1）收入是从企业的日常活动中产生的。日常活动是指企业为完成其经营目标而从事的经常性活动以及与之相关的活动，如工业企业制造和销售产品。明确界定日常活动是为了将收入与利得相区分，因为企业非日常活动所形成的经济利益的流入不能确认为收入，而应当计入利得。

（2）收入是与所有者投入资本无关的经济利益的总流入。收入应当会导致经济利益的流入，收入可能表现为企业资产的增加，如增加银行存款、应收账款等；也可能表现为企业负债的减少，如以商品或劳务抵偿债务；或者两者兼而有之。如商品销售的货款中一部分用来抵偿债务，将引起负债的减少，另一部分收取现金，将引起资产的增加。但是，企业经济利益的流入有时是由所有者投入资本的增加所导致的，所有者投入资本的增加不应当确认为收入，应当将其直接确认为所有者权益。

（3）收入应当最终会导致所有者权益的增加。与收入相关的经济利益的流入最终应当会导致所有者权益的增加，不会导致所有者权益增加的经济利益的流入不符合收入的定义，不应确认为收入。

3. 收入的确认条件

收入的确认除了应当符合定义外，还应当同时符合下列条件：

（1）与收入相关的经济利益很可能流入企业；

（2）经济利益流入企业的结果会导致企业资产的增加或者负债的减少；

（3）经济利益的流入额能够可靠地计量。

（五）费用

1. 费用的含义

费用是指企业在日常活动中发生的、会导致所有者权益减少的、与向所有者分配利润无关的经济利益的总流出。

2. 费用的特征

（1）费用是企业在日常经营活动中发生的经济利益的流出。这些日常活动的界定与收入定义中涉及的日常活动相一致。日常活动中所产生的费用通常包括销售成本、职工薪酬、折旧费、无形资产摊销费等。将费用界定为日常活动中所形成的，目的是为了将其与损失相区分，因企业非日常活动所形成的经济利益的流出不能确认为费用，应当计入损失。

（2）费用是与所有者分配利润无关的经济利益总流出。费用可能表现为资产的减少，或债务的增加（最终也会导致资产的减少），或两者兼而有之。企业向所有者分配利润也会导致经济利益的流出，而该经济利益的流出属于所有者权益的抵减项目，因而不应确认为费用，应当将其排除在费用之外。

（3）费用应当最终会导致所有者权益的减少。与费用相关的经济利益的流出最终应当会导致所有者权益的减少，不会导致所有者权益减少的经济利益的流出不符合费用的定义，不应确认为费用。

3. 费用的确认条件

费用的确认除了应当符合定义外，还至少应当同时符合下列条件：

（1）与费用相关的经济利益很可能流出企业；

（2）经济利益流出企业的结果会导致企业资产的减少或者负债的增加；

（3）经济利益的流出额能够可靠地计量。

（六）利润

1. 利润的含义

利润是指企业在一定会计期间的经营成果，反映的是企业的经营业绩情况。利润通常是评价企业管理层业绩的一项重要指标，也是投资者、债权人等做出投资决策、信贷决策等的重要参考指标。

2. 利润的来源特征

利润包括收入减去费用后的净额、直接计入当期利润的利得和损失等。

收入减去费用后的净额反映的是企业日常活动的业绩。

直接计入当期利润的利得和损失反映的是企业非日常活动的业绩，具体是指应当计入当期损益、会导致所有者权益发生增减变动的、与所有者投入资本或者向所有者分配利润无关的利得或者损失。

企业应当严格区分收入和利得、费用和损失之间的区别，以便全面地反映企业的经营业绩。利润可细分为营业利润、利润总额和净利润。

3. 利润的确认条件

利润反映的是收入减去费用、直接计入当期利润的利得减去损失后的净额。因此，利润的确认主要依赖于收入和费用以及利得和损失的确认，其金额的确定也主要取决于收入、费用、利得、损失金额地计量。

二、会计计量属性

会计计量就是在资产负债表和利润表内确认和列示会计要素而确定其金额的过程，这一过程涉及计量属性的选择。

会计计量属性主要包括：

（一）历史成本

历史成本，又称为实际成本，是指企业的各种资产应按其取得或购建时发生的实际成本进行核算。所谓实际成本，就是取得或制造某项财产物资时所实际支付的现金或其他等价物。

在历史成本计量下，资产按照购买时支付的现金或者现金等价物的金额，或者按照购置资产时所付出的等价的公允价值计量；负债按照因承担现时义务而实际收到的款项或者资产的金额，或者承担现时义务的合同金额，或者按照日常活动中为偿还负债预期需要支付的现金或者现金等价物的金额计量。

（二）重置成本

重置成本又称现行成本，是指按照当前市场条件，重新取得同样一项资产所需支付的现金或现金等价物金额。

在重置成本计量下，资产按照现在购买相同或者相似资产所需支付的现金或者现金等价物的金额计量；负债按照现在偿付该项债务所需支付的现金或者现金等价物的金额计量。负债的重置成本，是不含折扣金额的。

【例1-1】兴华公司财产清查发现，基本车间盘盈设备一台。经专业技术人员评估，设备重置成本为200 000元，估计有八成新。企业对财产价值评估采用重置成本法，但不是按重置成本入账，而是按照重置成本扣除财产折耗价值后的余额入账。因此，该设备的记账价值计算如下：

设备入账价值 = 200 000 - 200 000 × 20% = 160 000（元）

（三）可变现净值

可变现净值又称为结算价值，是指在正常生产经营过程中，以预计售价减去进一步加工成本和销售所必需的预计税金、费用后的净值。

在可变现净值计量下，资产按照其正常对外销售所能收到现金或者现金等价物的金额，扣减该资产至完工时估计将要发生的成本、估计的销售费用以及相关税费后的金额计量。

【例1-2】2010年12月31日，甲公司库存A材料账面价值（历史成本）为100 000元，市场购买价格为92 000元。该材料用来生产的B产品销售价格为150 000元，估计生产成本为160 000元，材料进一步加工需要发生加工费63 000元，估计销售费用及税金为5 000元。甲公司库存准备直接对外出售的C材料账面价值（历史成本）为90 000元，市场售价为88 000元，销售C材料可能发生销售费用2 000元。该材料的可变现净值计算如下：

A材料的可变现净值 = 150 000 - 63 000 - 5 000 = 82 000（元）

C材料的可变现净值 = 88 000 - 2 000 = 86 000（元）

（四）现值

现值是指未来现金流量以恰当的折现率按照一定方法折合成的当前价值。现值主要分为复利现值和年金现值。在现值计量下，资产按照预计从其持续使用和最终处置中所产生的未来净现金流入量的折现金额计量。负债按照预计期限内需要偿还的未来净现金流出量的折现金额计量。

（五）公允价值

公允价值是指在公平交易中，熟悉市场情况的双方自愿进行资产交换或债务清偿的金额。在公允价值计量下，资产和负债按照在公平交易中，熟悉情况的交易双方自愿进行资产交换或者债务清偿的金额计量。

【例1－3】2011年4月21日，甲公司用一台机器设备交换乙公司A库存商品一批，作为商品对外出售。该机器设备原价200 000元，折旧60 000元，公允价值150 000元；A商品成本120 000元，公允价值150 000元，并按照A商品公允价值150 000元及增值税税率17%开出增值税专用发票。

各项交换资产最后入账价值计算如下：

机器设备公允价值＝150 000（元）

A库存商品公允价值＝150 000（元）

会计计量属性尽管包括历史成本、重置成本、可变现净值、现值和公允价值等，但是企业在对会计要素进行计量时，应当严格按照规定选择相应的计量属性。一般情况下，对于会计要素的计量，应当采用历史成本计量属性。例如，企业购入存货、建造厂房、生产产品等，应当以所购入资产发生的实际成本作为资产计量的金额。

第四节　会计信息质量

会计信息质量要求是对企业财务报告提供高质量会计信息的基本规范，是使财务报告中所提供会计信息对投资者等使用者决策有用应具备的质量特征。根据我国《企业会计准则——基本准则》的规定，会计信息质量要求包括以下八项：可靠性、相关性、可理解性、可比性、实质重于形式、重要性、谨慎性、及时性。

一、可靠性

可靠性要求企业应当以实际发生的交易或者事项为依据进行会计确认、计量和报告，如实反映符合确认和计量要求的各项会计要素及其他相关信息，保证会计信息真实可靠、内容完整。

一项信息是否可靠取决于三个因素，即真实性、可核性和中立性。

所谓真实性，就是要如实表达，即会计核算应以实际发生的经济业务为依据，内容真实、数字准确、资料可靠，会计的记录和报告不加任何掩饰。

所谓可核性，是指信息经得住复核和验证，即由独立的专业和文化素养基本相同的人员，分别采用同一计量方法，对同一事项加以计量，能得出相同的结果。

所谓中立性，是指会计信息应不偏不倚，不带主观成分。

二、相关性

相关性是指会计信息与决策相关，是服务于投资者经济决策、面向未来的质量要求。相关性要求企业提供会计信息应当与财务会计报告使用者的经济决策需要相关，有助于财务会计报告使用者对企业过去、现在或者未来的情况作出评价或者预测。

会计信息是否有用，是否具有价值，关键是看其与使用者的决策需要是否相关，是否有助于决策或者提高决策水平。相关的会计信息应当能够有助于使用者评价企业过去的决策，证实或者修正过去的有关预测，具有反馈价值；相关的会计信息还应当具有预测价值，有助于使用者根据财务报告所提供的会计信息预测企业未来的财务状况、经营成果和现金流量。

会计信息质量的相关性要求是以可靠性为基础的，两者之间并不矛盾，不应将两者对立起来。也就是说，会计信息在可靠性前提下，尽可能地做到相关性，以满足投资者等财务报告使用者的决策需要。

三、可理解性

可理解性要求企业提供的会计信息应当清晰明了，便于财务会计报告使用者理解和使用。

企业编制财务报告、提供会计信息的目的在于使用。使用者应能够了解会计信息的内涵，弄懂会计信息的内容，这就要求财务报告所提供的会计信息应当清晰明了，易于理解。只有这样，才能提高会计信息的有用性，实现财务报告的目标，满足向使用者提供决策有用信息的要求。

四、可比性

企业提供的会计信息应当具有可比性。可比性主要包括以下两层含义：

（一）同一企业不同时期可比

可比性要求同一企业不同时期发生的相同或者相似的交易或者事项，应当采用一致的会计政策，不得随意变更。如企业所选择的会计政策、会计方法等已不再适合于企业的实际情况，确有必要变更，应当在财务报告附注中说明。

（二）不同企业相同会计期间可比

可比性还要求不同企业发生的相同或者相似的交易或者事项，应当采用规定的会计政策、确保会计信息口径一致、相互可比，从而有利于会计信息使用者进行企业间的分析比较，提高企业会计信息的有用性。

五、实质重于形式

实质重用于形式要求企业应当按照交易或者事项的经济实质进行会计确认、计量和报告，不应仅以交易或者事项的法律形式为依据。

在会计实务中，交易或事项的实质，与其法律形式或人为形式并不总是一致的，当两者出现不一致时，应当根据实质重于形式的原则进行判断，以确保会计信息质量。例如，企业按照销售合同销售商品但又签订了售后回购协议，虽然从法律形式上看实现了收入，但如果企业没有将商品所有权上的主要风险和报酬转移给购货方，没有满足收入确认的各项条件，即使签订了商品销售合同或者已将商品交付给购货方，也不应当确认销售收入。

六、重要性

重要性要求企业提供的会计信息应当反映与企业财务状况、经营成果和现金流量等有关的所有重要交易或者事项。

会计核算讲究成本效益原则。在实务中，如果会计信息的省略或错报会影响投资者等财务报告使用者据此做出决策的，该信息就具有重要性。至于哪些项目应视为重要性项目，取决于企业本身的规模以及会计人员的职业判断，一般企业应当根据所处环境和实际情况，从项目的性质和金额大小两方面加以判断。

七、谨慎性

谨慎性也称稳健性，在西方国家也称为保守性。谨慎性要求企业对交易或者事项进行会计确认、计量和报告应当保持应有的谨慎，不应高估资产或者收益、低估负债或者费用。

会计信息质量的谨慎性要求，需要企业在面临不确定性因素的情况下作出职业判断时，应当保持应有的谨慎，充分估计到各种风险和损失，既不高估资产或者收益，也不低估负债或者费用。例如，要求企业对可能发生的资产减值损失计提资产减值准备、对售出资产可能发生的保修义务等确认预计负债等，就体现了会计信息质量的谨慎性要求。

谨慎性的应用不允许企业计提秘密准备，如果企业故意高估资产或者高估收益，或者故意低估负债或者费用，将不符合会计信息的可靠性和相关性要求，损害会计信息质量，扭曲企业实际的财务状况和经营成果，从而对使用者的决策产生误导，这是会计准则所不允许的。

八、及时性

及时性要求企业对于已经发生的交易或者事项，应当及时进行会计确认、计量和报告，不得提前或者延后。

在会计确认、计量和报告过程中贯彻及时性，一是要求及时收集会计信息，即在经济交易或事项发生后，及时收集整理各种原始凭证；二是要求及时处理会计信息，并编制财务报告；三是要求及时传递会计信息，按照国家规定的有关时限，及时地将编制的财务报告传递给财务报告使用者，便于其及时使用和决策。

【本章小结】

1. 财务会计着重按企业外部信息使用者的需要，以会计准则为依据，对已经完成或已发生的交易或事项，运用一整套专门的会计方法，以货币为主要计量单位，按照确认、计量、记录和报告的程序，以财务报告为主要形式，定期、总括地反映企业财务状况、经营成果及现金流量等信息的一项经济管理活动。

2. 与管理会计相比，财务会计具有以计量和传送信息为主要目标，以财务报告为工作核心，以传统会计模式为基本方法，以公认会计原则为指导四项特征。

3. 财务会计的目标是向企业内部和外部信息使用者提供财务会计信息。会计信息的使用者主要包括企业管理当局、政府部门、投资者、债权人、职工。这些使用者出于不同的目的，对会计信息的关注点有所不同。

4. 财务会计假设是：会计主体、持续经营、会计分期和货币计量。

5. 财务会计确认基础有权责发生制和收付实现制。

6. 财务会计要素有资产、负债、所有者权益、收入、费用、利润六要素。

7. 财务会计计量属性有历史成本、重置成本、可变现净值、现值和公允价值。

8. 会计信息质量特征是指为了使财务报告能够满足使用者的需要，会计信息在质量上应该达到的要求，它是在权衡报表使用者对信息质量的要求和信息提供者的代价的基础上确定的。这些特征包括可靠性、相关性、可理解性、可比性、实质重于形式、重要性、谨慎性、及时性。

【复习与思考】

1. 财务会计的目标是什么？具有哪些特征？
2. 会计核算的前提条件包括哪些？各有什么作用？
3. 会计信息的质量要求有哪些？

第二章 货币资金

【目的与要求】

了解库存现金的管理和银行支付结算的方式以及其他货币资金的内容；

理解货币资金的范围、银行存款的管理；

掌握库存现金收支的核算、库存现金清查、银行存款收付的核算与银行存款的核对，以及其他货币资金的核算。

【主要内容】

库存现金的收支范围和现金的清查；

银行存款支付结算的方式、银行存款的清查；

其他货币资金的主要内容。

【考核重点】

现金与银行存款的管理；银行结算方式；银行存款的清查与核对；其他货币资金的核算。

第一节 库存现金

一、现金管理制度

库存现金是指为满足日常零星开支存放于企业财会部门、由出纳人员经管的货币，即狭义的现金，包括人民币现金和外币现金。库存现金是流动性最强的货币性资产，可以随时用于购买所需的物资，支付有关费用，偿还债务，也可以随时存入银行。

库存现金具有普遍的可接受性和流动频繁的特点，极易发生差错或被挪用、侵吞。库存现金又是一种无法产生收益的资产，企业不能积压过多现金。因此，必须加强现金的管理和内部控制。企业应当严格遵守国家有关现金管理制度，正确进行现金收支的核算，监督现金使用的合法性与合理性。

（一）现金的收支范围

1. 现金的收入范围

允许企业收受现金的范围如下：

（1）按规定的限额从银行提取备用金；

（2）不足银行转账结算金额起点（1 000 元）的零星销售收入、劳务收入及其他收入款项；

（3）对个人或不能转账的集体单位的销售收入；

（4）企业职工归还剩余差旅费等的款项。

不属于上述现金收入范围的款项一律通过银行进行转账结算。

2. 现金的支付范围

允许企业使用现金支付的范围如下：

（1）职工工资、津贴；

（2）个人劳务报酬；

（3）根据国家规定颁发给个人的科学技术、文化艺术、体育等各种奖金；

（4）各种劳保、福利费用以及国家规定的对个人的其他支出；

（5）向个人收购农副产品和其他物资的价款；

（6）出差人员必须携带的差旅费；

（7）结算起点（1 000 元）以下的零星支出；

（8）中国人民银行确定需要支付现金的其他支出。

属于上述现金结算范围的支出，企业可以根据需要向银行提取现金支付，不属于上述现金结算范围的款项支付一律通过银行进行转账结算。

（二）库存现金的限额

库存现金的限额是指为保证各单位日常零星支付的需要，允许留存的现金的最高数额。库存现金的限额，由开户行根据开户单位的实际需要和距离银行远近等情况核定。其限额一般按照单位 3 ~5 天日常零星开支所需现金确定，边远地区和交通不便地区开户单位的库存现金限额可多于 5 天，但最高不得超过 15 天的日常零星开支所需现金。单位每日的现金结存数，不得超过核定的库存现金限额，超过部分应及时送存银行；低于限额的部分，可以向银行提取现金补足。

库存现金限额经银行核定批准后，开户单位应当严格遵守，每日现金的结存数不得超过核定的限额。如库存现金不足限额时，可向银行提取现金，不得在未经开户银行准许的情况下坐支现金；库存现金限额一般每年核定一次，单位因生产和业务发展、变化需要增加或减少库存限额时，可向开户银行提出申请，经批准后，方可进行调整，单位不得擅自超出核定限额增加库存现金。

（三）现金收支的规定

企业应当按照中国人民银行的现金管理办法和中华人民共和国财政部关于各单位货币资金管理和控制的规定，办理有关现金收支业务。办理现金收支业务时，企业应当遵守以下几项规定：

（1）企业现金收入应于当日送存开户银行。当日送存有困难的，由开户银行确定送存时间。

（2）企业支付现金，可以从本企业库存现金限额中支付或者从开户银行提取，不得从本企业的现金收入中直接支付（即坐支）。因特殊情况需要坐支现金的，应当事先报经开户银行审查批准，由开户银行核定坐支范围和限额；同时，收支的现金必须入账。企业应定期向银行报送坐支金额和使用情况。

（3）企业从开户银行提取现金，应当写明用途，由本单位财会部门负责人签字、盖章，经开户银行审核后，予以支付现金。

（4）企业因采购地点不固定、交通不便以及其他特殊情况必须使用现金的，应向开户银行提出申请，经开户银行审核后，予以支付现金。

（5）不准用不符合财务制度的凭证顶替库存现金，即不得“白条顶库”；不准谎报用途套取现金；不准单位间相互借用现金，扰乱市场经济秩序；不准用银行账户代其他单位和个人存入或支取现金，逃避国家金融监管；不准将单位收入的现金以个人储蓄名义存入银行；不准保留账外公款，即不得设置“小金库”；不准发行变相货币，不准以任何内部票据代替人民币在社会上流通；不准未经批准坐支或者未按开户银行核定的坐支范围和限额坐支现金。

银行对于违反上述规定的企业，有权责令其停止违法活动，并根据情节轻重给予警告或罚款。

二、现金的核算

为了总括地反映企业库存现金的收支和结存情况，企业应设置“库存现金”账户。该账户的借方登记库存现金的增加，贷方登记库存现金的减少，期末余额在借方，反映企业实际持有的库存现金的金额。企业内部各部门周转使用的备用金，通过“其他应收款”账户核算，或单独设置“备用金”账户核算，不在“库存现金”账户核算。

企业应当设置库存现金总账和库存现金日记账，分别进行企业库存现金的总分类核算和明细分类核算。库存现金总账由负责总账的会计人员进行总分类核算。企业收到现金，借记“库存现金”账户，贷记有关账户；支出现金，借记有关账户，贷记“库存现金”账户。库存现金总账可以根据现金收、付款凭证和银行存款付款凭证（从银行提取现金）直接登记，如果企业日常现金收支业务量比较大，为了简化核算工作，企业可以根据实际情况，采用汇总记账凭证、科目汇总表等核算形式，定期或月份终了根据汇总收付款凭证或科目汇总表等登记入账。

库存现金日记账由出纳人员根据现金收、付款凭证和银行存款付款凭证（从银行提取现金），按照业务的发生顺序逐日逐笔登记。每日终了，应计算当日的现金收入合计数、现金支出合计数和结余数，并将结余数与实际库存数核对，做到账实相符。月份终了，库存现金日记账的余额必须与库存现金总账科目的余额核对，做到账账相符。有外币现金收支业务的企业，应当按照人民币现金、外币现金的币种设置现金账户进行明细核算。

（一）现金收入与支出的核算

企业收入现金时，根据审核无误的记账凭证借记“库存现金”账户，贷记有关账户；企业付出现金时，根据审核无误的记账凭证借记有关账户，贷记“库存现金”账户。

【例2-1】2010年3月15日，甲企业出租包装物收到乙企业交租金1 000元。账务处理如下：

借：库存现金　　1 000

　贷：其他业务收入　　1 000

【例2-2】2010年3月16日，甲企业销售产品一批，开出的增值税专用发票上注明货款200元，增值税款34元，共计收入现金234元。账务处理如下：

借：库存现金　　234

　贷：主营业务收入　　200

　　　应交税费——应交增值税（销项税额）　　34

【例2-3】2010年3月18日，甲企业以现金支付职工培训讲座费500元。账务处理如下：

借：管理费用　　500

　贷：库存现金　　500

（二）备用金的核算

备用金是企业拨付给企业内部用款部门或职工个人为办理企业经济业务所需的日常零星开支的备用款项。企业拨付备用金采用先付后用、用后报销的办法。

定额备用金也称固定备用金，是企业拨付给企业内部用款部门或职工个人在一定限额内周转使用的款项。通常备用金存放额由用款人根据需要提出申请，经审核批准并确定备用金的存放定额，一次拨付给用款人，用款人在报销时，财务部门为简化核算手续，可根据审核的报销额补足备用金的存放定额。

非定额备用金也称临时备用金，是企业拨付给企业内部用款部门或职工个人提出用款申请经批准的备用款项。用款人用款后，财务部门根据用款凭证进行一次性的审批报账，采用多退少补的结账方式。

为加强对备用金的管理，企业应制定备用金的审批、领用、报销和保管制度；要求使用备用金的部门和个人应按规定用途使用，并及时办理报销；财务部门应认真做好备用金的核算工作，正确反映监督备用金的领用和报销。

【例2-4】甲企业研究发展部门实行定额备用金制度，每月月终报销一次，经审核批准备用金为5 000元，以现金拨付。2010年4月3日，研究发展部持有关单据报销零星费用支出3 850元，财务部审核后给以报销，以现金支付。根据上述经济业务，企业应做如下账务处理：

借：其他应收款——备用金（研究发展部）　　5 000

　贷：库存现金　　5 000

借：管理费用　　3 850

　贷：库存现金　　3 850

【例2-5】2010年4月10日，甲企业行政部职工陈红经总经理批准赴上海出差，借用备用金4 000元，现返回。4月25日报销差旅费3 700元，多余现金300元退回财务部门。

2010 年 4 月 10 日借款时账务处理如下：

借：其他应收款——备用金（陈红）　　4 000

　贷：库存现金　　4 000

2010 年 4 月 25 日报销时账务处理如下：

借：管理费用　　3 700

　　库存现金　　300

　贷：其他应收款——备用金（陈红）　　4 000

三、现金的清查

现金清查是指对库存现金的盘点与核对，包括出纳人员每日终了前进行的现金账款核对和清查小组进行的定期或不定期的现金盘点、核对。企业应当按规定进行现金的清查，一般采用实地盘点法，对于清查的结果应当编制现金盘点报告单。

如果有挪用现金、白条顶库的情况，应及时予以纠正；对于超限额留存的现金应及时送存银行。如果账实不符，应立即查找原因并进行账务处理。属于单纯记账错误的按规定更正方法更正；属于单据遗失造成错误的应补办手续入账；属于工作过失所引起的短缺，应根据清查小组处理意见和领导决定追究过失人的经济责任。发现现金盈余应借记“库存现金”账户，贷记“待处理财产损溢——待处理流动资产损溢”账户；发现现金短缺，应借记“待处理财产损溢——待处理流动资产损溢”账户，贷记“库存现金”账户。待查明盈或亏的原因后再进行相应的转账。

【例 2－6】甲公司 2010 年 3 月进行现金清查，情况如下：

(1) 10 日现金清查中，发现库存现金实际较账面余额多出 250 元。经反复核算，上述现金长款原因不明，经批准将不明盈余予以转账。账务处理如下：

发现现金长款时：

借：库存现金　　250

　贷：待处理财产损溢——待处理流动资产损溢　　250

经批准后：

借：待处理财产损溢——待处理流动资产损溢　　250

　贷：营业外收入　　250

(2) 20 日现金清查中，发现库存现金实际较账面余额短缺 210 元。经核实，上述现金短款属于出纳人员章惠的责任，应由该出纳员赔偿。账务处理如下：

发现现金短缺时：

借：待处理财产损溢——待处理流动资产损溢　　210

　贷：库存现金　　210

查明原因后：

借：其他应收款——章惠　　210

　贷：待处理财产损溢——待处理流动资产损溢　　210

第二节 银行存款

一、银行账户的管理

银行存款是企业存入银行或其他金融机构的货币资金。按照国家有关规定，凡是独立核算的企业都必须在银行或其他金融机构开设账户，以办理存款、取款和支付结算等业务。企业除了按核定限额留存的库存现金外，其余的货币资金都必须存入银行；企业与其他单位之间的一切货币收付业务，除了在规定范围内可以用现金支付的款项外，都必须通过银行办理支付结算。

为了加强对基本存款账户的管理，企业应开立基本存款账户，要实行开户许可制度，必须凭中国人民银行当地分支机构核发的开户许可证办理，企业只能在银行开设一个基本存款账户，基本存款账户可以为存款人办理日常转账结算和现金收付。企业不得为还贷、还债和套取现金而多头开立基本账户；不得出租、出借账户；不得违反规定在异地存款和贷款而开立账户。任何单位和个人不得将本单位的资金以个人名义开立账户存储。

二、银行存款的核算

银行存款收付业务应由出纳人员负责。出纳人员在收付银行存款业务前，应认真审核银行存款收付原始凭证是否符合相关规定，手续是否齐备，如有不符，有权拒绝收付。对于符合规定及手续齐备的银行存款收付原始凭证，应办理结算手续，并在收付款凭证上注明结算凭证号数，加盖“收讫”或“付讫”印章。

为了总括地反映银行存款的收支和结存情况，企业应设置“银行存款”账户。其借方登记银行存款的增加数，贷方登记银行存款的减少数，借方余额反映企业存在银行或其他金融机构的各种款项的余额。企业在不同的结算方式下，根据有关的原始凭证编制银行存款的收付款凭证，计入企业的“银行存款”账户。将款项存入银行或收到款项时，借记“银行存款”账户，贷记“库存现金”、“应收账款”等账户；从银行提取款项或以银行存款支付款项时，借记“库存现金”、“应付账款”等账户，贷记“银行存款”账户。外埠存款、银行汇票存款、银行本票存款、信用卡存款、信用证保证金存款等在“其他货币资金”账户核算。

企业应当按照开户银行和其他金融机构、存款种类等，分别设置“银行存款日记账”，由出纳人员根据收付款凭证，按照业务的发生顺序逐笔登记。每日终了，应结出余额。“银行存款日记账”应定期与“银行对账单”核对，至少每月核对一次。月末，企业银行存款账面余额与银行对账单余额之间如有差额，应按月编制银行存款余额调节表调节相符。有外币业务的企业，应在本科目下分人民币和各种外币设置“银行存款日记账”，进行明细核算。

三、银行支付结算方式

银行存款的收付应严格执行银行结算制度的规定。由中国人民银行发布于1997年12月1日起施行的《支付结算办法》是银行结算制度的主要依据。支付结算是指单位、个人在社会经济活动中使用票据、信用卡和结算方式进行货币给付及其资金清算的行为。

票据主要有支票、银行本票、银行汇票和商业汇票等。票据的签发、取得和转让，必须具有真实的交易关系和债权债务关系。信用卡是指商业银行向单位和个人发行的，凭以向特约单位购物、消费及向银行存取现金，且具有消费信用的特制载体卡片。结算方式包括汇兑、托收承付和委托收款等。此外，企业还可根据需要采用信用证结算方式。

企业采用各种结算方式办理结算，必须遵守国家的法律、法规和中国人民银行颁布的《支付结算办法》等各项规定，遵守结算纪律。单位、个人和银行办理支付结算必须遵守下列原则：恪守信用，履约付款；谁的钱进谁的账，由谁支配；银行不垫款。

（一）支票

支票是单位或个人签发的，委托办理支票存款业务的银行在见票时无条件支付确定的金额给收款人或者持票人的票据。支票由中国人民银行统一印制，分为现金支票、转账支票和普通支票。支票上印有“现金”字样的为现金支票，现金支票只可用于从银行支取现金。支票上印有“转账”字样的为转账支票，转账支票只能用于转账。支票上未印有“现金”或“转账”字样的为普通支票，普通支票既可支取现金，又可转账。在普通支票左上角划有两条平行线的为划线支票，划线支票只能用于转账，不得支取现金。支票的提示付款期限为自出票日起10日内，中国人民银行另有规定的除外。超过提示付款期限的，持票人开户银行不予受理，付款人不予付款。转账支票可以根据需要在票据交换区域内背书转让。

支票的出票人签发支票的金额不得超过付款时在付款人处实有的存款金额，禁止签发空头支票，出票人不得签发与其预留银行签章不符的支票；使用支票密码的，出票人不得签发支付密码错误的支票。出票人签发空头支票、签章与预留银行签章不符的支票或使用支付密码错误的支票时，银行应予以退票，并按票面金额处以5%但不低于1 000元的罚款，持票人有权要求出票人赔偿支票金额2%的赔偿金。

企业开出支票时，根据支票存根，借记有关账户，贷记“银行存款”账户；企业收到支票并填制进账单到银行办理收款手续后，借记“银行存款”账户，贷记有关账户。

【例2-7】5月5日甲公司销售A商品一批，售价50 000元，增值税8 500元，收到等额转账支票一张，存入银行。账务处理如下：

借：银行存款	58 500	
贷：主营业务收入		50 000
应交税费——应交增值税（销项税额）		8 500

（二）银行本票

银行本票是银行签发的，承诺自己在见票时无条件支付确定的金额给收款人或者持票人的票据。银行本票由银行签发并保证兑付，无论单位或个人，在同一票据交换区域支付各种款项，都可以使用银行本票。

银行本票分定额本票和不定额本票。定额本票面值分别为1 000元、5 000元、10 000元和50 000元。在票面划去“转账”字样的，为现金银行本票，但单位不得申请签发现金银行本票。在票面划去“现金”字样的，为转账银行本票。

银行本票的付款期限为自出票日起最长不超过2个月，在付款期内银行本票见票即付。超过提示付款期限不获付款的，在票据权利时效内向出票银行作出说明，并提供本人身份证或单位证明，可持银行本票向出票银行请求付款。企业支付购货款等款项时，应向银行提交银行本票申请书，填明收款人名称、申请人名称、支付金额、申请日期等事项并签章。申请人或收款人为单位的，银行不予签发现金银行本票。出票银行受理银行本票申请书后，收妥款项签发银行本票。不定额银行本票用压数机压印出票金额，出票银行在银行本票上签章后交给申请人。

申请人取得银行本票后，即可向填明的收款单位办理结算。收款企业在收到银行本票时，应该在提示付款时在本票背面“持票人向银行提示付款签章”处加盖预留银行印鉴，同时填写进账单，连同银行本票一并交开户银行转账。收款单位也可以根据需要在票据交换区域内背书转让银行本票。

（三）银行汇票

银行汇票是出票银行签发的，由其在见票时按照实际结算金额无条件支付给收款人或者持票人的票据。银行汇票具有使用灵活、票随人到、兑现性强等特点，适用于先收款后发货或钱、货两清的商品交易。单位和个人各种款项结算，均可使用银行汇票。

企业支付购货款等款项时，应向出票银行填写银行汇票申请书，填明收款人名称、支付金额、申请人、申请日期等事项并签章，签章为其预留银行的印鉴。银行受理银行汇票申请书，收妥款项后签发银行汇票，并用压数机压印出票金额，然后将银行汇票和解讫通知一并交给申请人。

申请人取得银行汇票和解讫通知后即可向填明的收款单位办理结算。银行汇票的收款人可以将银行汇票背书转让给他人。背书转让以不超过出票金额的实际结算金额为限，未填写实际结算金额或实际结算金额超过出票金额的银行汇票不得背书转让。收款企业在收到付款单位送来的银行汇票时，应在出票金额以内，根据实际需要的款项办理结算，并将实际结算金额和多余金额准确、清晰地填入银行汇票和解讫通知的有关栏内，银行汇票的实际结算金额低于出票金额的，其多余金额由出票银行退交申请人。收款企业还应填写进账单并在汇票背面“持票人向银行提示付款签章”处签章，签章应与预留银行的印鉴相同，然后，将银行汇票和解讫通知、进账单一并交开户银行办理结算，银行审核无误后，办理转账。

银行汇票可以用于转账，填明“现金”字样的银行汇票也可以用于支取现金。单位或个人各种款项结算均可使用这种结算方式，但签发现金银行汇票只适用于申请人和付款人均为个人，单位不得使用。银行汇票的提示付款期限为1个月，持票人超过付款期限提示付款的，代理付款人不予受理；代理付款人也不得受理以在本银行开立存款账户的持票人为单位直接提交的银行汇票。

（四）商业汇票

商业汇票是出票人签发的，委托付款人在指定日期无条件支付确定的金额给收款人或者持票人的票据。在银行开立存款账户的法人以及其他组织之间须具有真实的交易关系或债权债务关系，才能使用商业汇票。商业汇票的付款期限由交易双方商定，但最长不得超过6个月。商业汇票的提示付款期限自汇票到期日起10日内。

商业汇票可以由付款人签发并承兑，也可以由收款人签发交由付款人承兑。定日付款或者出票后定期付款的商业汇票，持票人应当在汇票到期日前向付款人提示承兑；见票后定期付款的汇票，持票人应当自出票日起1个月内向付款人提示承兑。汇票未按规定期限提示承兑的，持票人丧失对其前手的追索权。付款人应当自收到提示承兑的汇票之日起3日内承兑或者拒绝承兑。付款人拒绝承兑的，必须出具拒绝承兑的证明。

商业汇票可以背书转让。符合条件的商业承兑汇票的持票人可持未到期的商业承兑汇票连同贴现凭证，向银行申请贴现。商业汇票按承兑人不同，分为银行承兑汇票和商业承兑汇票两种。

1. 银行承兑汇票

银行承兑汇票由银行承兑，由在承兑银行开立存款账户的存款人签发。承兑银行按票面金额向出票人收取万分之五的手续费。

购货企业应于汇票到期前将票款足额交存其开户银行，以备由承兑银行在汇票到期日或到期日后的见票当日支付票款。销货企业应在汇票到期时将汇票连同进账单送交开户银行以便转账收款。承兑银行凭汇票将承兑款项无条件转给销货企业，如果购货企业于汇票到期日未能足额交存票款时，承兑银行除凭票向持票人无条件付款外，对出票人尚未支付的汇票金额按照每天万分之五计收罚息。

【例2-8】甲公司购入乙公司产品作为生产材料，甲公司于2010年5月10日签发并承兑一张面值为117 000元、2个月到期的商业汇票交乙公司，乙公司开出销售发票，价款（不含增值税）100 000元、增值税17 000元。2010年7月10日汇票到期，乙公司办妥转账收款、甲公司兑付货款。甲、乙公司有关账务处理如下：

（1）甲公司5月10日购入材料时：

借：材料采购	100 000	
应交税费——应交增值税（进项税额）	17 000	
贷：应付票据		117 000

（2）甲7月10日到期付款时：

借：应付票据	117 000	
贷：银行存款		117 000

（3）乙公司5月10日销售产品，收到甲公司商业承兑汇票时：

借：应收票据　　117 000

　贷：主营业务收入　　100 000

　　　应交税费——应交增值税（销项税额）　　17 000

（4）乙公司7月10日将到期汇票连同进账单送交开户银行办理转账收款时：

借：银行存款　　117 000

　贷：应收票据　　117 000

2. 商业承兑汇票

商业承兑汇票由银行以外的付款人承兑。商业承兑汇票按交易双方约定，由销货企业或购货企业签发，由购货企业承兑。承兑时，购货企业应在汇票正面记载“承兑”字样和承兑日期并签章。承兑不得附有条件，否则视为拒绝承兑。汇票到期时，购货企业的开户银行凭票将票款划给销货企业或贴现银行。销货企业应在提示付款期限内通过开户银行委托收款或直接向付款人提示付款。对异地委托收款的，销货企业可计算邮程，提前通过开户银行委托收款。汇票到期时，如果购货企业的存款不足以支付票款，开户银行应将汇票退还销货企业，银行不负责付款，由购销双方自行处理。

（五）汇兑

汇兑是汇款人委托银行将其款项支付给收款人的一种结算方式。单位和个人的异地之间的各种款项的结算，如各单位之间的商品交易、劳务供应、资金缴拨、清理旧账等，均可使用这种结算方式。这种结算方式划拨款项简便、灵活。

汇兑按凭证传送方法不同，分为信汇和电汇两种。信汇是指汇款人委托银行通过邮寄方式将款项划转给收款人。电汇是指汇款人委托银行通过电报将款项划给收款人。这两种汇兑方式由汇款人根据需要选择使用。

企业采用这一结算方式，付款单位汇出款项时，应填写银行印发的汇款凭证，列明收款单位名称、汇款金额及汇款的用途等项目，送达开户银行，委托银行将款项汇往收汇银行。

收汇银行将汇款收进单位存款帐户后，向收款单位发出收款通知。

【例2－9】乙公司向上海佳华有限公司订购一批产品，填制信汇结算凭证，汇出预付款30 000元。账务处理如下：

借：预付账款——上海佳华有限公司　　30 000

　贷：银行存款　　30 000

（六）托收承付

托收承付是指根据购销合同由收款企业发货后，委托银行向异地付款单位收取款项，由付款单位向银行承付的一种结算方式。使用托收承付结算方式的收款单位和付款单位，必须是国有企业、供销合作社以及经营管理较好并经开户银行审查同意的城乡集体所有制工业企业。办理托收承付结算的款项，必须是商品交易以及因商品交易而产生的劳务供应的款项。代销、寄销、赊销商品的款项，不得办理托收承付结算。

采用托收承付结算方式时，购销双方必须签有符合《中华人民共和国合同法》的购销合同，并在合同上写明使用托收承付结算方式。销货企业按照购销合同发货后，填写托收承付凭证，盖章后连同发运证件（包括铁路、航运、公路等运输部门签发的运单、运单副本和邮局包裹回执等）或其他符合托收承付结算的有关证明和交易单证送交开户银行办理托收手续。

销货企业开户银行接受委托后，将托收结算凭证回单联退给企业，作为企业进行账务处理的依据，并将其他结算凭证寄往购货单位开户银行，由购货单位开户银行通知购货单位承认付款。购货企业收到托收承付结算凭证和所附单据后，应立即审核是否符合订货合同的规定。按照《支付结算办法》的规定，承付货款分为验单付款与验货付款两种，这在双方签订合同时约定。验单付款是购货企业根据经济合同对银行转来的托收结算凭证、发票账单、托运单及代垫运杂费等单据进行审查无误后，即可承认付款。为了便于购货企业对凭证的审核和筹措资金，结算办法规定承付期为 3 天，从付款人开户银行发出承付通知的次日算起（承付期内遇法定休假日顺延）。购货企业在承付期内，未向银行表示拒绝付款，银行即视作承付，并在承付期满的次日（法定休假日顺延）上午银行开始营业时，将款项主动从付款人的账户内付出，按照销货企业指定的划款方式，划给销货企业。验货付款是购货企业待货物运达企业，对其进行检验与合同完全相符后才承认付款。为了满足购货企业组织验货的需要，结算办法规定承付期为 10 天，从运输部门向购货企业发出提货通知的次日算起。承付期内购货企业未表示拒绝付款的，银行视为同意承付，于 10 天期满的次日上午银行开始营业时，将款项划给收款人。

对于下列情况，付款人可以在承付期内向银行提出全部或部分拒绝付款：

（1）没有签订购销合同或购销合同未写明托收承付结算方式的款项；

（2）未经双方事先达成协议，收款人提前交货或因逾期交货付款人不再需要该项货物的款项；

（3）未按合同规定的到货地址发货的款项；

（4）代销、寄销、赊销商品的款项；

（5）验单付款，发现所列货物的品种、规格、数量、价格与合同规定不符，或货物已到，经查验货物与合同规定或发货清单不符的款项；

（6）验货付款，经查验货物与合同规定或与发货清单不符的款项；

（7）货款已经支付或计算错误的款项。

不属于上述情况，购货企业不得提出拒付。

购货企业提出拒绝付款时，必须填写拒绝付款理由书，经开户银行审查同意的方可拒付，经开户银行审查理由不符合拒付规定的，开户银行不予受理，并要实行强制扣款。银行同意部分或全部拒绝付款的，应在拒绝付款理由书上签注意见，并将拒绝付款理由书、拒付证明、拒付商品清单和有关单证邮寄收款人开户银行转交销货企业。

付款企业承认付款后，根据有关凭证，借记“材料采购”、“应交税费——应交增值税（进项税额）”等账户，贷记“银行存款”账户。销货企业收到银行转来的收款通知书和有关托收结算凭证，借记“银行存款”账户，贷记“应收账款”等账户。

（七）委托收款

委托收款是收款人委托银行向付款人收取款项的一种结算方式，同城异地均可采用。单位和个人凭已承兑商业汇票、债券、存单等付款人债务证明办理款项的收取，委托收款还适用于收取电费、电话费等付款人众多、分散的公用事业费等款项。委托收款结算款项划回的方式分为邮寄和电报两种，由收款人选用。

企业委托开户银行收款时，应填写银行印制的委托收款凭证和有关的债务证明。在委托收款凭证中写明付款单位的名称、收款单位名称、账号及开户银行、委托收款金额的大小写、款项内容、委托收款凭据名称及附寄单证张数等。企业的开户银行受理委托收款后，将委托收款凭证寄交付款单位开户银行，由付款单位开户银行审核，并通知付款单位。

付款单位收到银行交给的委托收款凭证及债务证明，应签收并在 3 天之内审查债务证明是否真实，是不是本单位的债务，确认之后通知银行付款。付款单位应在收到委托收款的通知次日起 3 日内，主动通知银行是否付款。如果不通知银行，银行视同企业同意付款并在第 4 日从单位账户中付出此笔委托收款款项。

付款人在 3 日内审查有关债务证明后，认为债务证明或与此有关的事项符合拒绝付款的规定，应出具拒绝付款理由书和委托收款凭证第五联及持有的债务证明，向银行提出拒绝付款。

四、银行存款的清查

银行存款清查的基本方法是核对法。它是将企业开户银行转来的对账单与本企业银行存款日记账的账面余额相核对，查明账实是否相符的方法。这种核对工作每月至少进行一次。必须将企业银行日记账与银行对账单逐笔勾对，如发现银行存款各笔收付及余额与银行对账单各笔收付及余额不一致，除因双方记账错误外，还可能是由于未达账项所引起的。所谓未达账项，是指开户银行与本企业之间，由于凭证传递上的时间差，一方已登记入账，而另一方尚未入账的收支项目。

出现未达账项主要有以下四种情况：

（1）企业已收款入账，而银行尚未收款入账。如企业已将销售产品收到的支票送存银行，但对账前银行尚未入账等。

（2）企业已付款入账，而银行尚未付款入账。如企业开出支票购货，并已根据支票存根入账，但银行因尚未接到支票而未入账等。

（3）银行已收款入账，而企业尚未收款入账。如银行收到外单位用托收承付结算方式购货所支付的款项并入账，但企业因尚未收到银行通知而未入账等。

（4）银行已付款入账，而企业尚未付款入账。如银行已经代企业支付了水电费，但企业因尚未收到凭证而未入账等。

上述（1）和（4）两种情况，会使企业银行存款日记账余额大于银行对账单的存款余额；（2）和（3）两种情况，会使企业银行存款日记账余额小于银行对账单的存款余额。

对于未达账项，应编制银行存款余额调节表进行调节。调节后，若无记账差错，双方调整后的银行存款余额应该相等；调节后，双方余额如果仍不相符，说明记账有差错，需进一步查对，更正错误记录。

调节后的银行存款余额，反映了企业可以动用的银行存款实有数额。需要注意的是，银行存款余额调节表是用来核对企业和银行的记账有无错误，不能作为记账的依据。对于未达账项，无须进行账面调整，待结算凭证收到后再进行账务处理。

银行存款余额调节计算公式如下：

银行存款日记账余额 + 银行已收企业未收金额 - 银行已付企业未付金额

= 银行对账单余额 + 企业已收银行未收金额 - 企业已付银行未付金额

【例 2 - 10】甲公司 2010 年 11 月 31 日银行存款日记账余额是 30 000 元，银行对账单余额是 35 000 元。经逐笔核对后，发现存在下列未达账项：

(1) 27 日公司开出转账支票金额 5 000 元，持票人尚未到银行办理支付手续；

(2) 30 日公司收到 10 000 元转账支票一张，尚未到银行办理转账手续；

(3) 31 日乙公司承付的账款 12 000 元，银行已经收款入账，但企业尚未收到银行收款通知；

(4) 31 日银行代付电话费 2 000 元，甲公司尚未收到银行的付款凭证。

根据上述有关资料，编制银行存款余额调节表如表 2.1 所示。

表 2.1　　银行存款余额调节表

2010 年 11 月 30 日　　单位：元

项目	金额	项目	金额
企业银行存款日记账余额	30 000	银行对账单余额	35 000
加：银行已收，企业未收的金额	12 000	加：企业已收，银行未收的金额	10 000
减：银行已付，企业未付的金额	2 000	减：企业已付，银行未付的金额	5 000
调节后的银行存款日记账余额	40 000	调节后的银行对账单余额	40 000

若调节后的双方余额相等，说明双方账簿记录基本正确。如果调节后的双方余额不等，说明银行或企业的账簿记录、计算有错误，应进一步查明原因，予以更正。

第三节　其他货币资金

其他货币资金是指企业除库存现金、银行存款以外的其他各种货币资金，包括外埠存款、银行汇票存款、银行本票存款、信用证保证金存款、信用卡存款等。

其他货币资金与银行存款和库存现金的区别在于：它们一般都有专门的用途和特定的存放地点。如银行汇票存款，是用于银行汇票结算的款项，不能再作其他用途使用，而且这部分存款也不能存放在企业的基本存款账户之中，因此在会计上必须进行单独的核算与管理。为了反映和监督其他货币资金的收支和结存情况，企业应当设置

"其他货币资金"账户。其借方登记其他货币资金的增加数，贷方登记其他货币资金的减少数，期末余额在借方，反映企业实际持有的其他货币资金余额。为了分别反映和监督各项其他货币资金的收、支结存情况，应按其他货币资金的种类分设"银行本票存款"、"银行汇票存款"、"外埠存款"、"信用证存款"、"信用卡存款"、"在途资金"等明细账户，并按银行本票、银行汇票的收款单位、外埠存款的开户银行、在途资金汇出单位等设置明细账。

一、外埠存款的核算

外埠存款是指企业到外地进行临时和零星采购时，汇往采购地银行开立采购专户存款的款项。企业将款项汇往外地时，应填写汇款委托书，加盖"采购资金"字样，委托开户银行办理汇款。汇入地银行以汇款单位名义开立临时采购账户。该账户的存款不计利息、只付不收、付完清户。外埠存款除了采购人员可从中提取少量现金外，一律采用转账结算。

企业根据汇款凭证，编制付款凭证，借记"其他货币资金——外埠存款"账户，贷记"银行存款"账户；外出采购员以外埠存款支付采购货款予以报销时，企业根据发票等凭证，编制付款凭证，借记"材料采购"、"应交税费——应交增值税（进项税额）"等账户，贷记"其他货币资金——外埠存款"账户；采购完毕，如外埠存款尚有结余，可转回当地银行。企业收到银行的收款通知，编制收款凭证，借记"银行存款"账户，贷记"其他货币资金——外埠存款"账户。

【例2－11】甲公司到外地采购材料，委托开户银行将50 000元汇至采购地建设银行开设临时存款账户，该公司的材料采购采用计划成本法核算。账务处理如下：

借：其他货币资金——外埠存款	50 000	
贷：银行存款		50 000

【例2－12】甲公司收到采购人员交来的报销单据，其中材料发票列明材料货款40 000元，增值税6 800元，材料尚未运到。多余的外埠存款3 200元转回甲公司开户行。账务处理如下：

借：材料采购	40 000	
应交税费——应交增值税（进项税额）	6 800	
贷：其他货币资金——外埠存款		46 800
借：银行存款	3 200	
贷：其他货币资金——外埠存款		3 200

二、银行汇票存款的核算

银行汇票存款是指企业为取得银行汇票按照规定存入银行的款项。银行汇票是汇款单位将款项交存当地银行，由银行签发给其持往异地办理转账结算或支取现金的票据。

企业填写银行汇票委托书，并将款项交存银行，开户银行受理委托。取得银行汇票后，根据银行盖章退回委托书存根联编制付款凭证，借记"其他货币资金——银行汇票存款”账户，贷记“银行存款”账户。企业在使用银行汇票后，根据发票账单等有关凭证编制转账凭证，借记“材料采购”、“应交税费——应交增值税（进项税额）”等账户，贷记“其他货币资金——银行汇票存款”账户。若有多余款或因汇票超过付款期限等原因而退回款项，企业应根据转来的银行汇票多余款收账通知，借记“银行存款”账户，贷记“其他货币资金——银行汇票存款”账户。

【例2－13】甲企业填写银行汇票委托书一份，向开户银行申请银行汇票一张，金额为30 000元，用于采购员持往外地采购设备。交存银行转作银行汇票存款。取得银行汇票时，账务处理如下：

借：其他货币资金——银行汇票存款　　30 000
　贷：银行存款　　30 000

三、银行本票存款的核算

银行本票存款是指企业为取得银行本票按照规定存入银行的款项。企业向银行提交银行本票申请书并将款项交给银行，取得银行签发的银行本票后，应根据银行签章退回的银行本票申请书存根联编制付款凭证，借记“其他货币资金——银行本票存款”账户，贷记“银行存款”账户。企业使用银行本票后，应根据发票账单等有关单据编制转账凭证，借记“材料采购”或“原材料”、“库存商品”、“管理费用”、“应交税费——应交增值税（进项税额）”等账户，贷记“其他货币资金——银行本票存款”账户。若本票因超过付款期等原因要求退款时，应填写进账单一式两联，连同本票一并送交银行，根据银行盖章退回的进账单第一联编制收款凭证，借记“银行存款”账户，贷记“其他货币资金——银行本票存款”账户。

【例2－14】甲公司办理银行本票结算，向开户银行填写银行本票申请书，并将款项10 000元交存银行。甲企业用银行本票购办公用品9 500元，多余款项转回当地银行。账务处理如下：

（1）取得银行本票时：

借：其他货币资金——银行本票存款　　10 000
　贷：银行存款　　10 000

（2）采购完毕时：

借：管理费用　　9 500
　　银行存款　　500
　贷：其他货币资金——银行本票存款　　10 000

四、信用证保证金存款的核算

信用证存款是指采用信用证结算方式的企业为开具信用证而存入银行信用证保证金专户的款项。

企业向银行申请开出信用证用于支付供货单位购货款项时，根据开户银行盖章退回的信用证申请书回单，借记“其他货币资金——信用证存款”账户，贷记“银行存款”账户。企业收到供货单位信用证结算凭证及所附发票账单，经核对无误后进行会计处理，借记“在途物资”、“应交税费——应交增值税（进项税额）”等账户，贷记“其他货币资金——信用证存款”账户。如果企业收到未用完的信用证存款余额，应借记“银行存款”账户，贷记“其他货币资金——信用证存款”账户。

五、信用卡存款的核算

信用卡存款是指企业为取得信用卡而存入银行信用卡专户的款项。企业按规定填制申请表，并按银行要求交存备用金，银行开立信用卡存款账户，发给信用卡，企业根据银行盖章退回的交存备用金的进账单，作会计分录，借记“其他货币资金——信用卡存款”账户，贷记“银行存款”账户。企业在收到开户银行转来的信用卡款的付款凭证及所附发票账单，并经核对无误后，应进行账务处理。企业在使用该信用卡支付有关费用时，应借记有关费用，贷记“其他货币资金——信用卡存款”账户。

【本章小结】

1. 货币资金是企业资产的重要组成部分，是企业正常生产经营活动的重要条件，货币资金从本质上讲就是一种支付手段。

2. 货币资金根据其存放地点和用途的不同，分为库存现金、银行存款和其他货币资金。为了加强货币资金的管理和控制，企业必须建立健全内部控制制度，明确岗位分工和资金收付的授权审批制度。

3. 通过本章学习，应了解库存现金的管理和银行支付结算的方式以及其他货币资金的内容；理解货币资金的范围、银行存款的管理；掌握库存现金收支的核算、库存现金清查、银行存款收付的核算与银行存款的核对以及其他货币资金的核算。

【复习与思考】

1. 如何加强对现金的内部控制？
2. 银行支付结算方式有哪几种？每种结算方式有何特点？
3. 什么是未达账项？如何编制银行存款余额调节表？
4. 其他货币资金包括哪些具体内容？

第三章 金融资产

【目的与要求】

了解金融资产的分类；

掌握交易性金融资产初始计量的核算；

掌握应收账款、坏账损失及应收票据核算不同方法；

掌握同一控制下和非同一控制下的企业合并形成的长期股权投资初始投资成本的确定方法；

掌握长期股权投资权益法、成本法和长期股权投资处置的核算。

【主要内容】

交易性金融资产的初始计量、后续计量及账务处理；

贷款及应收款项的核算；

企业合并方式取得长期股权投资的初始计量；

长期股权投资的成本法和权益法核算；

长期股权投资成本法与权益法的转换及处置的核算。

【考核重点】

交易性金融资产的核算；应收账款及应收票据的核算；长期股权投资的成本法和权益法核算；长期股权投资成本法与权益法的转换核算。

第一节 金融资产概述

一、金融资产的定义

金融资产是单位或个人所拥有的以价值形态存在的资产，是一种索取实物资产的无形的权利，是一切可以在有组织的金融市场上进行交易、具有现实价格和未来估价的金融工具的总称。金融资产主要包括库存现金、应收账款、应收票据、其他应收款项、股权投资、债权投资和金融衍生资产等。

二、金融资产的分类

金融资产的分类与金融资产的计量密切相关。因此，企业应当在初始确认金融资产时，将其划分为下列四类：

（1）以公允价值计量且其变动计入当期损益的金融资产；

（2）持有至到期投资；

（3）贷款和应收款项；

（4）可供出售金融资产。

金融资产的分类一旦确定，除准则允许之外，不得随意改变。

货币资金和股权投资都属于金融资产范畴。但是，由于货币资金和对子公司、联营企业、合营企业投资以及在活跃市场上没有报价的长期股权投资在会计处理上有其特殊性，所以单独加以阐述。

第二节 交易性金融资产

一、以公允价值计量且其变动计入当期损益的金融资产概述

以公允价值计量且其变动计入当期损益的金融资产，可以进一步分为交易性金融资产和直接指定为以公允价值计量且其变动计入当期损益的金融资产。

（一）交易性金融资产

满足以下条件之一的金融资产，应当划分为交易性金融资产：

（1）取得该金融资产的目的主要是为了近期内出售。例如，企业以赚取差价为目的从二级市场购入的股票、债券和基金等。

（2）属于进行集中管理的可辨认金融工具组合的一部分，且有客观证据表明企业近期采用短期获利方式对该组合进行管理。在这种情况下，即使组合中有某个组成项目持有的期限稍长也不受影响。

（3）属于衍生工具，但是，被指定为有效套期工具的衍生工具、属于财务担保合同的衍生工具、与在活跃市场中没有报价且其公允价值不能可靠计量的权益工具投资挂钩并须通过交付该权益工具结算的衍生工具除外。其中，财务担保合同是指保证人和债权人约定，当债务人不履行债务时，保证人按照约定履行债务或者承担责任的合同。

（二）直接指定为以公允价值计量且其变动计入当期损益的金融资产

企业不能随意将某项金融资产直接指定为以公允价值计量且其变动计入当期损益的金融资产。只有满足下列条件之一时，企业才能将某项金融资产直接指定为以公允价值计量且其变动计入当期损益的金融资产：

（1）该指定可以消除或明显减少由于该金融资产的计量基础不同而导致的相关利得或损失在确认和计量方面不一致的情况。

设立这项条件，目的在于通过直接指定为以公允价值计量，并将其变动计入当期损益，以消除会计上可能存在的不配比现象。例如，按照金融工具确认和计量准则规

定，有些金融资产可以被指定或划分为可供出售金融资产，从而其公允价值变动计入所有者权益，但与之直接相关的金融负债却划分为以摊余成本进行后续计量的金融负债，从而导致“会计不配比”。但是，如果将以上金融资产和金融负债均直接指定为以公允价值计量且其变动计入当期损益的金融资产或金融负债，那么就能够消除这种会计不配比现象。

（2）企业的风险管理或投资策略的正式书面文件已载明，该金融资产组合等，以公允价值为基础进行管理、评价并向关键管理人员报告。

此项条件着重于企业日常管理和评价业绩的方式，而不是关注金融工具组合中各组成部分的性质。例如，风险投资机构、证券投资基金或类似会计主体，其经营活动的主要目的在于从投资工具的公允价值变动中获取回报，它们在风险管理或投资策略的正式书面文件中对此也有清楚的说明。

在活跃市场中没有报价、公允价值不能可靠计量的权益工具投资，不得指定为以公允价值计量且其变动计入当期损益的金融资产。

以上所指活跃市场，是指同时具有下列特征的市场：

（1）市场内交易的对象具有同质性；

（2）可随时找到自愿交易的买方和卖方；

（3）市场价格信息是公开的。

二、以公允价值计量且其变动计入当期损益的金融资产的核算

以公允价值计量且其变动计入当期损益的金融资产的会计处理，着重于该金融资产与金融市场的紧密结合性，反映该类金融资产相关市场变量变化对其价值的影响，进而对企业财务状况和经营成果的影响。相关的账务处理如下：

（1）企业取得交易性金融资产时，应当按照该金融资产取得时的公允价值作为其初始确认金额，记入“交易性金融资产——成本”科目。按已宣告但尚未发放的现金股利或已到付息期但尚未领取的债券利息，应借记“应收股利”或“应收利息”科目。按实际支付的金额，贷记“银行存款”等科目。

取得交易性金融资产所发生的相关交易费用应当在发生时借记“投资收益”科目。交易费用是指可直接归属于购买、发行或处置金融工具新增的外部费用，包括支付给代理机构、咨询公司、券商等的手续费和佣金及其他必要支出。

（2）交易性金融资产持有期间被投资单位宣告发放的现金股利，或在资产负债表日按分期付息、一次还本债券投资的票面利率计算的利息，借记“应收股利”或“应收利息”科目，贷记“投资收益”科目。

（3）资产负债表日，交易性金融资产的公允价值高于其账面余额的差额，借记“交易性金融资产——公允价值变动”科目，贷记“公允价值变动损益”科目；公允价值低于其账面余额的差额做相反的会计分录。

（4）出售交易性金融资产，应按实际收到的金额，借记“银行存款”等科目，按该金融资产的账面余额，贷记“交易性金融资产——成本、公允价值变动”科目，按其差额，贷记或借记“投资收益”科目。同时，将原计入该金融资产的公允价值变动

转出，借记或贷记“公允价值变动损益”科目，贷记或借记“投资收益”科目。

【例 3-1】2010 年 5 月 20 日，甲公司从深圳证券交易所购入 A 公司股票 100 000 股，占 A 公司有表决权股份的 0.5%，支付价款合计 508 000 元，其中，证券交易税等交易费用 800 元，已宣告发放现金股利 7 200 元。甲公司没有在 A 公司董事会中派出代表，甲公司将其划分为交易性金融资产。

2010 年 6 月 20 日，甲公司收到 A 公司发放的 2009 年现金股利 7 200 元。

2010 年 6 月 30 日，A 公司股票收盘价为每股 5.20 元。

2010 年 12 月 31 日，甲公司仍持有 A 公司股票；当日，A 公司股票收盘价为每股 4.90 元。

2011 年 4 月 20 日，A 公司宣告发放 2010 年现金股利 2 000 000 元。

2011 年 5 月 10 日，甲公司收到 A 公司发放的 2010 年现金股利。

2011 年 5 月 17 日，甲公司以每股 4.50 元的价格将股票全部转让，同时支付证券交易税等交易费用 720 元。

假定不考虑其他因素，甲公司的账务处理如下：

(1) 2010 年 5 月 20 日，购入 A 公司股票 100 000 股

借：交易性金融资产——成本　500 000
　　应收股利　7 200
　　投资收益　800
　贷：银行存款　508 000

A 公司股票的单位成本 =（508 000 - 7 200 - 800）÷100 000 = 5.00（元/股）

(2) 2010 年 6 月 20 日，收到 A 公司发放的 2009 年现金股利 7 200 元

借：银行存款　7 200
　贷：应收股利　7 200

(3) 2010 年 6 月 30 日，确认 A 公司股票公允价值变动 =（5.20 - 5.00）× 100 000 = 20 000（元）

借：交易性金融资产——公允价值变动　20 000
　贷：公允价值变动损益　20 000

(4) 2010 年 12 月 31 日，确认 A 公司股票公允价值变动 =（4.90 - 5.20）× 100 000 = -30 000（元）

借：公允价值变动损益　30 000
　贷：交易性金融资产——公允价值变动　30 000

(5) 2011 年 4 月 20 日，确认 A 公司发放的 2010 年现金股利中应享有的份额 = 2 000 000 × 0.5% = 10 000（元）

借：应收股利　10 000
　贷：投资收益　10 000

(6) 2011 年 5 月 10 日，收到 A 公司发放的 2010 年现金股利

借：银行存款　10 000

贷：应收股利　　10 000

(7) 2011 年 5 月 17 日，出售 A 公司股票 100 000 股

借：银行存款　　449 280

投资收益　　40 720

交易性金融资产——公允价值变动　　10 000

贷：交易性金融资产——成本　　500 000

A 公司股票出售价格 = 4.50 × 100 000 = 450 000（元）

出售 A 公司股票取得的价款 = 450 000 - 720 = 449 280（元）

A 公司股票持有期间公允价值变动计入当期损益的金额 = 20 000 - 30 000 = -10 000（元）

出售 A 公司股票时的账面余额 = 500 000 + （-10 000） = 490 000（元）

出售 A 公司股票的损益 = 449 280 - 490 000 = -40 720（元）

同时，

借：投资收益　　10 000

贷：公允价值变动损益　　10 000

原计入该金融资产的公允价值变动 = -10 000（元）

【例 3-2】2010 年 1 月 1 日，甲公司从二级市场购入 B 公司债券，支付价款合计 206 000 元，其中，已到付息期但尚未领取的利息 4 000 元，交易费用 2 000 元。该债券面值 200 000 元，剩余期限为 3 年，票面年利率为 4%，每半年末付息一次。甲公司将其划分为交易性金融资产。其他资料如下：

(1) 2010 年 1 月 10 日，收到 B 公司债券 2009 年下半年利息 4 000 元。

(2) 2010 年 6 月 30 日，B 公司债券的公允价值为 230 000 元（不含利息）。

(3) 2010 年 7 月 10 日，收到 B 公司债券 2010 年上半年利息。

(4) 2010 年 12 月 31 日，B 公司债券的公允价值为 220 000 元（不含利息）。

(5) 2011 年 1 月 10 日，收到 B 公司债券 2010 年下半年利息。

(6) 2011 年 6 月 20 日，通过二级市场出售 B 公司债券，取得价款 236 000 元。

假定不考虑其他因素，甲公司的账务处理如下：

(1) 2010 年 1 月 1 日，从二级市场购入 B 公司债券时：

借：交易性金融资产——成本　　200 000

应收利息　　4 000

投资收益　　2 000

贷：银行存款　　206 000

(2) 2010 年 1 月 10 日，收到该债券 2009 年下半年利息 4 000 元时：

借：银行存款　　4 000

贷：应收利息　　4 000

(3) 2010 年 6 月 30 日，确认 B 公司债券公允价值变动 30 000 元（230 000 - 200 000）和投资收益 4 000 元（200 000 × 4% ÷ 2），账务处理如下：

借：交易性金融资产——公允价值变动 30 000
　贷：公允价值变动损益 30 000
借：应收利息 4 000
　贷：投资收益 4 000

(4) 2010 年 7 月 10 日，收到 B 公司债券 2010 年上半年利息时：

借：银行存款 4 000
　贷：应收利息 4 000

(5) 2010 年 12 月 31 日，确认 B 公司债券公允价值变动 -10 000 元（220 000 - 230 000）和投资收益 4 000 元（200 000 ×4% ÷2）时：

借：公允价值变动损益 10 000
　贷：交易性金融资产——公允价值变动 10 000
借：应收利息 4 000
　贷：投资收益 4 000

(6) 2011 年 1 月 10 日，收到该 B 公司债券 2010 年下半年利息时：

借：银行存款 4 000
　贷：应收利息 4 000

(7) 2011 年 6 月 20 日，通过二级市场出售 B 公司债券时：

借：银行存款 236 000
　贷：交易性金融资产——成本 200 000
　　　　　　　　　　——公允价值变动 20 000
　　投资收益 16 000

出售 B 公司债券取得的价款 = 236 000（元）

B 公司债券持有期间公允价值变动计入当期损益的金额 = 30 000 - 10 000 = 20 000（元）

出售 B 公司债券时的账面余额 = 200 000 + 20 000 = 220 000（元）

出售 B 公司债券的损益 = 236 000 - 220 000 = 16 000（元）

同时，

借：公允价值变动损益 20 000
　贷：投资收益 20 000

原计入该金融资产的公允价值变动 = 20 000（元）

第三节　贷款及应收款项

一、贷款及应收款项概述

贷款和应收款项是指在活跃市场中没有报价、回收金额固定或可确定的非衍生金融资产。企业不应当将下列非衍生金融资产划分为贷款和应收款项：

（1）准备立即出售或在近期出售的非衍生金融资产，这类非衍生金融资产应划分为交易性金融资产；

（2）初始确认时被指定为以公允价值计量且其变动计入当期损益的非衍生金融资产；

（3）初始确认时被指定为可供出售的非衍生金融资产；

（4）因债务人信用恶化以外的原因，使持有方可能难以收回几乎所有初始投资的非衍生金融资产。例如，企业所持有的证券投资基金或类似的基金等。

贷款和应收款项泛指一类金融资产，主要是指金融企业发放的贷款和其他债权，但又不限于金融企业发放的贷款和其他债权。非金融企业持有的现金和银行存款、销售商品或提供劳务形成的应收款项、持有的其他企业的债权（不包括在活跃市场上有报价的债务工具）等，只要符合贷款和应收款项的定义，可以划分为这一类。划分为贷款和应收款项类的金融资产与划分为持有至到期投资类的金融资产的主要差别在于，前者不是在活跃市场上有报价的金融资产，并且不像持有至到期投资那样在出售或重分类方面受到较多限制。如果某债务工具投资在活跃市场上没有报价，则企业不能将其划分为持有至到期投资。本教材只叙述一般企业应收款项的核算，不涉及金融企业的贷款。

一般企业的应收款项包括应收票据、应收账款和其他应收款等；预付款项则是指企业按照合同规定预付的款项，如预付账款等。

二、应收票据

（一）应收票据概述

应收票据是指企业因销售商品、提供劳务等而收到的商业汇票。商业汇票是一种由出票人签发的，委托付款人在指定日期无条件支付确定金额给收款人或者持票人的票据。商业汇票一律记名，可背书转让、贴现，其承兑期限由交易双方商定，最长不得超过6个月。

根据承兑人不同，商业汇票分为商业承兑汇票和银行承兑汇票。商业承兑汇票是指由付款人签发并承兑，或由收款人签发交由付款人承兑的汇票。商业承兑汇票到期时，购货企业（付款人）的开户银行凭票将票款划给销货企业或贴现银行，如银行在办理划款时，付款人存款账户不足支付的，银行应填制付款人未付票款通知书，连同商业承兑汇票邮寄持票人开户银行转交持票人。

银行承兑汇票是指由在承兑银行开立存款账户的存款人签发，由承兑银行承兑的票据。企业申请使用银行承兑汇票时，应向其承兑银行按票面金额的万分之五交纳手续费。银行承兑汇票的出票人应于汇票到期前将票款足额交存其开户银行，承兑银行应在汇票到期日或到期日后的见票当日支付票款。银行承兑汇票的出票人于汇票到期前未能足额交存票款时，承兑银行除凭票向持票人无条件付款外，对出票人尚未支付的汇票金额按照每天万分之五计收利息。

（二）应收票据的核算

（1）企业因销售商品、提供劳务等而收到开出、承兑的商业汇票，按商业汇票的票面金额，借记“应收票据”科目，按确认的营业收入，贷记“主营业务收入”等科目，涉及增值税销项税额的，还应按销项税额，贷记“应交税费——应交增值税（销项税额）”科目。

（2）持未到期的商业汇票向银行贴现，符合金融工具确认和计量准则有关金融资产终止确认条件的，应按实际收到的金额（即减去贴现息后的净额），借记“银行存款”等科目，按贴现息部分，借记“财务费用”等科目，按商业汇票的票面金额，贷记“应收票据”科目；不符合金融工具确认和计量准则有关金融资产终止确认条件的，不应结转应收票据，应按实际收到的金额（即减去贴现息后的净额），借记“银行存款”等科目，按贴现息部分，借记“财务费用”等科目，按其差额，贷记“短期借款”等科目。

应收票据贴现额的计算公式为：

贴现息 = 票据到期值 × 贴现率 × 贴现期

贴现额 = 票据到期值 - 贴现息

公式中，贴现率由银行统一制定；贴现期按银行规定计算，通常是指从贴现日至票据到期日前 1 日的时期。

票据有带息与不带息之分，其到期值的计算及账务处理也有所不同。不带息票据到期值即票据面值，而带息票据到期值等于票据面值与票据利息之和。其中票据到期利息应按下列公式计算：

票据到期利息 = 应收票据面值 × 票面利率 × 时间

以上公式中，票面利率有年、月、日利率之分。如需换算成月利率或日利率，每月统一按 30 天计算，全年按 360 天计算。三者之间的关系如下：

月利率 = 年利率 ÷ 12

日利率 = 月利率 ÷ 30 或年利率 ÷ 360

时间是指从票据生效之日起到票据到期之日止的时间间隔。通常有两种表示方法：

第一种以月表示，即按月计息。计算时一律以次月对日为一个月（如从 3 月 15 日至 4 月 15 日）；月末签发的票据，不论月份大小，以到期月份的月末为到期日（如 1 月 31 日签发票据，期限为一个月的票据于 2 月 28 日或 29 日到期，期限为两个月的票据于 3 月 31 日到期）。计算利息的利率要换算成月利率。

【例 3 - 3】一张面值 50 000 元、利率为 10%、期限为 6 个月的商业汇票，其出票日为 3 月 18 日，其票据到期日应为 9 月 18 日。票据到期应计利息为：50 000 × 10% × 6/12 = 2 500（元）

第二种以日数表示，即按日计息。计算时以实际日历天数计算到期日及利息，到期日那天不计息，称为“算头不算尾”。

【例 3 - 4】将上例中的商业汇票改为 180 天到期，其面值、利率不变，出票日仍为 3 月 18 日，则其票据到期日应为 9 月 14 日（3 月 18 日至月底计 14 天；4 月份 30 天；

5月份31天；6月份30天；7月份31天；8月份31天；至9月13日共180天，按“算头不算尾”的办法，到期日应为9月14日，14日不计息）。票据到期应计利息为：50 000×10%×180/360=2 500（元）

（3）将持有的商业汇票背书转让以取得所需物资，按应计入取得物资成本的金额，借记“材料采购”或“原材料”、“库存商品”等科目，按商业汇票的票面金额，贷记“应收票据”科目，如有差额，借记或贷记“银行存款”等科目，涉及增值税进项税额的，还应按进项税额，借记“应交税费——应交增值税（进项税额）”等科目。

（4）商业汇票到期，应按实际收到的金额，借记“银行存款”科目，按商业汇票的票面金额，贷记“应收票据”科目。

【例3-5】甲公司2010年1月1日销售A商品给乙企业，货已发出，甲公司开具的增值税专用发票上注明的商品价款为100 000元，增值税销项税额为17 000元。当日收到乙企业签发的不带息商业承兑汇票一张，该票据的期限为3个月。A商品销售符合会计准则规定的收入确认条件。

甲公司的相关账务处理如下：

（1）A商品销售实现时：

借：应收票据	117 000	
贷：主营业务收入		100 000
应交税费——应交增值税（销项税额）		17 000

（2）3个月后，应收票据到期，甲公司收回款项117 000元，存入银行时：

借：银行存款	117 000	
贷：应收票据		117 000

（3）如果甲公司2月1日持票据到银行贴现，贴现率为12%。且银行没有追索权（即符合金融资产转移准则规定的金融资产终止确认条件），贴现期为2个月（2月1日至4月1日）：

票据到期值=票据票面金额=117 000（元）

贴现息=117 000×12%×2/12=2 340（元）

贴现额=117 000-2 340=114 660（元）

借：银行存款	114 660	
财务费用	2 340	
贷：应收票据		117 000

（4）如果甲公司3月1日持票据到银行贴现，贴现率为12%，且银行拥有追索权（即不符合金融资产转移准则规定的金融资产终止确认条件），则甲公司应按票据面值确认短期借款，按实际收到的金额（即减去贴现息后的净额）与票据面值之间的差额确认为财务费用。甲公司该票据贴现获得现金净额115 830元，则相关账务处理如下：

借：银行存款	115 830	
财务费用	1 170	
贷：短期借款		117 000

需要注意的是，企业应当设置“应收票据备查簿”，逐笔登记商业汇票的种类、号数和出票日、票面金额、交易合同号和付款人、承兑人、背书人的姓名或单位名称、到期日、背书转让日、贴现日、贴现率和贴现净额以及收款日和收回金额、退票情况等资料。商业汇票到期结清票款或退票后，在备查簿中应予注销。

三、应收账款

（一）应收账款概述

应收账款是指企业因销售商品、提供劳务等经营活动，应向购货单位或接受劳务单位收取的款项，主要包括企业销售商品或提供劳务等应向有关债务人收取的价款及代购货单位垫付的包装费、运杂费等。

应收账款是有其特定的范围。首先，应收账款是指因销售活动或提供劳务而形成的债权，不包括应收职工欠款、应收债务人的利息等其他应收款；其次，应收账款是指流动资产性质债权，不包括长期的债权，如购买长期债券等；最后，应收账款是指本公司应收客户的款项，不包括本公司付出的各类存出保证金，如投标保证金和租入包装物等保证金等。

（二）应收账款的计价

应收账款的入账价值应以实际发生额为依据，计价时还需要考虑商业折扣和现金折扣等因素。

1. 商业折扣

商业折扣是指企业根据市场供需情况，或针对不同的顾客，在商品标价上给予的扣除。商业折扣是企业最常用的促销方式之一。企业为了扩大销售、占领市场，对于批发商往往给予商业折扣，采用销量越多、价格越低的促销策略，也就是我们通常所说的“薄利多销”。如购买 5 件，销售价格折扣 10%；购买 10 件，折扣 20% 等。其特点是折扣是在实现销售时同时发生的。

商品标价扣除商业折扣以后的实际成交价格才是应收账款的入账价值，商业折扣对会计核算不产生任何影响。

2. 现金折扣

现金折扣又称销售折扣，是指销货企业为鼓励顾客尽早付清货款而提供的一种价格优惠。现金折扣的表示方式为：2/10，1/20，n/30。例如，A 公司向 B 公司出售商品 30 000 元，付款条件为“2/10，n/60”，即如果 B 公司在 10 日内付款，只需付 29 400 元，如果 B 公司在 60 天内付款，则需付全额 30 000 元。

对于销货企业，现金折扣有两方面的积极意义：缩短收款时间，减少坏账损失。消极作用是减少现金流量。因此，销售企业都试图将折扣率确定在平衡正面作用和负面作用的水平之上。一般来说，购货企业会尽可能享受现金折扣，但仍取决于利息成本。如 B 公司决定享受现金折扣，意味着 B 公司放弃 50 天使用 29 400 元以取得 2% 的折扣，相当于承担年息为 14.9%（$0.02/0.98\times360/50$）的利息成本，如果 B 公司能取得低于 14.9% 的资金，这一现金折扣无疑是有利的。

由于现金折扣只是一种交易条件，其是否实际发生还将视交易日后买方的实际情况。那么在交易日，应收账款以总额入账，还是以扣除现金折扣后的净额入账？对此通常有两种不同的确认方法。

（1）总价法是将未扣减现金折扣前的实际售价作为应收账款入账金额的方法。例如，企业赊销商品价款为10 000元，合同规定现金折扣条件为2/10，1/20，n/30。应收账款入账价值为10 000元。这种方法将销货方给予购货方的现金折扣视为尽快回笼资金而发生的一项理财费用，计入财务费用。

（2）净价法是将扣减最大现金折扣后的售价作为应收账款入账金额的方法。上例中，企业赊销商品价款为10 000元，合同规定现金折扣条件为2/10，1/20，n/30。应收账款入账价值为10 000 - 10 000 × 2% = 9 800元。这种方法是把客户超过折扣期限而多收的金额视为信贷收入，冲减财务费用。

我国《企业会计准则》要求采用总价法入账，不允许采用净价法。

3. 销售退回和折让

因质量、规格（品种）不符造成，该“销售退回和折让”直接抵减“销售收入”同时冲减“应收账款”。

（三）应收账款的核算

应收账款的核算是通过“应收账款”科目进行的，该科目属资产类科目。“应收账款”科目的借方登记应收账款的增加，贷方登记应收账款的收回及确认的坏账损失，期末如为借方余额，反映企业尚未收回的应收账款；期末如为贷方余额，反映企业预收的账款。预收货款不多的企业，为简化起见，也可不设“预收账款”科目，而将预收货款业务直接记入“应收账款”科目。应收账款科目应当按照债务人进行明细核算。

1. 在没有商业折扣的情况下，应收账款应按应收的全部金额入账

【例3-6】甲公司赊销给A公司商品一批，货款总计50 000元，适用的增值税税率为17%，代垫运杂费1 000元（假设不作为计税基数）。应做会计分录：

借：应收账款	59 500	
贷：主营业务收入		50 000
应交税费——应交增值税（销项税额）		8 500
银行存款		1 000

收到货款时：

借：银行存款	59 500	
贷：应收账款		59 500

2. 在有商业折扣的情况下，应收账款和销售收入按扣除商业折扣后的金额入账

【例3-7】甲公司赊销商品一批，按价目表的价格计算，货款金额总计100 000元，给买方的商业折扣为10%，适用增值税税率为17%，代垫运杂费5 000元（假设不作为计税基数）。应做会计分录：

借：应收账款	110 300	
贷：主营业务收入		90 000

应交税费——应交增值税（销项税额） 15 300
银行存款 5 000

收到货款时：

借：银行存款 110 300
贷：应收账款 110 300

3. 在有现金折扣的情况下，采用总价法核算

【例3-8】甲公司赊销一批商品，货款为100 000元，规定对货款部分的付款条件为2/10、n/30，适用的增值税税率为17%，代垫运杂费3 000元（假设不作为计税基数）。应做会计分录：

销售业务发生时，根据有关销货发票：

借：应收账款 120 000
贷：主营业务收入 100 000
应交税费——应交增值税（销项税额） 17 000
银行存款 3 000

假若客户于10天内付款时：

借：银行存款 118 000
财务费用 2 000
贷：应收账款 120 000

假若客户超过10天付款，则无现金折扣：

借：银行存款 120 000
贷：应收账款 120 000

四、预付账款

预付账款是指企业按照合同规定预付的款项。

企业应当设置"预付账款"科目，用来核算预付账款的增减变动及其结存情况。预付款项情况不多的企业，可以不设置"预付账款"科目，而直接通过"应付账款"科目核算。

企业根据购货合同的规定向供应单位预付款项时，借记"预付账款"科目，贷记"银行存款"科目。企业收到所购物资，按应计入购入物资成本的金额，借记"材料采购"或"原材料"、"库存商品"、"应交税费——应交增值税（进项税额）"等科目，贷记"预付账款"科目；当预付货款小于采购货物所需支付的款项时，应将不足部分补付，借记"预付账款"科目，贷记"银行存款"科目；当预付货款大于采购货物所需支付的款项时，对收回的多余款项应借记"银行存款"科目，贷记"预付账款"科目。

【例3-9】甲公司向乙公司采购材料5 000千克，单价10元，所需支付的款项总额50 000元。按照合同规定向乙公司预付货款的50%，验收货物后补付其余款项。甲公司应做如下会计处理：

（1）预付50%的货款时：

借：预付账款——乙公司　　25 000
　贷：银行存款　　25 000

（2）收到乙公司发来的5 000千克材料，验收无误，增值税专用发票记载的货款为50 000元，增值税税额为8 500元。甲公司以银行存款补付所欠款项33 500元。应编制会计分录：

借：原材料　　50 000
　应交税费——应交增值税（进项税额）　　8 500
　贷：预付账款——乙公司　　58 500
借：预付账款——乙公司　　33 500
　贷：银行存款　　33 500

五、其他应收款

其他应收款是指企业除应收票据、应收账款、预付账款等以外的其他各种应收及暂付款项。

其他应收款主要内容包括：

（1）应收的各种赔款、罚款，如因企业财产等遭受意外损失而应向有关保险公司收取的赔款等；

（2）应收的出租包装物租金；

（3）应向职工收取的各种垫付款项，如为职工垫付的水电费、应由职工负担的医药费、房租费等；

（4）存出保证金，如租入包装物支付的押金；

（5）其他各种应收、暂付款项。

为了反映和监督其他应收账款的增减变动及其结存情况，企业应当设置“其他应收款”科目进行核算。“其他应收款”科目的借方登记其他应收款的增加，贷方登记其他应收款的收回，期末余额一般在借方，反映企业尚未收回的其他应收款项。

【例3－10】甲公司在采购过程中发生材料毁损，按保险合同规定，应由保险公司赔偿损失30 000元，保险公司赔款如数收到。应编制会计分录：

借：其他应收款　　30 000
　贷：材料采购　　30 000
借：银行存款　　30 000
　贷：其他应收款　　30 000

【例3－11】甲公司租入包装物一批，以银行存款向出租方支付押金10 000元。应编制会计分录：

借：其他应收款　　10 000
　贷：银行存款　　10 000

如租入包装物按期退回，甲公司收到出租方退还的押金10 000元。应编制会计分录：

借：银行存款　　10 000

贷：其他应收款　　10 000

六、应收款项减值

（一）应收款项减值概述

企业应当在资产负债表日对应收款项的账面价值进行检查，有客观证据表明该应收款项发生减值的，应当将该应收款项的账面价值减记至预计未来现金流量现值，减记的金额确认减值损失，计提坏账准备。

我国《企业会计准则》规定采用备抵法确定应收款项的减值。应收账款坏账准备的计提方法包括：应收账款余额百分比法、账龄分析法、销货百分比法、个别认定法。

（1）应收账款余额百分比法是以期末应收账款余额的一定百分比，估计坏账损失，计提坏账准备的方法。估计坏账损失的计算公式为：

估计坏账损失 = 应收账款余额 × 估计坏账率

（2）账龄分析法是根据应收账款的账龄的长短来估计坏账损失的方法。账款被拖欠的时间越长，发生坏账的可能性越大，应估计的坏账损失的准备金额也就越大。

具体做法：通过编制应收账款账龄分析表和坏账损失估计表，将应收账款按拖欠期限长短划分为若干区段，计列各个区段上应收账款的金额，并为每一个区段估计一个坏账损失百分比，这个百分比按拖欠期越长，估计的比例越大，将各个区段应收账款金额分别乘以该区段估计的坏账的百分比，并将这些乘积求和，就可确定出坏账损失的估计总额。

（3）赊销百分比法（销货百分比法）是根据赊销金额的一定百分比估计坏账损失的方法。估计坏账损失的计算公式为：

估计坏账损失 = 赊销金额 × 估计坏账率

（4）个别认定法，即根据每一应收账款的情况来估计坏账损失的方法。

计提坏账准备的方法及提取比例等均由企业自行确定，并且一经确定不得随意变更。如需变更，除应经股东大会或董事会或类似机构批准，并且按照法律、行政法规的规定报有关各方备案外，还应在会计报表附注中予以说明。

（二）应收款项减值的核算

企业应当设置“坏账准备”科目，用来核算应收款项的坏账准备计提、转销等情况。企业当期计提的坏账准备应当计入资产减值损失。“坏账准备”科目的贷方登记当期计提的坏账准备金额，借方登记实际发生的坏账损失金额和冲减的坏账准备金额，期末余额一般在贷方，反映企业已计提但尚未转销的坏账准备。

坏账准备可按以下公式计算：

当期应计提的坏账准备 = 当期按应收款项计算应提坏账准备金 －（＋）“坏账准备”科目的贷方（或借方）余额

企业计提坏账准备时，按应减记的金额，借记“资产减值损失”科目，贷记“坏账准备”科目。冲减多计提的坏账准备时，借记“坏账准备”科目，贷记“资产减值损失”科目。

企业确实无法收回的应收款项按管理权限报经批准后作为坏账转销时，应当冲减已计提的坏账准备。企业发生坏账损失时，借记“坏账准备”科目，贷记“应收账款”、“其他应收款”等科目。

已确认并转销的应收款项以后又收回时，借记“应收账款”、“其他应收款”等科目，贷记“坏账准备”科目；同时，借记“银行存款”科目，贷记“应收账款”、“其他应收款”等科目。

【例 3-12】2009 年 12 月 31 日，甲公司对应收丙公司的账款进行减值测试。应收账款余额合计为 1 000 000 元，甲公司根据丙公司的资信情况确定按 10% 计提坏账准备。2010 年对丙公司的应收账款实际发生坏账损失 30 000 元。甲公司 2010 年年末应收丙公司的账款余额为 1 200 000 元，甲公司 2011 年 4 月 20 日收到 2010 年已转销的坏账 20 000元，已存入银行。假定 2009 年坏账准备科目期初余额为零。

（1）2009 年年末计提坏账准备时，会计处理如下：

借：资产减值损失　　100 000

　贷：坏账准备　　100 000

（2）2010 年确认坏账损失时，会计处理如下：

借：坏账准备　　30 000

　贷：应收账款　　30 000

（3）2010 年年末计提坏账准备时，会计处理如下：

根据甲公司坏账核算方法，其“坏账准备”科目应保持的贷方余额为 120 000 元（1 200 000×10%）；计提坏账准备前，“坏账准备”科目的实际余额为贷方 70 000 元（100 000 - 30 000），因此 2010 年年末应计提的坏账准备金额为 50 000 元（120 000 - 70 000）。甲公司应做如下会计处理：

借：资产减值损失　　50 000

　贷：坏账准备　　50 000

（4）2011 年 4 月 20 日收到 2010 年已转销的坏账 20 000 元，已存入银行。会计处理如下：

借：应收账款　　20 000

　贷：坏账准备　　20 000

借：银行存款　　20 000

　贷：应收账款　　20 000

第四节　长期股权投资

一、长期股权投资概述

长期股权投资包括企业持有的其子公司、合营企业及联营企业的权益性投资以及企业持有的对被投资单位不具有控制、共同控制或重大影响，且在活跃市场中没有报价、公允价值不能可靠计量的权益性投资。

企业能够对被投资单位实施控制的，被投资单位为本企业的子公司。控制是指有权决定一个企业的财务和经营政策，并能据以从该企业的经营活动中获取利益。

企业与其他方对被投资单位实施共同控制的，被投资单位为本企业的合营企业。共同控制是指按照合同约定对某项经济活动所共有的控制，仅在与该项经济活动相关的重要财务和经营决策需要分享控制权的投资方一致同意时存在。

企业能够对被投资单位施加重大影响的，被投资单位为本企业的联营企业。重大影响是指对一个企业的财务或经营政策有参与的权力，但并不能够控制或者与其他方一起共同控制这些政策的制定。

二、长期股权投资的初始计量

（一）企业合并形成的长期股权投资

企业合并形成的长期股权投资，初始投资成本的确定应遵循《企业会计准则第20号——企业合并》的相关原则，即应区分企业合并的类型，分别同一控制下控股合并与非同一控制下控股合并确定形成长期股权投资的成本。

1. 同一控制下的企业合并

同一控制下的企业合并，合并方以支付现金、转让非现金资产或承担债务方式作为合并对价的，应当在合并日按照取得被合并方所有者权益账面价值的份额作为长期股权投资的初始投资成本。长期股权投资的初始投资成本与支付的现金、转让的非现金资产及所承担债务账面价值之间的差额，应当调整资本公积；资本公积不足冲减的，调整留存收益；合并方以发行权益性证券作为合并对价的，应按发行股份的面值总额作为股本，长期股权投资初始投资成本与所发行股份面值总额之间的差额，应当调整资本公积；资本公积不足冲减的，调整留存收益。

具体进行会计处理时，合并方在合并日按取得被合并方所有者权益账面价值的份额，借记“长期股权投资”科目，按应享有被投资单位已宣告但尚未发放的现金股利或利润，借记“应收股利”科目，按支付的合并对价的账面价值，贷记有关资产或负债科目，按其差额，贷记“资本公积——资本溢价或股本溢价”科目；如为借方差额，应借记“资本公积——资本溢价或股本溢价”科目，资本公积（资本溢价或股本溢价）不足冲减的，借记“盈余公积”、“利润分配——未分配利润”科目。上述业务如以发行权益性证券方式进行的，应按发行权益性证券的面值总额，贷记“股本”科目。

在确定同一控制下企业合并形成的长期股权投资时，应注意企业合并前合并方与被合并方适用的会计政策不同的，在以被合并方的账面价值为基础确定形成的长期股权投资成本时，首先应基于重要性原则，统一合并方与被合并方的会计政策。在按照合并方的会计政策对被合并方资产、负债的账面价值进行调整的基础上，计算确定长期股权投资的初始投资成本。

【例3－13】2010年6月30日，甲公司向其母公司P发行1 000万股普通股（每股面值为1元，市价为4.34元），取得母公司P拥有对S公司100%的股权，并于当日起能够对S公司实施控制。合并后S公司仍维持其独立法人地位继续经营。2010年6月30日S公司净资产的账面价值为4 002万元。假定甲公司和S公司在企业合并前采用的会计政策相同。合并日，甲公司与S公司所有者权益的构成如表3.1所示。

表3.1　　2010年6月30日　　单位：万元

	甲公司	S公司
实收资本	3 000	1 000
资本公积	2 000	600
盈余公积	2 000	2 000
未分配利润	2 355	402
合计	9 355	4 002

S公司在合并后维持其法人资格继续经营，合并日甲公司在其账簿及个别财务报表中应确认对S公司的长期股权投资，其成本为合并日享有S公司账面所有者权益的份额。账务处理为：

借：长期股权投资——S公司　　40 020 000

　贷：股本　　10 000 000

　　资本公积——股本溢价　　30 020 000

2. 非同一控制下的企业合并

非同一控制下的企业合并，购买方应当按照确定的企业合并成本作为长期股权投资的初始投资成本。企业合并成本包括购买方付出的资产、发生或承担的负债、发行的权益性证券的公允价值以及为进行企业合并发生的各项直接相关费用。

非同一控制下的企业合并，是将合并行为看成是一方购买另一方的交易。原则上，购买方为了取得对被购买方的控制权而放弃的资产、发生或承担的负债、发行的权益性证券等均应按其在购买日的公允价值计量，所有为进行企业合并而支付对价的公允价值之和以及发生的各项相关费用作为合并中形成长期股权投资的成本。其中，支付非货币性资产为对价的，所支付非货币性资产在购买日的公允价值与其账面价值的差额应作为资产处置损益，计入企业合并当期的利润表。

【例3-14】甲公司于2010年3月31日取得了乙公司70%的股权。合并中，甲公司支付的有关资产在购买日的账面价值与公允价值如表3.2所示。合并中，甲公司为核实乙公司的资产价值，聘请专业资产评估机构对乙公司的资产进行评估，支付评估费用100万元。本例中假定合并前甲公司与乙公司及其股东不存在任何关联方关系。

表3.2　　2010年3月31日　　单位：万元

项目	账面价值	公允价值
土地使用权	2 000	3 200
专利技术	800	1 000

表3.2(续)

项目	账面价值	公允价值
银行存款	800	800
合计	3 600	5 000

分析：

本例中因甲公司与乙公司及其股东在合并前不存在任何关联方关系，应作为非同一控制下的企业合并处理。甲公司用作合并对价的土地使用权原价为3 000万元，至合并日已累计摊销1 000万元，专利技术原价为1 000万元，至合并日已累计摊销200万元。

甲公司对于合并形成的对乙公司的长期股权投资，应按支付对价的公允价值确定其初始投资成本。甲公司应进行的账务处理为：

借：长期股权投资　　51 000 000
　　累计摊销　　12 000 000
　贷：无形资产　　40 000 000
　　银行存款　　9 000 000
　　营业外收入　　14 000 000

除了通过一次性的交换交易实现的企业合并外，如果企业合并中通过多次交换交易，分别取得股权最终形成企业合并的，在达到企业合并时点的合并成本为每一单项交换交易的成本之和。其中：形成企业合并前企业对持有的对被购买方长期股权投资采用成本法核算的，其长期股权投资在购买日的成本应为原账面价值加上购买日为取得进一步的股份支付的对价公允价值之和；形成企业合并前企业对持有的对被购买方长期股权投资采用权益法核算的，在购买日应对权益法下长期股权投资的账面价值进行调整，调整至其最初取得成本，在此基础上加上购买日新支付对价的公允价值作为购买日长期股权投资的成本。

【例3-15】甲公司于2009年3月1日以4 000万元取得B公司30%的股权，因能够派人参与B公司的财务和生产经营决策，对所取得的长期股权投资按照权益法核算并于2009年确认对B公司的投资收益150万元。2010年1月2日，甲公司又以5 000万元现金取得B公司30%的股权。本例中假定甲公司在取得对B公司的长期股权投资以后，B公司并未分派现金股利或利润。甲公司按净利润的10%计提盈余公积。

分析：

本例中甲公司是通过分步购买最终取得对B公司的控制权，形成企业合并。在购买日，甲公司应进行以下账务处理：

借：盈余公积　　150 000
　　利润分配——未分配利润　　1 350 000
　贷：长期股权投资——损益调整　　1 500 000
借：长期股权投资——成本　　50 000 000

贷：银行存款　　　　　　　　　　　　　　　　　　50 000 000

（二）除企业合并外其他方式取得的长期股权投资

1. 以支付现金方式取得长期股权投资

以支付现金方式取得的长期股权投资，应当按照实际支付的购买价款作为长期股权投资的初始投资成本，包括购买过程中支付的手续费等必要支出，但不包括被投资单位已宣告发放的现金股利或利润。

【例3-16】甲公司于2010年2月10日从公开市场中买入乙公司20%的股份，实际支付价款8 000万元。在购买过程中支付手续费等相关费用100万元。该股份取得后能够对乙公司施加重大影响。

甲公司应当按照实际支付的购买价款作为取得长期股权投资的成本。其账务处理为：

借：长期股权投资——成本　　　　　　　　81 000 000

　贷：银行存款　　　　　　　　　　　　　　81 000 000

2. 以发行权益性证券方式取得长期股权投资

以发行权益性证券方式取得的长期股权投资，其成本为所发行权益性证券的公允价值。为发行权益性证券支付的手续费、佣金等应自权益性证券的溢价发行收入中扣除，溢价收入不足的，应冲减盈余公积和未分配利润。

【例3-17】2010年3月，甲公司通过增发3 000万股（每股面值1元）本企业普通股为对价取得对B公司20%的股权。按照增发前一定时期的平均股价计算，该3 000万股普通股的公允价值为5 200万元。为增发该部分普通股，甲公司支付了200万元的佣金和手续费。取得B公司该部分股权后，甲公司能够对B公司施加重大影响。

本例中甲公司应当以所发行股份的公允价值作为取得长期股权投资的成本。应进行如下账务处理：

借：长期股权投资——成本　　　　　　　　52 000 000

　贷：股本　　　　　　　　　　　　　　　　30 000 000

　　　资本公积——股本溢价　　　　　　　　22 000 000

借：资本公积——股本溢价　　　　　　　　2 000 000

　贷：银行存款　　　　　　　　　　　　　　2 000 000

（三）长期股权投资的初始计量

投资者投入的长期股权投资，应当按照投资合同或协议约定的价值作为初始投资成本，但合同或协议约定价值不公允的除外。

投资者投入的长期股权投资是指投资者以其持有的对第三方的投资作为出资投入企业，接受投资的企业在确定所取得的长期股权投资的成本时，原则上应按照投资各方在投资合同或协议中约定的价值作为其初始投资成本。例外的情况是，如果投资各方在投资合同或协议中约定的价值明显高于或低于该项投资公允价值的，应以公允价值作为长期股权投资的初始投资成本，由该项出资构成实收资本（或股本）的部分与确认的长期股权投资初始投资成本之间的差额，相应调整资本公积（资本溢价）。

【例3－18】甲公司以其持有的对B公司的长期股权投资作为出资，在C股份公司增资扩股的过程中投入C公司，取得C公司1 000万股普通股（每股面值为1元）。该项对B公司的投资本身不存在活跃的市场，无法取得其公允价值信息，但根据C公司股票在增资扩股后的价格判断，该项作为出资的长期股权投资的公允价值约为4 000万元。C公司取得B公司股权后，无法对B公司实施控制、共同控制或是施加重大影响，也无法通过合理的方式确定其公允价值。

C公司的账务处理为：

借：长期股权投资——成本　　40 000 000

　贷：股本　　10 000 000

　　资本公积——股本溢价　　30 000 000

三、长期股权投资的后续计量

企业取得的长期股权投资，在确定其初始投资成本后，持续持有期间，视对被投资单位的影响程度等情况的不同，应分别采用成本法及权益法进行核算。

（一）成本法及权益法核算的范围

投资企业对被投资单位具有共同控制或重大影响的长期股权投资，应当采用权益法核算。投资企业持有的对子公司投资，在母公司个别财务报表中按成本法核算。除此之外，投资企业持有的对被投资单位不具有控制、共同控制或重大影响，并且在活跃市场中没有报价、公允价值不能可靠计量的长期股权投资，也应采用成本法进行核算。

（二）长期股权投资的成本法

企业持有的对子公司投资以及对被投资单位不具有控制、共同控制或重大影响，且在活跃市场中没有报价、公允价值不能可靠计量的长期股权投资应当采用成本法核算。

采用成本法核算的长期股权投资，初始投资或追加投资时，按照初始投资或追加投资时的成本增加长期股权投资的账面价值，同一控制下的控股合并形成的长期股权投资初始投资成本为合并日取得被合并方账面所有者权益的份额。

被投资单位宣告分派的现金股利或利润中，投资企业享有的部分，应确认为当期投资收益。投资企业在确认自被投资单位应分得的现金股利或利润后，应当考虑长期股权投资是否发生减值。在判断该类长期股权投资是否存在减值迹象时，应当关注长期股权投资的账面价值是否大于享有被投资单位净资产（包括相关商誉）账面价值的份额等情况。出现类似情况时，企业应当按照《企业会计准则第8号——资产减值》的规定对长期股权投资进行减值测试，可收回金额低于长期股权投资账面价值的，应当计提减值准备。

【例3－19】甲公司于2009年4月10日取得乙公司6%的股权，成本为1 200万元。2010年2月6日，乙公司宣告分派利润，甲公司按照持股比例可取得10万元。假定甲公司在取得乙公司股权后，对乙公司的财务和经营决策不具有控制、共同控制或重大影响，且该投资不存在活跃的交易市场、公允价值无法可靠取得。乙公司于2010年2月12日实际分派利润。

甲公司的账务处理为：

借：长期股权投资　　12 000 000

　贷：银行存款　　12 000 000

借：应收股利　　100 000

　贷：投资收益　　100 000

借：银行存款　　100 000

　贷：应收股利　　100 000

进行上述账务处理后，如相关长期股权投资存在减值迹象的，应当进行减值测试。

（三）长期股权投资的权益法

投资企业对被投资单位具有共同控制或重大影响的长期股权投资，应当采用权益法核算。在确定能否对被投资单位实施共同控制或重大影响时，应当考虑投资企业和其他方持有的被投资单位当期可转换公司债券、当期可执行认股权证等潜在表决权因素的影响。

“共同控制”是指按照合同约定对某项经济活动共有的控制。其特点是，合营各方均受到合营合同的限制和约束，任何一个合营方均不能单独控制合营企业的生产经营活动，涉及合营企业基本经营活动的决策需要各合营方一致同意。投资企业与其他合营方一同对被投资单位实施共同控制的，被投资单位为投资企业的合营企业。

“重大影响”是指对一个企业的财务和经营政策有参与决策的权力，但并不能够控制或与其他方一起共同控制这些政策的制定。重大影响通常体现为在被投资单位的董事会或类似权力机构中派有代表、参与被投资单位的政策制定过程、与被投资单位之间发生重要交易、向被投资单位派出管理人员或是向被投资单位提供关键技术资料等。投资企业能够对被投资单位施加重大影响的情况下，被投资单位为其联营企业。

采用权益法核算的长期股权投资，一般的核算程序为：

第一步，初始投资或追加投资时，按照初始投资成本或追加投资的成本，增加长期股权投资的账面价值。

第二步，比较初始投资成本与投资时应享有被投资单位可辨认净资产公允价值的份额，对于初始投资成本大于应享有被投资单位可辨认净资产公允价值份额的，不要求调整长期股权投资的成本；对于初始投资成本小于应享有被投资单位可辨认净资产公允价值份额的，应对长期股权投资的成本进行调整，并计入取得当期的损益。

第三步，持有投资期间，随着被投资单位所有者权益的变动相应调整增加或减少长期股权投资的账面价值，并分别情况处理：对属于因被投资单位实现净损益产生的所有者权益的变动，投资企业按照持股比例计算应享有的份额，增加或减少长期股权投资的账面价值，同时确认为当期投资损益；对被投资单位除净损益以外其他因素导致的所有者权益变动，在持股比例不变的情况下，按照持股比例计算应享有或应分担的份额，增加或减少长期股权投资的账面价值，同时确认为资本公积（其他资本公积）。

第四步，被投资单位宣告分派现金股利或利润时，投资企业按持股比例计算应分得的部分，一般应冲减长期股权投资的账面价值。

1. 初始投资成本的调整

投资企业取得对联营企业或合营企业的投资以后，对于取得投资时点上投资成本与应享有被投资单位可辨认净资产公允价值份额之间的差额，应区别以下情况处理：

（1）投资成本大于取得投资时应享有被投资单位可辨认净资产公允价值份额的，该部分差额体现为投资企业在购入该项投资过程中通过作价体现出的与所取得股权份额相对应的商誉。该部分差额不要求调整长期股权投资的成本。

（2）投资成本小于取得投资时应享有被投资单位可辨认净资产公允价值份额的，两者之间的差额体现为交易双方在作价过程中转让方对投资企业给予的让步或是出于其他方面的考虑给予投资企业的无偿经济利益流入，应计入取得投资当期的损益，同时调整增加长期股权投资的账面价值。

【例3－20】甲公司于2010年1月1日取得乙公司30%的股权，实际支付价款3 000万元。取得投资时被投资单位账面所有者权益的构成如下（假定该时点被投资单位各项可辨认资产、负债的公允价值与其账面价值相同）：

实收资本	30 000 000元
资本公积	24 000 000元
盈余公积	6 000 000元
未分配利润	15 000 000元
所有者权益总额	75 000 000元

假定在乙公司的董事会中，所有股东均以其持股比例行使表决权。甲公司在取得对乙公司的股权后，派人参与了乙公司的财务和生产经营决策。因能够对乙公司的生产经营决策施加重大影响，甲公司对该项投资采用权益法核算。

取得投资时，甲公司应进行的账务处理为：

借：长期股权投资——成本	30 000 000	
贷：银行存款		30 000 000

长期股权投资的成本3 000万元大于取得投资时应享有乙公司可辨认净资产公允价值的份额2 250万元（7 500万×30%），不对其初始投资成本进行调整。

假定上例中取得投资时乙公司可辨认净资产公允价值为12 000万元，甲公司按持股比例30%计算确定应享有3 600万元，则初始投资成本与应享有乙公司可辨认净资产公允价值份额之间的差额600万元应计入取得投资当期的损益。

借：长期股权投资——成本	36 000 000	
贷：银行存款		30 000 000
营业外收入		6 000 000

2. 投资损益的确定

（1）在确认应享有或应分担被投资单位的净利润或净亏损时，如果取得投资时被投资单位各项资产、负债的公允价值与其账面价值不同的，投资企业在计算确定投资收益时，不能完全以被投资单位自身核算的净利润与持股比例计算确定，而是需要在被投资单位实现净利润的基础上经过适当调整后确定。

在确认应享有被投资单位的净利润或净亏损时，主要应考虑以下因素对被投资单位净利润的影响：

一是以取得投资时被投资单位固定资产、无形资产的公允价值为基础计提的折旧额或摊销额对被投资单位净利润的影响。如取得投资时被投资单位固定资产公允价值高于账面价值，对于投资企业来讲，相关固定资产的折旧额应以取得投资时该固定资产的公允价值为基础确定，并根据被投资单位已计提的折旧额与对于投资企业来讲应计提的折旧额之间的差额，对被投资单位的净利润进行调整。

二是被投资单位有关长期资产以投资企业取得投资时的公允价值为基础计算确定的减值准备金额对被投资单位净利润的影响。

三是被投资单位采用的会计政策和会计期间与投资企业不一致时，应按投资企业的会计政策和会计期间对被投资单位的财务报表进行调整，以调整后的净利润为基础计算确认投资损益。

投资企业无法合理确定取得投资时被投资单位各项可辨认资产公允价值的，或者投资时被投资单位可辨认资产的公允价值与账面价值相比，两者之间的差额不具重要性的，或是无法取得对被投资单位净利润进行调整所需资料的，可以按照被投资单位的账面净利润与持股比例计算的结果直接确认为投资损益。

【例 3－21】沿用【例 3－20】假定甲公司长期股权投资的成本大于取得投资时乙公司可辨认净资产公允价值份额的情况下，2010 年乙公司实现净利润 800 万元。甲公司、乙公司均以公历年度作为会计年度，采用相同的会计政策。由于投资时乙公司各项资产、负债的账面价值与其公允价值相同，不需要对乙公司的净利润进行调整，甲公司应确认的投资收益为 240 万元（800 万 ×30%），一方面增加长期股权投资的账面价值，另一方面作为利润表中的投资收益确认。

甲公司的会计处理如下：

借：长期股权投资——损益调整　　2 400 000

　贷：投资收益　　2 400 000

【例 3－22】甲公司于 2010 年 1 月 2 日购入乙公司 30% 的股份，购买价款为 2 000 万元，并自取得股份之日起派人参与乙公司的生产经营决策。取得投资日，乙公司可辨认净资产公允价值为 6 000 万元，除下列项目外，其他资产、负债的公允价值与账面价值相同。

表 3.3　　单位：万元

项目	账面原价	已提折旧或摊销	公允价值	乙公司预计使用年限	甲公司取得投资后剩余使用年限
存货	500		700		
固定资产	1 000	200	1 200	20	16

表3.3(续)

项目	账面原价	已提折旧或摊销	公允价值	乙公司预计使用年限	甲公司取得投资后剩余使用年限
无形资产	600	120	800	10	8
合计	2 100	320	2 700		

假定乙公司2010年实现净利润600万元，其中在甲公司取得投资时的账面存货500万元中有80%对外出售。甲公司与乙公司的会计年度和采用的会计政策相同。

甲公司在确定其应享有乙公司2010年的投资收益时，应在乙公司实现净利润的基础上，根据取得投资时有关资产的账面价值与其公允价值差额的影响进行调整（假定不考虑所得税影响）：

调整后的净利润 = 600 - （700 - 500） ×80% - （1 200 ÷16 - 1 000 ÷20） - （800 ÷8 - 600 ÷10） = 375（万元）

甲公司应享有份额 = 375 ×30% = 112.5（万元）

借：长期股权投资——损益调整　　1 125 000

　贷：投资收益　　1 125 000

（2）取得现金股利或利润的处理。采用权益法核算的长期股权投资，投资企业自被投资单位取得的现金股利或利润，应冲减长期股权投资的账面价值。在被投资单位宣告分派现金股利或利润时，借记“应收股利”科目，贷记“长期股权投资——损益调整”科目；自被投资单位取得的现金股利或利润超过已确认损益调整的部分应视同投资成本的收回，冲减长期股权投资的账面价值，贷记“长期股权投资——成本”科目。

（3）超额亏损的确认。权益法下，投资企业确认应分担被投资单位发生的损失，原则上应以长期股权投资及其他实质上构成长期权益的项目减记至零为限，投资企业负有承担额外损失义务的除外。这里所讲“其他实质上构成长期权益的项目”主要是指长期性的应收项目等，应收被投资单位的长期债权从目前来看没有明确的清偿计划并且在可预见的未来期间也不可能进行清偿的，从实质上来看，即构成长期权益。

采用权益法核算的情况下，投资企业在确认应分担被投资单位发生的亏损时，应按照以下顺序处理：

首先，减记长期股权投资的账面价值；

其次，在长期股权投资的账面价值减记至零的情况下，考虑是否有其他构成长期权益的项目，如果有，则以其他实质上构成对被投资单位长期权益的账面价值为限，继续减记；

最后，在有关其他实质上构成对被投资单位长期权益的价值也减记至零的情况下，如果按照投资合同或协议约定，投资企业需要承担额外义务的，则需按预计将承担责任的金额确认相关的损失。

除按上述顺序已确认的损失以外仍有额外损失的，应在账外作备查登记，不再予以确认。

在确认了有关投资损失以后，被投资单位于以后期间实现盈利的，应按以上相反顺序恢复其他实质上构成对被投资单位净投资的长期权益及长期股权投资的账面价值。

【例3－23】甲公司持有乙公司40%的股权，2009年12月31日的账面价值为2 000万元，包括投资成本以及因乙公司实现净利润而确认的投资收益。乙公司2010年由于一项主要经营业务市场条件发生骤变，当年度发生亏损3 000万元。假定甲公司在取得投资时，乙公司各项可辨认资产、负债的公允价值与其账面价值相同，采用的会计政策和会计期间也相同。甲公司2010年应确认的投资损失为1 200万元。确认上述投资损失后，长期股权投资的账面价值变为800万元。

如果乙公司2010年的亏损额为6 000万元，则甲公司按其持股比例确认应分担的损失为2 400万元（6 000万×40%），但期初长期股权投资的账面价值仅为2 000万元，如果没有其他实质上构成对被投资单位净投资的长期权益项目，则甲公司应确认的投资损失仅为2 000万元，超额损失在账外进行备查登记；如果在确认了2 000万元的投资损失后，甲公司账上仍有应收乙公司的长期应收款800万元（实质上构成对乙公司净投资），则在长期应收款的账面价值大于400万元的情况下，应进一步确认投资损失400万元。甲公司的账务处理为：

借：投资收益	24 000 000	
贷：长期股权投资——成本、损益调整		20 000 000
长期应收款——超额亏损		4 000 000

3. 被投资单位除净损益外所有者权益的其他变动

采用权益法核算的情况下，投资企业对于被投资单位除净损益外所有者权益的其他变动，在持股比例不变的情况下，应按照持股比例与被投资单位除净损益以外的所有者权益的其他变动中归属于本企业的部分，相应调整长期股权投资的账面价值，同时增加或减少资本公积（其他资本公积）。

【例3－24】甲公司持有M公司30%的股份，当期M公司因持有的可供出售金融资产公允价值的变动计入资本公积的金额为600万元，除该事项外，M公司当期实现的净利润为3 200万元。假定甲公司与M公司采用的会计政策、会计期间相同，投资时M公司有关资产的公允价值与其账面价值亦相同，无其他内部交易。

甲公司在确认应享有M公司所有者权益的变动时，财务处理如下：

借：长期股权投资——损益调整	（32 000 000×30%）9 600 000	
——其他权益变动	（6 000 000×30%）1 800 000	
贷：投资收益		9 600 000
资本公积——其他资本公积		1 800 000

（四）长期股权投资核算方法的转换

长期股权投资在持有期间，因各方面情况的变化，可能导致其核算需要由一种方法转换为另外的方法。

1. 成本法转换为权益法

长期股权投资的核算由成本法转为权益法时，应区别形成该转换的不同情况进行处理。

（1）原持有的对被投资单位不具有控制、共同控制或重大影响，在活跃市场中没有报价，公允价值不能可靠计量的长期股权投资，因追加投资导致持股比例上升，能够对被投资单位施加重大影响或是实施共同控制的，在自成本法转为权益法时，应区分原持有的长期股权投资以及追加长期股权投资两部分分别处理。

首先，原持有长期股权投资的账面余额与按照原持股比例计算确定应享有原取得投资时被投资单位可辨认净资产公允价值之间的差额，前者大于后者的，不调整长期股权投资的账面价值；前者小于后者的，根据其差额分别调整长期股权投资的账面价值和留存收益。其次，对于新取得的股权部分，应比较追加投资的成本与取得该部分投资时应享有被投资单位可辨认净资产公允价值的份额，前者大于后者的，不调整长期股权投资的成本；前者小于后者的，根据其差额分别调增长期股权投资成本和当期的营业外收入。进行上述调整时，应当综合考虑与原持有投资和追加投资相关的商誉或计入损益的金额。

对于原取得投资后至追加投资的交易日之间被投资单位可辨认净资产公允价值的变动相对于原持股比例的部分，属于在此期间被投资单位实现的净损益中应享有份额的，应调整长期股权投资的账面价值，同时对于原取得投资时至追加投资当期期初按照原持股比例计算应享有被投资单位实现的净损益，应调整留存收益，对于追加投资当期期初至追加投资交易日之间享有被投资单位的净损益，应计入当期损益；属于其他原因导致的被投资单位可辨认净资产公允价值变动中应享有的份额，在调整长期股权投资账面价值的同时，应当记入“资本公积——其他资本公积”科目。

【例3－25】甲公司于2009年1月1日取得乙公司10%的股权，成本为300万元，取得投资时乙公司可辨认净资产公允价值总额为2 800万元（假定公允价值与账面价值相同），因对被投资单位不具有重大影响且无法可靠确定该项投资的公允价值，甲公司对其采用成本法核算。甲公司按照净利润的10%提取盈余公积。

2010年1月1日，甲公司又以600万元取得乙公司12%的股权，当日乙公司可辨认净资产公允价值总额为4 000元。取得该部分股权后，按照乙公司章程规定，甲公司能够派人参与乙公司的生产经营决策，对该项长期股权投资转为采用权益法核算。假定甲公司在取得对乙公司10%的股权后至新增投资日，双方未发生任何内部交易，乙公司通过生产经营活动实现的净利润为300万元，未派发现金股利或利润。除所实现净利润外，未发生其他计入资本公积的交易或事项。

2010年1月1日，甲公司应确认对乙公司的长期股权投资时：

借：长期股权投资——成本　　6 000 000

　贷：银行存款　　6 000 000

对于新取得的股权，其成本为600万元，与取得该投资时按照持股比例计算确定应享有被投资单位可辨认净资产公允价值的份额480万元（4 000万×12%）之间的差额为投资作价中体现出的商誉，该部分商誉不要求调整长期股权投资的成本。

对原持有10%长期股权投资账面价值的调整：

确认该部分长期股权投资后，甲公司对乙公司投资的账面价值为900万元。

对于原10%的股权的成本300万元与原投资时应享有被投资单位可辨认净资产公允价值份额280万元之间的差额20万元，属于原投资时体现的商誉，该部分差额不调整长期股权投资的账面价值。

对于被投资单位可辨认净资产在原投资时至新增投资交易日之间公允价值的变动（4 000 - 2 800）相对于原持股比例的部分120万元，其中属于投资后被投资单位实现净利润部分的30万元（300万×10%），应调整增加长期股权投资的账面余额，同时调整留存收益；除实现净损益外其他原因导致的被投资单位可辨认净资产公允价值的变动90万元，应当调整增加长期股权投资的账面余额，同时计入资本公积（其他资本公积）。针对该部分投资的账务处理为：

借：长期股权投资——损益调整	300 000	
——其他权益变动	900 000	
贷：盈余公积		30 000
利润分配——未分配利润		270 000
资本公积——其他资本公积		900 000

（2）因处置投资导致对被投资单位的影响能力由控制转为具有重大影响或者与其他投资方一起实施共同控制的情况下，首先应按处置或收回投资的比例结转应终止确认的长期股权投资成本。在此基础上，应当比较剩余的长期股权投资成本与按照剩余持股比例计算原投资时应享有被投资单位可辨认净资产公允价值的份额，属于投资作价中体现的商誉部分不调整长期股权投资的账面价值；属于投资成本小于原投资时应享有被投资单位可辨认净资产公允价值份额的，在调整长期股权投资成本的同时，应调整留存收益。对于原取得投资后至处置投资导致转变为权益法核算之间被投资单位实现的净损益中应享有的份额，一方面应调整长期股权投资的账面价值，另一方面，对于原取得投资时至处置投资当期期初被投资单位实现的净损益（扣除已发放及已宣告发放的现金股利及利润）中应享有的份额，调整留存收益，对于处置投资当期期初至处置投资之日被投资单位实现的净损益中享有的份额，调整当期损益；其他原因导致被投资单位所有者权益变动中应享有的份额，在调整长期股权投资账面价值的同时，应当记入“资本公积——其他资本公积”科目。

长期股权投资自成本法转为权益法后，未来期间应当按照《企业会计准则第2号——长期股权投资》规定，计算确认应享有被投资单位实现的净损益及所有者权益其他变动的份额。

【例3-26】甲公司原持有P公司60%的股权，其账面余额为3 000万元，未计提减值准备。2010年5月1日，甲公司将其持有的对P公司长期股权投资中的1/3出售给某企业。出售取得价款1 500万元，当日被投资单位可辨认净资产公允价值总额为8 000万元。甲公司取得P公司60%的股权时，P公司可辨认净资产公允价值总额为4 500万元（假定公允价值与账面价值相同）。自甲公司取得对P公司长期股权投资后至部分处置投资前，P公司实现净利润2 000万元，其中，自甲公司取得投资日至2010年年初实现净利润1 500万元。假定P公司一直未进行利润分配。除所实现净利润外，P公司未发生其他计入资本公积的交易或事项。本例中甲公司按净利润的10%提取盈余公积。

在出售20%的股权后，甲公司对P公司的持股比例为40%，在被投资单位董事会中派有代表，但不能对P公司生产经营决策实施控制。对P公司长期股权投资应由成本法改为按照权益法核算。

确认长期股权投资处置损益时：

借：银行存款	15 000 000	
贷：长期股权投资		10 000 000
投资收益		5 000 000

调整长期股权投资账面价值：

剩余长期股权投资的账面价值为2 000万元，与原投资时应享有被投资单位可辨认净资产公允价值份额之间的差额200万元（2 000万 −4 500万 ×40%）为商誉。该部分商誉的价值不需要对长期股权投资的成本进行调整。

处置投资以后按照持股比例计算享有被投资单位自购买日至处置投资日期间实现的净利润为800万元（2 000万 ×40%），应调整增加长期股权投资的账面价值，同时调整留存收益和当期损益。甲公司应进行以下账务处理：

借：长期股权投资——损益调整	8 000 000	
贷：盈余公积		600 000
利润分配——未分配利润		5 400 000
投资收益		2 000 000

2. 权益法转换为成本法

因追加投资原因导致原持有的对联营企业或合营企业的投资转变为对子公司投资的，长期股权投资账面价值的调整应当按照分步实现企业合并的原则处理。除此之外，因减少投资导致长期股权投资的核算由权益法转换为成本法（投资企业对被投资单位不具有控制、共同控制或重大影响的，并且在活跃市场中没有报价，公允价值不能可靠计量的长期股权投资）的，应以转换时长期股权投资的账面价值作为按照成本法核算的基础。

【例3 −27】甲公司持有乙公司30%的有表决权股份，能够对乙公司的生产经营决策施加重大影响，采用权益法核算。2010年9月，甲公司将该项投资中的50%对外出售。出售以后，无法再对乙公司施加重大影响，且该项投资不存在活跃市场，公允价值无法可靠确定，转为采用成本法核算。出售时，该项长期股权投资的账面价值为1 400万元，其中投资成本1 200万元，损益调整为200万元，出售取得价款800万元。

甲公司确认处置部分投资的相关账务处理为：

借：银行存款	8 000 000	
贷：长期股权投资——成本		6 000 000

——损益调整　　1 000 000

投资收益　　1 000 000

(五) 长期股权投资的减值

作为长期股权投资核算的权益性投资，在按照《企业会计准则第2号——长期股权投资》规定进行核算确定的账面价值基础上，如果存在减值迹象的，应当按照相关准则的规定计提减值准备。

(六) 长期股权投资的处置

企业处置长期股权投资时，应相应结转与所售股权相对应的长期股权投资的账面价值，出售所得价款与处置长期股权投资账面价值之间的差额，应确认为处置损益。

采用权益法核算的长期股权投资，原计入资本公积的金额，在处置时亦应进行结转，将与所出售股权相对应的部分在处置时自资本公积转入当期损益。账务处理为：

【例3-28】甲公司原持有乙公司40%的股权，2010年11月10日，甲公司出售所持有乙公司股权中的30%，出售时甲公司账面上对乙公司长期股权投资的构成为：投资成本3 000万元，损益调整900万元，其他权益变动600万元。出售取得价款1 400万元。

(1) 甲公司确认处置损益的账务处理为：

借：银行存款　　14 000 000

贷：长期股权投资——成本　　9 000 000

——损益调整　　2 700 000

——其他权益变动　　1 800 000

投资收益　　500 000

(2) 除应将实际取得价款与出售长期股权投资的账面价值进行结转，确认为处置当期损益外，还应将原计入资本公积的部分按比例转入当期损益。账务处理为：

借：资本公积——其他资本公积　　1 800 000

贷：投资收益　　1 800 000

【本章小结】

1. 企业在初始确认时，金融资产可以分为以公允价值计量且其变动计入当期损益的金融资产、持有至到期投资、贷款和应收款、可供出售金融资产四类。

2. 交易性金融资产在初始确认时，应按公允价值计量，相关手续费、税金、佣金及其他必要支出计入当期损益；会计期末对交易性金融资产按照公允价值调整，对于公允价值与账面价值之间的差额计入当期损益。

3. 长期股权投资取得时，按初始投资成本入账。长期股权投资的后续计量的核算有成本法和权益法两种方法。采用成本法核算的长期股权投资应当按照初始投资成本计价，追加或收回投资应当调整长期股权投资的成本，被投资单位宣告分派的现金股利或利润，确认为当期投资收益。

4. 采用权益法核算长期股权投资，长期股权投资的初始投资成本大于投资时，应享有被投资单位可辨认净资产公允价值份额的，不调整长期股权投资的初始投资成本；长期股权投资的初始投资成本小于投资时，应享有被投资单位可辨认净资产公允价值份额的，其差额应当计入当期损益，同时调整长期股权投资的成本。投资企业取得长期股权投资后，应当按照应享有或应分担的被投资单位实现的净损益的份额，确认投资损益并调整长期股权投资的账面价值。投资企业按照被投资单位宣告分派的现金股利或利润计算应分得的部分，相应减少长期股权投资的账面价值；投资企业确认被投资单位发生的亏损，应当以长期股权投资的账面价值以及其他实质上构成对被投资单位净投资的长期权益减记至零为限；被投资单位以后实现净利润的，投资企业在其受益分享额弥补未确认的亏损分担额后，恢复确认受益分享额。

5. 长期股权投资持有期间，因各方面情况的变化，可能导致其核算需要在成本法和权益法两种方法之间进行转换。若因追加投资等原因能够对被投资单位实施共同控制或重大影响但不构成控制的，应当改按权益法核算，以成本法下长期股权投资的账面价值或按照《企业会计准则第22号——金融工具确认和计量》确定的投资账面价值作为按照权益法核算的初始投资成本；若因投资企业因减少投资等原因对被投资单位不再具有共同控制或重大影响的，并且在活跃市场中没有报价、公允价值不能可靠计量的长期股权投资，以权益法下长期股权投资的账面价值作为按照成本法核算的初始投资成本。

【复习与思考】

1. 金融资产包括哪些？
2. 金融资产的初始成本如何确定？
3. 什么是长期股权投资？
4. 长期股权投资的成本法怎么核算？与权益法会计处理有什么区别？

第四章　存货

【目的与要求】

了解《企业会计准则第1号——存货》及其应用指南，明确存货的范围、确认条件和计价方法；

掌握存货取得和发出的计价及会计处理，并且能够应用存货简化核算方法，处理企业的实际经济业务；

掌握期末存货的计量和科学的计价方法。

【主要内容】

存货范围和确认的条件、取得存货的计价和核算、发出存货的计价和核算；

计划成本法、毛利率法和零售价法等存货简化核算方法的应用；

存货的期末计量、计价和会计处理。

【考核重点】

存货计价（存货价值的确定）；存货按实际成本计价的核算与存货按计划成本计价的核算；存货的期末（再）计价。

第一节　存货概述

一、存货的概念及确认条件

（一）存货的概念

存货是指企业在日常活动中持有以备出售的产成品或商品、处在生产过程中的在产品、在生产过程或提供劳务过程中耗用的材料或物料等。

（二）存货的确认条件

存货同时满足下列条件，才能予以确认：

1. 与该存货有关的经济利益很可能流入企业

企业在确认存货时，需要判断与该项存货相关的经济利益是否很可能流入企业。在实务中，主要通过判断与该项存货所有权相关的风险和报酬是否转移到了企业来确定。其中，与存货所有权相关的风险，是指由于经营情况发生变化造成的相关收益的变动，以及由于存货滞销、毁损等原因造成的损失；与存货所有权相关的报酬，是指在初步该项存货或其经过进一步加工取得的其他存货时获得的收入，以及处置该项存货实现的利润等。

通常情况下，取得存货的所有权是与存货相关的经济利益很可能流入本企业的一个重要标志。例如，根据销售合同已经售出（取得现金或收取现金的权利）的存货，其所有权已经转移，与其相关的经济利益已不能再流入本企业，此时，即使该项存货尚未运离本企业，也不能再确认为本企业的存货。又如，委托代销商品，由于其所有权并未转移至受托方，因而委托代销的商品仍应当确认为委托企业存货的一部分。总之，企业在判断与存货相关的经济利益能否流入企业时，主要结合该项存货所有权的归属情况进行分析确定。

2. 该存货的成本能够可靠地计量

作为企业资产的组成部分，要确认存货，企业必须能够对其成本进行可靠地计量。存货的成本能够可靠地计量必须以取得确凿、可靠的证据为依据，并且具有可验证性。如果存货成本不能可靠地计量，则不能确认为一项存货。例如，企业承诺的订货合同，由于并未实际发生，不能可靠确定其成本，因此就不能确认为购买企业的存货。又如，企业预计发生的制造费用，由于并未实际发生，不能可靠地确定其成本，因此不能计入产品成本。

二、存货的分类

存货属于企业的流动资产。为了加强存货的管理，提供有用的信息，应对存货进行科学的分类。

（一）原材料

原材料是指企业在生产过程中经加工改变其形态或性质并构成产品主要实体的各种原料及主要材料、辅助材料、燃料、修理用备件（备品备件）、包装材料、外购半成品（外购件）等。

（二）在产品

在产品是指企业正在制造尚未完工的生产物，包括正在各个生产工序加工的产品和已加工完毕但尚未检验或已检验但尚未办理入库手续的产品。

（三）半成品

半成品是指经过一定生产过程并已检验合格交付半成品仓库保管，但尚未制造完工成为产成品，仍需进一步加工的中间产品。

（四）产成品

产成品是指工业企业已经完成全部生产过程并已验收入库，可以按照合同规定的条件送交订货单位，或者可以作为商品对外销售的产品。企业接受来料加工制造的代制品和为外单位加工修理的代修品，制造和修理完成验收入库后，应视同企业的产成品。

（五）商品

商品是指商品流通企业外购或委托加工完成验收入库用于销售的各种商品。

（六）包装物

包装物是指为了包装本企业的商品而储备的各种包装容器，如桶、箱、瓶、坛、袋等。其主要作用是盛装、装潢产品或商品。

（七）低值易耗品

低值易耗品是指不能作为固定资产核算的各种用具物品，如工具、管理用具、玻璃器皿、劳动保护用品以及在经营过程中周转使用的容器等。其特点是单位价值较低，或使用期限相对于固定资产较短，在使用过程中保持其原有实物形态基本不变。包装物和低值易耗品构成了周转材料。周转材料是指企业能够多次使用，不符合固定资产定义，逐渐转移其价值但仍保持原有形态，不确认为固定资产的材料。

（八）委托代销商品

委托代销商品是指企业委托其他单位代销的商品。

第二节 存货收入及发出的计价

一、存货收入的计价

（一）存货收入计价的基本原则

存货应当按照成本进行初始计量。存货成本包括采购成本、加工成本和其他成本。

不同存货的成本构成内容不同。原材料、商品、低值易耗品等通过购买而取得的存货的初始成本由采购成本构成；产成品、在产品、半成品、委托加工物资等通过进一步加工而取得的存货的初始成本由采购成本、加工成本以及使存货达到目前场所和状态所发生的其他成本构成。

1. 存货的采购成本

存货的采购成本，包括购买价款、相关税费、运输费、装卸费、保险费以及其他可归属于存货采购成本的费用。其中，存货的购买价款是指企业购入的材料或商品的发票账单上列明的价款，但不包括按规定可以抵扣的增值税额。存货的相关税费是指企业购买存货发生的进口税费、消费税、资源税和不能抵扣的增值税进项税额以及相应的教育费附加等应计入存货采购成本的税费。其他可归属于存货采购成本的费用是指采购成本中除上述各项以外的可归属于存货采购的费用，如在存货采购过程中发生的仓储费、包装费、运输途中的合理损耗、入库前的挑选整理费用等。

商品流通企业在采购商品过程中发生的运输费、装卸费、保险费以及其他可归属于存货采购成本的费用等进货费用，应当计入存货采购成本，也可以先行归集，期末根据所购商品的销售情况进行分摊。对于已售商品的进货费用，计入当期损益；对于未售商品的进货费用，计入期末存货成本。企业采购商品的进货费用金额较小的，可以在发生时直接计入当期损益。

2. 存货的加工成本

存货的加工成本是指在存货的加工过程中发生的追加费用，包括直接人工以及按照一定方法分配的制造费用。直接人工是指企业在生产产品和提供劳务过程中发生的直接从事产品生产和劳务提供人员的职工薪酬。制造费用是指企业为生产产品和提供劳务而发生的各项间接费用。

3. 存货的其他成本

存货的其他成本是指除采购成本、加工成本以外的，使存货达到目前场所和状态所发生的其他支出。企业设计产品发生的设计费用通常应计入当期损益，但是为特定客户设计产品所发生的、可直接确定的设计费用应计入存货的成本。

但是，下列费用不应计入存货成本，而应在其发生时计入当期损益：

（1）非正常消耗的直接材料、直接人工和制造费用，应在发生时计入当期损益，不应计入存货成本。例如，由于自然灾害而发生的直接材料、直接人工和制造费用，由于这些费用的发生无助于使该存货达到目前场所和状态，不应计入存货成本，而应确认为当期损益。

（2）仓储费用是指企业在存货采购入库后发生的储存费用，应在发生时计入当期损益。但是，在生产过程中为达到下一个生产阶段所必需的仓储费用应计入存货成本。例如，某种酒类产品生产企业为使生产的酒达到规定的产品质量标准，而必须发生的仓储费用，应计入酒的成本，而不应计入当期损益。

（3）不能归属于使存货达到目前场所和状态的其他支出，应在发生时计入当期损益，不得计入存货成本。

（二）外购存货的计价

购入的存货，其成本包括：买价、运杂费（包括运输费、装卸费、保险费、包装费、仓储费等）、运输途中的合理损耗、入库前的挑选整理费用（包括挑选整理中发生的工费支出和挑选整理过程中所发生的数量损耗，并扣除回收的下脚废料价值）以及按规定应计入成本的税费和其他费用。

（三）自制存货的计价

自制的存货包括自制原材料、自制包装物、自制低值易耗品、自制半成品及库存商品等，其成本包括直接材料、直接人工和制造费用等的各项实际支出。

（四）委托外单位加工存货的计价

委托外单位加工完成的存货包括加工后的原材料、包装物、低值易耗品、半成品、产成品等，其成本包括实际耗用的原材料或者半成品、加工费、装卸费、保险费、委托加工的往返运输费等费用以及按规定应计入成本的税费。

（五）投资者投入存货的计价

投资者投入存货的成本，除投资合同或协议约定的价值不公允外，应当按照投资合同或协议约定的价值确定。

（六）通过非货币性资产交换、债务重组、企业合并等方式取得存货的计价

企业通过非货币性资产交换、债务重组、企业合并等方式取得存货，其成本应分别按《企业会计准则第7号——非货币性资产交换》、《企业会计准则第12号——债务重组》、《企业会计准则第20号——企业合并》等相关规定来确定。

二、发出存货的计价

日常工作中，企业发出的存货，可以按实际成本核算，也可以按计划成本核算。如采用计划成本核算，会计期末应调整为实际成本。

企业应当根据各类存货的实物流转方式、企业管理的要求、存货的性质等实际情况，合理地确定发出存货成本的计算方法，以及当期发出存货的实际成本。对于性质和用途相同的存货，应当采用相同的成本计算方法确定发出存货的成本。在实际成本核算方式下，企业可以采用的发出存货成本的计价方法包括个别计价法、先进先出法、月末一次加权平均法和移动加权平均法等。

（一）个别计价法

个别计价法，亦称个别认定法、具体辨认法、分批实际法，采用这一方法是假设存货具体项目的实物流转与成本流转相一致，按照各种存货逐一辨认各批发出存货和期末存货所属的购进批别或生产批别，分别按其购入或生产时所确定的单位成本计算各批发出存货和期末存货成本的方法。在这种方法下，是把每一种存货的实际成本作为计算发出存货成本和期末存货成本的基础。

个别计价法的成本计算准确，符合实际情况，但在存货收发频繁情况下，其发出成本分辨的工作量较大。因此，这种方法适用于一般不能替代使用的存货、为特定项目专门购入或制造的存货以及提供的劳务，如珠宝、名画等贵重物品。

（二）先进先出法

先进先出法是指以先购入的存货应先发出（销售或耗用）这样一种存货实物流动假设为前提，对发出存货进行计价的一种方法。采用这种方法，先购入的存货成本在后购入存货成本之前转出，据此确定发出存货和期末存货的成本。

【例4-1】假定B公司A材料的收、发、存数据资料及先进先出法的应用如表4.1所示。

表4.1 A材料明细账

日期	收入			发出			结存		
	数量（千克）	单位成本（元）	总成本（元）	数量（千克）	单位成本（元）	总成本（元）	数量（千克）	单位成本（元）	总成本（元）
12月1日	300	2.00	600						

表4.1(续)

日期	收入			发出			结存		
	数量（千克）	单位成本（元）	总成本（元）	数量（千克）	单位成本（元）	总成本（元）	数量（千克）	单位成本（元）	总成本（元）
12月8日	200	2.20	440				300 200	2.00 2.20	600 440
12月14日				300 100	2.00 2.20	600 220	100	2.20	220
12月20日	300	2.30	690				100 300	2.20 2.30	220 690
12月28日				100 100	2.20 2.30	220 230	200	2.30	460
12月31日	200	2.50	500				200 200	2.30 2.50	460 500

B公司期末存货400千克的价值，可计算确定如下：

第二批购货：200千克按每千克2.30元计算，其成本为460元。

第三批购货：200千克按每千克2.50元计算，其成本为500元。

期末结存存货总成本为960元（460+500）。

先进先出法可以随时结转存货发出成本，但较繁；如果存货收发业务较多、且存货单价不稳定时，其工作量较大。在物价持续上升时，期末存货成本接近于市价，而发出成本偏低，会高估企业当期利润和库存存货价值；反之，会低估企业存货价值和当期利润。

（三）月末一次加权平均法

月末一次加权平均法是指以本月全部进货数量加上月初存货数量作为权数，去除本月全部进货成本加上月初存货成本，计算出存货的加权平均单位成本，以此为基础计算本月发出存货的成本和期末存货的成本的一种方法。其计算公式如下：

存货单位成本=［月初库存货的实际成本+∑（本月各批进货的实际单位成本×本月各批进货的数量）］÷（月初库存存货数量+本月各批进货数量之和）

本月发出存货成本=本月发出存货的数量×存货单位成本

本月月末库存存货成本=月末库存存货的数量×存货单位成本

或本月月末库存存货成本=月初库存货的实际成本+本月收入存货的实际成本-本月发出存货的实际成本

【例4-2】仍以【例4-1】的数据为例，采用加权平均法计算其存货成本如下：

平均单位成本=［2×300+（2.2×200+2.3×300+2.5×200）］÷［300+(200+300+200)］=2.23（元）

本月发出存货的成本=600×2.23=1 338（元）

月末结存存货的成本=400×2.23=892（元）

采用加权平均法只在月末一次计算加权平均单价，比较简单，有利于简化成本计算工作，但由于平时无法从账上提供发出和结存存货的单价及金额，因此不利于存货成本的日常管理与控制。

（四）移动加权平均法

移动加权平均法是指以每次进货的成本加上原有库存存货的成本，除以每次进货数量加上原有库存存货的数量，据以计算加权平均单位成本，作为在下次进货前计算各次发出存货成本依据的一种方法。其计算公式如下：

存货单位成本 =（原有库存存货的实际成本 + 本次进货的实际成本）÷（原有库存存货数量 + 本次进货数量）

本次发出存货的成本 = 本次发出存货数量 × 本次发货前存货的单位成本

本月月末库存存货成本 = 月末库存存货的数量 × 本月月末存货单位成本

【例4-3】仍以【例4-1】的数据为例，采用移动平均法计算月末存货成本及每次收货后的新的平均单位成本（见表4.2）。

新的平均单位成本计算如下：

第一批购货后的平均单位成本 =（600 + 440）÷（300 + 200）= 2.08（元）

第二批购货后的平均单位成本 =（208 + 690）÷（100 + 300）= 2.25（元）

第三批购货后的平均单位成本 =（450 + 500）÷（200 + 200）= 2.38（元）

表4.2　A材料明细账

日期	收入			发出			结存		
	数量（千克）	单位成本（元）	总成本（元）	数量（千克）	单位成本（元）	总成本（元）	数量（千克）	单位成本（元）	总成本（元）
12月1日	300	2.00	600				300	2.00	600
12月8日	200	2.20	440				500	2.08	1 040
12月14日				400	2.08	832	100	2.08	208
12月20日	300	2.30	690				400	2.25	900
12月28日				200	2.25	450	200	2.25	450
12月31日	200	2.50	500				400	2.38	952

采用移动平均法能够使企业管理当局及时了解存货的结存情况，计算的平均单位成本以及发出和结存的存货成本比较客观。但由于每次收货都要计算一次平均单价，计算工作量较大，对收发货较频繁的企业不适用。

（五）毛利率法

毛利率法是根据本期销售净额乘以前期实际（或本月计划）毛利率匡算本期销售毛利，并计算发出存货成本的一种方法，本方法常见于商品流通企业。其计算公式如下：

销售净额 = 商品销售收入 − 销售退回与折让

销售毛利 = 销售净额 × 毛利率

销售成本 = 销售净额 − 销售毛利 = 销售净额 × （1 − 毛利率）

期末存货成本 = 期初存货成本 + 本期购货成本 − 本期销售成本

【例 4 −4】恒通公司某种商品期初存货成本为 52 000 元，本期购货净额为158 000 元，本期销售收入总额为 258 000 元，本期发生销售折让为 5 000 元，估计该商品销售毛利率为 30%。该商品本期销售成本和期末存货成本的计算如表 4.3 如示。

表 4.3　　存货估价（毛利率法）　　单位：元

期初存货成本	52 000
本期购货净额	158 000
可供销售的商品成本	210 000
本期销售收入总额	258 000
减：本期销售退回和折让	5 000
本期销售净额	253 000
减：估计销售毛利（253 000 × 30%）	75 900
估计的销售成本	177 100
估计的期末存货成本	32 900

这一方法是商品流通企业常用的计算本期商品销售成本和期末库存商品成本的方法。商品流通企业由于经营商品的品种繁多，如果分品种计算商品成本，工作量很大，而且一般来说，商品流通企业同类商品的毛利率大致相同，采用这一存货计价方法既能减轻工作量，也能满足对存货管理的需要。

（六）售价金额法

实际上，售价金额计价法并不是一种单独的存货计价方法，而是零售价法的一种账务处理方式。这种方法是通过设置“商品进销差价”科目进行处理的，平时商品存货的进、销、存均按售价记账，售价与进价的差额记入“商品进销差价”科目，期末通过计算进销差价率的办法计算本期已销商品应分摊的进销差价，并据以调整本期销售成本。进销差价率的计算公式如下：

进销差价率 =（期初库存商品进销差价 + 本期购入商品进销差价）÷（期初库存商品售价 + 本期购入商品售价）×100% =1 − 销售成本率

本期已销售商品应分摊的进销差价 = 本期商品销售收入 × 进销差价率

本期销售商品的实际成本 = 本期商品销售收入 − 本期已销售商品应分摊的进销差价

上述“当期发生的商品进销差价”包括当期购进、委托加工收回、销售退回等原因发生的库存商品的进销差价。上述“当期发生的商品售价”包括当期购进商品的售价、销售退回商品的售价等。

委托代销商品可用上月的差价率计算应分摊的进销差价；企业的差价率各月之间

比较均衡的，也可以采用上月的差价率计算分摊本月已销商品应负担的进销差价。企业无论是采用当月的差价率还是采用上月的差价率计算并分摊进销差价，均应在年度终了，对商品的进销差价进行一次核实调整。企业一般应按商品类别或实物负责人计算确定商品的差价率。

【例4-5】仍以【例4-4】资料为例，繁星商场本年度10月份有关资料如下：期初存货成本68 000元，售价100 000元；本期购入存货成本254 000元，售价360 000元，本期销售收入为400 000元。繁星商场10月份的购货业务，可编制会计分录如下：

借：库存商品　　360 000

　贷：银行存款　　254 000

　　　商品进销差价　　106 000

记录10月份商品销售收入时：

借：银行存款　　400 000

　贷：商品销售收入　　400 000

平时结转商品销售成本时：

借：主营业务成本　　400 000

　贷：库存商品　　400 000

计算10月份进销差价率和已销商品应分摊的进销差价：

进销差价率 =（32 000 + 106 000）÷（100 000 + 360 000）= 30%

已销商品应分摊的进销差价 = 400 000 × 30% = 120 000（元）

根据已销商品应分摊的进销差价冲转销售成本时：

借：商品进销差价　　120 000

　贷：主营业务成本　　120 000

经过转账，10月份商品销售成本调整为实际成本280 000元。

需要说明的是，采用这种方法期初存货和本期购货同时按成本和零售价记录，以便计算可供销售的存货成本和售价总额；本期销售只按售价记录，从本期可供销售的存货售价总额中减去本期销售的售价总额，计算出期末存货的售价总额。

第三节　原材料的核算

一、原材料的概念及分类

原材料是指企业在生产过程中经过加工改变其形态或性质并构成产品主要实体的各种原料、主要材料和外购半成品，以及不构成产品实体但有助于产品形成的辅助材料。

（一）原材料按其经济内容分类

原材料按其经济内容分为：

（1）原料及主要材料；

（2）辅助材料；

（3）外购半成品（外购件）；

（4）修理用备件（备品备件）；

（5）包装材料；

（6）燃料。

（二）原材料按其存放的地点分类

原材料按其存放的地点分为：

（1）在途材料；

（2）库存材料；

（3）委托加工物资（委托加工材料）。

二、原材料按实际成本核算

原材料按实际成本计价核算时，材料的收发及结存，无论总分类核算还是明细分类核算，均按照实际成本计价。使用的会计科目有“原材料”、“在途物资”等。

（一）取得原材料的核算

1. 购入材料

由于支付方式不同，原材料入库的时间与付款的时间可能一致，也可能不一致，在会计处理上也有所不同。

（1）货款已经支付或开出、承兑商业汇票，同时材料已验收入库。

【例4-6】甲公司购入C材料一批，增值税专用发票上记载的货款为500 000元，增值税额85 000元，对方代垫包装费1 000元，全部款项已用转账支票付讫，材料已验收入库。

借：原材料	501 000	
应交税费——应交增值税（进项税额）	85 000	
贷：银行存款		586 000

本例属于发票账单与材料同时到达的采购业务，企业材料已验收入库，因此应通过“原材料”科目核算，对于增值税专用发票上注明的可抵扣的进项税额，应借记“应交税费——应交增值税（进项税额）”科目。

【例4-7】甲公司持银行汇票118 500元购入D材料一批，增值税专用发票上记载的货款为100 000元，增值税额为17 000元，对方代垫包装费1 500元，材料已验收入库。

借：原材料	101 500	
应交税费——应交增值税（进项税额）	17 000	
贷：其他货币资金——银行汇票		118 500

【例4-8】甲公司采用托收承付结算方式购入E材料一批，货款为40 000元，增值税为6 800元，对方代垫包装费1 000元，款项在承付期内以银行存款支付，材料已

验收入库。

借：原材料　　41 000

　　应交税费——应交增值税（进项税额）　　6 800

　贷：银行存款　　47 800

（2）货款已经支付或已开出、承兑商业汇票，材料尚未到达或尚未验收入库。

【例4-9】甲公司采用汇兑结算方式购入F材料一批，发票及账单已收到，增值税专用发票上记载的货款为20 000元，增值税额为3 400元。支付保险费1 000元，材料尚未到达。

借：在途物资　　21 000

　　应交税费——应交增值税（进项税额）　　3 400

　贷：银行存款　　24 400

本例属于已经付款或已开出、承兑商业汇票，但材料尚未到达或尚未验收入库的采购业务，应通过“在途物资”科目核算；待材料到达、入库后，再根据收料单，由“在途物资”科目转入“原材料”科目核算。

【例4-10】承【例4-9】上述购入的F材料已收到，并验收入库。

借：原材料　　21 000

　贷：在途物资　　21 000

（3）货款尚未支付，材料已经验收入库。

【例4-11】甲公司采用托收承付结算方式购入G材料一批，增值税专用发票上记载的货款为50 000元，增值税额为8 500元，对方代垫包装费1 000元，银行转来的结算凭证已到，款项尚未支付，材料已验收入库。

借：原材料　　51 000

　　应交税费——应交增值税（进项税额）　　8 500

　贷：应付账款　　59 500

【例4-12】甲公司采用委托收款结算方式购入H材料一批，材料已验收入库，月末发票账单尚未收到也无法确定其实际成本，暂估价值为30 000元。

借：原材料　　30 000

　贷：应付账款——暂估应付账款　　30 000

下月月初作相反的会计分录予以冲回：

借：应付账款——暂估应付账款　　30 000

　贷：原材料　　30 000

在这种情况下，发票账单未到也无法确定实际成本，期末应按照暂估价值先入账，但是，下期期初作相反的会计分录予以冲回，收到发票账单后再按照实际金额记账。即对于材料已到达并已验收入库，但发票账单等结算凭证未到，货款尚未支付的采购业务，应于期末，按材料的暂估价值，借记“原材料”科目，贷记“应付账款——暂估应付账款”科目。下期期初作相反的会计分录予以冲回，以便下月付款或开出、承兑商业汇票后，按正常程序，借记“原材料”、“应交税费——应交增值税（进项税额)”科目，贷记“银行存款”或“应付票据”等科目。

【例4－13】承【例4－12】上述购入的H材料于次月收到发票账单，增值税专用发票上记载的货款为31 000元，增值税额为5 270元，对方代垫保险费2 000元，已用银行存款付讫。

借：原材料　　33 000

　　应交税费——应交增值税（进项税额）　　5 270

　贷：银行存款　　38 270

（4）货款已经预付，材料尚未验收入库。

【例4－14】根据与某钢厂的购销合同规定甲公司为购买J材料向该钢厂预付100 000元货款的80%，计80 000元，已通过汇兑方式汇出。

借：预付账款　　80 000

　贷：银行存款　　80 000

【例4－15】承【例4－14】甲公司收到该钢厂发运来的J材料，已验收入库。有关发票账单记载，该批货物的货款为100 000元，增值税额为17 000元，对方代垫包装费3 000元，所欠款项以银行存款付讫。

材料入库时：

借：原材料　　103 000

　　应交税费——应交增值税（进项税额）　　17 000

　贷：预付账款　　120 000

补付货款时：

借：预付账款　　40 000

　贷：银行存款　　40 000

2. 自制或委托外单位加工

自制或委托外单位加工完成的并已验收入库的原材料，按实际成本，借记“原材料”科目，贷记“生产成本”科目或“委托加工物资”科目。

3. 投资者投入

投资者投入的原材料，按确定的实际成本，借记“原材料”科目，按增值税专用发票上注明的增值税额，借记“应交税费——应交增值税（进项税额）”科目，按其在注册资本中所占有的份额，贷记“实收资本”（或“股本”）等科目，按其差额，贷记“资本公积”科目。

（二）领用和发出原材料的核算

企业生产经营领用原材料，按实际成本，借记“生产成本（基本生产成本、辅助生产成本）”、“制造费用”、“销售费用”、“管理费用”等科目，贷记“原材料”科目；企业发出委托外单位加工的原材料，按实际成本，借记“委托加工物资”科目，贷记“原材料”科目；基建工程等部门领用的原材料，按实际成本加上不予抵扣的增值税额等，借记“在建工程”等科目，按实际成本，贷记“原材料”科目，按不予抵扣的增值税额，贷记“应交税费——应交增值税（进项税额转出）”等科目。

出售原材料，按已收或应收的价款，借记“银行存款”或“应收账款”等科目，按实现的营业收入，贷记“其他业务收入”科目，按应交的增值税额，贷记“应交税费——应交增值税（销项税额）”科目；月度终了，按出售原材料的实际成本，借记“其他业务成本”科目，贷记“原材料”科目。同时按已计提的存货跌价准备，借记“存货跌价准备”科目，贷记“其他业务成本”科目。

将原材料用于非货币性资产交换、抵偿债务，按发出原材料的实际成本借记“其他业务成本”科目，贷记“原材料”科目；结转已计提的存货跌价准备，借记“存货跌价准备”科目，贷记“其他业务成本”科目。

三、原材料按采用计划成本核算

材料采用计划成本核算时，材料的收发及结存，无论总分类核算还是明细分类核算，均按照计划成本计价。使用的会计科目有“原材料”、“材料采购”、“材料成本差异”等。材料实际成本与计划成本的差异，通过“材料成本差异”科目核算。月末，计算本月发出材料应负担的成本差异并进行分摊，根据领用材料的用途计入相关资产的成本或者当期损益，从而将发出材料的计划成本调整为实际成本。

“原材料”科目。本科目用于核算库存各种材料的收发与结存情况。在材料采用计划成本核算时，本科目的借方登记入库材料的计划成本，贷方登记发出材料的计划成本，期末余额在借方，反映企业库存材料的计划成本。

“材料采购”科目。本科目借方登记采购材料的实际成本，贷方登记入库材料的计划成本。借方大于贷方表示超支，从本科目贷方转入“材料成本差异”科目的借方；贷方大于借方表示节约，从本科目借方转入“材料成本差异”科目的贷方；期末为借方余额，反映企业在途材料的采购成本。

“材料成本差异”科目。本科目反映企业已入库各种材料的实际成本与计划成本的差异，借方登记超支差异及发出材料应负担的节约差异，贷方登记节约差异及发出材料应负担的超支差异。期末如为借方余额，反映企业库存材料的实际成本大于计划成本的差异（即超支差异）；如为贷方余额，反映企业库存材料实际成本小于计划成本的差异（即节约差异）。

（一）购入材料

1. 货款已经支付，同时材料验收入库

【例 4－16】甲公司购入 L 材料一批，增值税专用发票上记载的货款为 3 000 000 元，增值税额为 510 000 元，发票账单已收到，计划成本为 3 200 000 元，已验收入库，全部款项以银行存款支付。

借：材料采购	3 000 000	
应交税费——应交增值税（进项税额）	510 000	
贷：银行存款		3 510 000

在计划成本法下，取得的材料先要通过“材料采购”科目进行核算，企业支付材料价款和运杂费等构成存货实际成本的，记入“材料采购”科目。

2. 货款已经支付，材料尚未验收入库

【例4－17】甲公司采用汇兑结算方式购入M1材料一批，增值税专用发票上记载的货款为200 000元，增值税额为34 000元，发票账单已收到，计划成本为180 000元，材料尚未入库。

借：材料采购　　200 000
　　应交税费——应交增值税（进项税额）　　34 000
　贷：银行存款　　234 000

3. 货款尚未支付，材料已经验收入库

【例4－18】甲公司采用商业承兑汇票支付方式购入M2材料一批，增值税专用发票上记载的货款为500 000元，增值税额为85 000元，发票账单已收到，计划成本为520 000元，材料已验收入库。

借：材料采购　　500 000
　　应交税费——应交增值税（进项税额）　　85 000
　贷：应付票据　　585 000

【例4－19】甲公司购入M3材料一批，材料已验收入库，发票账单未到，月末按照计划成本600 000元估价入账。

借：原材料　　600 000
　贷：应付账款——暂估应付账款　　600 000

下月月初作相反的会计分录予以冲回：

借：应付账款——暂估应付账款　　600 000
　贷：原材料　　600 000

在这种情况下，对于尚未收到发票账单的收料凭证，月末应按计划成本暂估入账，借记“原材料”等科目，贷记“应付账款——暂估应付账款”科目，下期期初作相反分录予以冲回，借记“应付账款——暂估应付账款”科目，贷记“原材料”科目。

企业购入验收入库的材料，按计划成本，借记“原材料”科目，贷记“材料采购”科目，按实际成本大于计划成本的差异，借记“材料成本差异”科目，贷记“材料采购”科目；实际成本小于计划成本的差异，借记“材料采购”科目，贷记“材料成本差异”科目。

【例4－20】承【例4－16】和【例4－18】月末，甲公司汇总本月已付款或已开出并承兑商业汇票的入库材料的计划成本3 720 000元（3 200 000＋520 000）。

借：原材料——L材料　　3 200 000
　　　　——M2材料　　520 000
　贷：材料采购　　3 720 000

上述入库材料的实际成本为3 500 000元（3 000 000＋500 000），入库材料的成本差异为节约220 000元（3 500 000－3 720 000）。

借：材料采购　　220 000
　贷：材料成本差异——L材料　　200 000

——M2 材料　　20 000

（二）发出材料

月末，企业根据领料单等编制发料凭证汇总表结转发出材料的计划成本，应当根据所发出材料的用途，按计划成本分别记入“生产成本”、“制造费用”、“销售费用”、“管理费用”等科目。

【例 4-21】甲公司根据发料凭证汇总表的记录，某月 L 材料的消耗（计划成本）为：基本生产车间领用 2 000 000 元，辅助生产车间领用 600 000 元，车间管理部门领用 250 000 元，企业行政管理部门领用 50 000 元。

借：生产成本——基本生产成本　　2 000 000
　　　　　　——辅助生产成本　　600 000
　　制造费用　　250 000
　　管理费用　　50 000
　贷：原材料——L 材料　　2 900 000

根据《企业会计准则第 1 号——存货》的规定，企业日常采用计划成本核算的，发出的材料成本应由计划成本调整为实际成本，通过“材料成本差异”科目进行结转，按照所发出材料的用途，分别记入“生产成本”、“制造费用”、“销售费用”、“管理费用”等科目。发出材料应负担的成本差异应当按期（月）分摊，不得在季末或年末一次计算。其计算公式如下：

本期材料成本差异率 =（期初结存材料的成本差异 + 本期验收入库材料的成本差异）/（期初结存材料的计划成本 + 本期验收入库材料的计划成本）×100%

期初材料成本差异率 = 期初结存材料的成本差异/期初结存材料的计划成本 ×100%

【例 4-22】承【例 4-16】和【例 4-21】甲公司某月月初结存 L 材料的计划成本为 1 000 000 元，成本差异为超支 30 740 元；当月入库 L 材料的计划成本为 3 200 000 元，成本差异为节约 200 000 元。

材料成本差异率 =（30 740 - 200 000）/（1 000 000 + 3 200 000）×100% = -4.03%

结转发出材料的成本差异的分录如下：

借：材料成本差异——L 材料　　116 870
　贷：生产成本——基本生产成本　　80 600
　　　　　　　——辅助生产成本　　24 180
　　　制造费用　　10 075
　　　管理费用　　2 015

第四节　其他存货的核算

一、包装物

包装物是指为了包装本企业商品而储备的各种包装容器，如桶、箱、瓶、坛、袋等。其核算内容包括：

（1）生产过程中用于包装产品作为产品组成部分的包装物；

（2）随同商品出售而不单独计价的包装物；

（3）随同商品出售而单独计价的包装物；

（4）出租或出借给购买单位使用的包装物。

为了反映和监督包装物的增减变动及其价值损耗、结存等情况，企业应当设置“周转材料——包装物”科目进行核算。对于生产领用包装物，应根据领用包装物的实际成本或计划成本，借记“生产成本”科目，贷记“周转材料——包装物”、“材料成本差异”等科目。随同商品出售而不单独计价的包装物，应于包装物发出时，按其实际成本计入销售费用。随同商品出售且单独计价的包装物，一方面应反映其销售收入，计入其他业务收入；另一方面应反映其实际销售成本，计入其他业务成本。包装物应当根据使用次数分次进行摊销。

（一）生产领用包装物

生产领用包装物，应按照领用包装物的实际成本，借记“生产成本”科目，按照领用包装物的计划成本，贷记“周转材料——包装物”科目，按照其差额，借记或贷记“材料成本差异”科目。

【例4-23】甲公司对包装物采用计划成本核算，某月生产产品领用包装物的计划成本为200 000元，材料成本差异率为-3%。

借：生产成本	194 000	
材料成本差异	6 000	
贷：周转材料——包装物		200 000

（二）随同商品出售包装物

随同商品出售而不单独计价的包装物，应按其实际成本计入销售费用，借记“销售费用”科目，按其计划成本，贷记“周转材料——包装物”科目，按其差额，借记或贷记“材料成本差异”科目。

【例4-24】甲公司某月销售商品领用不单独计价包装物的计划成本为50 000元，材料成本差异率为-3%。

借：销售费用	48 500	
材料成本差异	1 500	
贷：周转材料——包装物		50 000

随同商品出售且单独计价的包装物，一方面应反映其销售收入，计入其他业务收入；另一方面应反映其实际销售成本，计入其他业务成本。

【例4-25】甲公司某月销售商品领用单独计价包装物的计划成本为80 000元，销售收入为100 000元，增值税额为17 000元，款项已存入银行。该包装物的材料成本差异率为3%。

(1) 出售单独计价包装物：

借：银行存款　　117 000

　贷：其他业务收入　　100 000

　　　应交税费——应交增值税（销项税额）　　17 000

(2) 结转所售单独计价包装物的成本：

借：其他业务成本　　82 400

　贷：周转材料——包装物　　80 000

　　　材料成本差异　　2 400

二、低值易耗品

低值易耗品通常被视同存货，作为流动资产进行核算和管理，一般划分为一般工具、专用工具、替换设备、管理用具、劳动保护用品、其他用具等。

为了反映和监督低值易耗品的增减变动及其结存情况，企业应当设置“周转材料——低值易耗品”科目。其借方登记低值易耗品的增加，贷方登记低值易耗品的减少，期末余额在借方，通常反映企业期末结存低值易耗品的金额。

低值易耗品应当根据使用次数分次进行摊销。

(一) 一次转销法

采用一次转销法摊销低值易耗品，在领用低值易耗品时，将其价值一次、全部计入有关资产成本或者当期损益，主要适用于价值较低或极易损坏的低值易耗品的摊销。

【例4-26】甲公司某基本生产车间领用一般工具一批，实际成本为5 000元，全部计入当期制造费用。应做如下会计处理：

借：制造费用　　5 000

　贷：周转材料——低值易耗品　　5 000

(二) 分次摊销法

采用分次摊销法摊销低值易耗品，低值易耗品在领用时摊销其账面价值的单次平均摊销额。分次摊销法适用于可供多次反复使用的低值易耗品。在采用分次摊销法的情况下，需要单独设置“周转材料——低值易耗品——在用”、“周转材料——低值易耗品——在库”和“周转材料——低值易耗品——摊销”明细科目。

【例4-27】甲公司的基本生产车间领用专用工具一批，实际成本为20 000元，不符合固定资产的定义，采用分次摊销法进行摊销。该专用工具的估计使用次数为2次。应做如下会计处理：

（1）领用专用工具：

借：周转材料——低值易耗品——在用　　20 000

　贷：周转材料——低值易耗品——在库　　20 000

（2）第一次领用时摊销其价值的一半：

借：制造费用　　10 000

　贷：周转材料——低值易耗品——摊销　　10 000

（3）第二次领用时摊销其价值的一半：

借：制造费用　　10 000

　贷：周转材料——低值易耗品——摊销　　10 000

同时：

借：周转材料——低值易耗品——摊销　　20 000

　贷：周转材料——低值易耗品——在用　　20 000

三、委托加工物资

委托加工物资是指企业委托外单位加工的各种材料、商品等物资。

企业委托外单位加工物资的成本包括加工中实际耗用物资的成本、支付的加工费用及应负担的运杂费等，支付的税金，包括委托加工物资所应负担的消费税（指属于消费税应税范围的加工物资）等。

为了反映和监督委托加工物资增减变动及其结存情况，企业应当设置“委托加工物资”科目。其借方登记委托加工物资的实际成本，贷方登记加工完成验收入库的物资的实际成本和剩余物资的实际成本，期末余额在借方，反映企业尚未完工的委托加工物资的实际成本和发出加工物资的运杂费等。委托加工物资也可以采用计划成本或售价进行核算，其方法与库存商品相似。

（一）发出物资

【例4－28】甲公司委托某量具厂加工一批量具，发出材料一批，计划成本为70 000元，材料成本差异率为4%，以银行存款支付运杂费2 200元。

（1）发出材料时：

借：委托加工物资　　72 800

　贷：原材料　　70 000

　　材料成本差异　　2 800

（2）支付运杂费时：

借：委托加工物资　　2 200

　贷：银行存款　　2 200

需要说明的是，企业发给外单位加工物资时，如果采用计划成本或售价核算的，还应同时结转材料成本差异或商品进销差价，贷记或借记“材料成本差异”科目，或借记“商品进销差价”科目。

（二）支付加工费、运杂费等

【例4-29】承【例4-28】甲公司以银行支付上述量具的加工费用20 000元。

借：委托加工物资　　20 000

　贷：银行存款　　20 000

（三）加工完成验收入库

【例4-30】承【例4-28】和【例4-29】甲公司收回由某量具厂代加工的量具，以银行支付运杂费2 500元。该量具已验收入库，其计划成本为110 000元。应做如下会计处理：

（1）支付运杂费时：

借：委托加工物资　　2 500

　贷：银行存款　　2 500

（2）量具入库时：

借：周转材料——低值易耗品　　110 000

　贷：委托加工物资　　97 500

　　　材料成本差异　　12 500

【例4-31】甲公司委托丁公司加工商品一批（属于应税消费品）100 000件，有关经济业务如下：

（1）1月20日，发出材料一批，计划成本为6 000 000元，材料成本差异率为-3%。应做如下会计处理：

发出委托加工材料时：

借：委托加工物资　　6 000 000

　贷：原材料　　6 000 000

结转发出材料应分摊的材料成本差异时：

借：材料成本差异　　180 000

　贷：委托加工物资　　180 000

（2）2月20日，支付商品加工费120 000元，支付应当交纳的消费税660 000元，该商品收回后用于连续生产，消费税可抵扣，甲公司和丁公司均为一般纳税人，适用增值税税率为17%。应做如下会计处理：

借：委托加工物资　　120 000

　　应交税费——应交消费税　　660 000

　　　　　　——应交增值税（进项税额）　　20 400

　贷：银行存款　　800 400

（3）3月4日，用银行存款支付往返运杂费10 000元。应做如下会计处理：

借：委托加工物资　　10 000

　贷：银行存款　　10 000

（4）3月5日，上述商品100 000件（每件计划成本为65元）加工完毕，公司已办理验收入库手续。应做如下会计处理：

借：库存商品　　6 500 000

　贷：委托加工物资　　5 950 000

　　材料成本差异　　550 000

需要注意的是，需要交纳消费税的委托加工物资，由受托方代收代交的消费税，收回后用于直接销售的，记入“委托加工物资”科目；收回后用于继续加工的，记入“应交税费——应交消费税”科目。

第五节　存货的清查及减值核算

一、存货的清查

（一）存货清查概述

存货清查是指通过对存货的实地盘点，确定存货的实有数量，并与账面结存数核对，从而确定存货实存数与账面结存数是否相符的一种专门方法。

由于存货种类繁多、收发频繁，在日常收发过程中可能发生计量错误、计算错误、自然损耗，还可能发生损坏变质以及贪污、盗窃等情况，造成账实不符，形成存货的盘盈盘亏。对于存货的盘盈盘亏，应填写存货盘点报告（如实存账存对比表），及时查明原因，按照规定程序报批处理。

为了反映企业在财产清查中查明的各种存货的盘盈、盘亏和毁损情况，企业应当设置“待处理财产损溢”科目。其借方登记存货的盘亏、毁损金额及盘盈的转销金额，贷方登记存货的盘盈金额及盘亏的转销金额。企业清查的各种存货损益，应在期末结账前处理完毕。期末处理后，本科目应无余额。

存货盘盈的核算企业发生存货盘盈时，借记“原材料”或“库存商品”等科目，贷记“待处理财产损溢”科目；在按管理权限报经批准后，借记“待处理财产损溢”科目，贷记“管理费用”科目。

【例4－32】甲公司在财产清查中盘盈J材料1 000千克，实际单位成本60元，经查属于材料收发计量方面的错误。应做如下会计处理：

（1）批准处理前：

借：原材料　　60 000

　贷：待处理财产损溢　　60 000

（2）批准处理后：

借：待处理财产损溢　　60 000

　贷：管理费用　　60 000

（二）存货盘亏及毁损的核算

企业发生存货盘亏及损毁时，借记“待处理财产损溢”科目，贷记“原材料”或

"库存商品"等科目。在按管理权限报经批准后应做如下会计处理：对于入库的残料价值，记入"原材料"等科目；对于应由保险公司和过失人的赔款，记入"其他应收款"科目；扣除残料价值和应由保险公司或过失人赔款后的净损失，属于一般经营损失的部分，记入"管理费用"科目，属于非常损失的部分，记入"营业外支出"科目。

【例4-33】甲公司在财产清查中发现盘亏K材料500千克，实际单位成本为200元，经查属于一般经营损失。应做如下会计处理：

(1) 批准处理前：

借：待处理财产损溢	100 000	
贷：原材料		100 000

(2) 批准处理后：

借：管理费用	100 000	
贷：待处理财产损溢		100 000

【例4-34】甲公司在财产清查中发现毁损L材料300千克，实际单位成本为100元，经查属于材料保管员的过失造成的，按规定由其个人赔偿20 000元，残料已办理入库手续，价值2 000元。应做如下会计处理：

(1) 批准处理前：

借：待处理财产损溢	30 000	
贷：原材料		30 000

(2) 批准处理后：

由过失人赔款部分：

借：其他应收款	20 000	
贷：待处理财产损溢		20 000

残料入库：

借：原材料	2 000	
贷：待处理财产损溢		2 000

材料毁损净损失：

借：管理费用	8 000	
贷：待处理财产损溢		8 000

【例4-35】甲公司因台风造成一批库存材料毁损，实际成本为70 000元，根据保险责任范围及保险合同规定，应由保险公司赔偿50 000元。应做如下会计处理：

(1) 批准处理前：

借：待处理财产损溢	70 000	
贷：原材料		70 000

(2) 批准处理后：

借：其他应收款	50 000	
营业外支出——非常损失	20 000	
贷：待处理财产损溢		70 000

二、存货减值

（一）存货期末计量原则

资产负债表日，存货应当按照成本与可变现净值孰低计量。资产负债表日，当存货成本低于可变现净值时，存货按成本计量；当存货成本高于其可变现净值时，应当计提存货跌价准备，计入当期损益。其中，可变现净值是指在日常活动中，存货的估计售价减去至完工时估计将要发生的成本、估计的销售费用以及相关税费后的金额；存货成本是指期末存货的实际成本。如果企业在存货成本的日常核算中采用计划成本法、售价金额核算法等简化核算方法，则成本应为经调整后的实际成本。

企业预计的销售存货现金流量，并不完全等于存货的可变现净值。存货在销售过程中可能发生的销售费用和相关税费，以及为达到预定可销售状态还可能发生的加工成本等相关支出，构成现金流入的抵减项目。企业预计的销售存货现金流量，扣除这些抵减项目后，才能确定存货的可变现净值。

企业应以确凿证据为基础计算确定存货的可变现净值。

（二）存货减值迹象的判断

存货存在下列情况之一的，通常表明存货的可变现净值低于成本：

（1）该存货的市场价格持续下跌，并且在可预见的未来无回升的希望；

（2）企业使用该项原材料生产的产品的成本大于产品的销售价格；

（3）企业因产品更新换代，原有库存原材料已不适应新产品的需要，而该原材料的市场价格又低于其账面成本；

（4）因企业所提供的商品或劳务过时或消费者偏好改变而使市场的需求发生变化，导致市场价格逐渐下跌；

（5）其他足以证明该项存货实质上已经发生减值的情形。

存货存在下列情形之一的，通常表明存货的可变现净值为零：

（1）已霉烂变质的存货；

（2）已过期且无转让价值的存货；

（3）生产中已不再需要，并且已无使用价值和转让价值的存货；

（4）其他足以证明已无使用价值和转让价值的存货。

（三）可变现净值的确定

1. 企业确定存货的可变现净值时应考虑的因素

企业确定存货的可变现净值，应当以取得的确凿证据为基础，并且考虑持有存货的目的、资产负债表日后事项的影响等因素。

（1）存货可变现净值的确凿证据。存货可变现净值的确凿证据是指对确定存货的可变现净值有直接影响的客观证明。存货的采购成本、加工成本和其他成本及以其他方式取得的存货的成本，应当以取得外来原始凭证、生产成本资料、生产成本账簿记录等作为确凿证据；产成品或商品的市场销售价格、与产成品或商品相同或类似商品的市场销售价格、销售方提供的有关资料等。

（2）持有存货的目的。由于企业持有存货的目的不同，确定存货可变现净值的计算方法也不同。如用于出售的存货和用于继续加工的存货，其可变现净值的计算就不相同。因此，企业在确定存货的可变现净值时，应考虑持有存货的目的。一般地，企业持有存货的目的，一是持有以备出售，如商品、产成品，其中又分为有合同约定的存货和没有合同约定的存货；二是将在生产过程或提供劳务过程中耗用，如材料等。

（3）资产负债表日后事项等的影响。在确定资产负债表日存货的可变现净值时，不仅要考虑资产负债表日与该存货相关的价格与成本波动，而且还应考虑未来的相关事项。也就是说，不仅限于财务报告批准报出日之前发生的相关价格与成本波动，还应考虑以后期间发生的相关事项。

2. 不同情况下存货可变现净值的确定

（1）产成品、商品等（不包括用于出售的材料）直接用于出售的商品存货，没有销售合同约定的，其可变现净值应当为在正常生产经营过程中，产成品或商品的一般销售价格（即市场销售价格）减去估计的销售费用和相关税费等后的金额。

【例4-36】2010年12月31日，甲公司生产的A型机器的账面价值（成本）为180 000元，数量为12台，单位成本为15 000元/台。2010年12月31日，A型机器的市场销售价格（不含增值税）为20 000元/台。甲公司没有签订有关A型机器的销售合同。

本例中，由于甲公司没有就A型机器签订销售合同，因此，在这种情况下，计算确定A型机器的可变现净值应以其一般销售价格总额240 000元（20 000×12）作为计量基础。

（2）用于出售的材料等，应当以市场价格减去估计的销售费用和相关税费等后的金额作为其可变现净值。这里的市场价格是指材料等的市场销售价格。

【例4-37】2010年，由于产品更新换代，甲公司决定停止生产B型机器。为减少不必要的损失，甲公司决定将原材料中专门用于生产B型机器的外购原材料——钢材全部出售，2010年12月31日其账面价值（成本）为900 000元，数量为10吨。根据市场调查，此种钢材的市场销售价格（不含增值税）为70 000元/吨，同时销售这10吨钢材可能发生销售费用及税金50 000元。

本例中，由于企业已决定不再生产B型机器，因此，该批钢材的可变现净值不能再以B型机器的销售价格作为其计量基础，而应按钢材本身的市场销售价格作为计量基础。因此，该批钢材的可变现净值应为650 000元（70 000×10-50 000）。

（3）需要经过加工的材料存货，如原材料、在产品、委托加工材料等，由于持有该材料的目的是用于生产产成品，而不是出售，该材料存货的价值将体现在用其生产的产成品上。因此，在确定需要经过加工的材料存货的可变现净值时，需要以其生产的产成品的可变现净值与该产成品的成本进行比较，如果该产成品的可变现净值高于其成本，则该材料应当按照其成本计量。

【例4-38】2010年12月31日，甲公司库存原材料——A材料的账面价值（成本）

为150 000元，市场销售价格总额（不含增值税）为140 000元，假设不发生其他购买费用；用A材料生产的产成品——B型机器的可变现净值高于成本。

本例中，虽然A材料在2010年12月31日的账面价值（成本）高于其市场价格。但是由于用其生产的产成品——B型机器的可变现净值高于其成本，即用该原材料生产的最终产品此时并没有发生价值减损。因而，在这种情况下，A材料即使其账面价值（成本）已高于市场价格，也不应计提存货跌价准备，仍应按其原账面价值（成本）150 000元列示在甲公司2010年12月31日资产负债表的存货项目之中。

如果材料价格的下降表明以其生产的产成品的可变现净值低于成本，则该材料应当按可变现净值计量。其可变现净值为在正常生产经营过程中，以该材料所生产的产成品的估计售价减去至完工时估计将要发生的成本、估计的销售费用以及相关税费后的金额确定。

【例4－39】2010年12月31日，甲公司库存原材料——钢材的账面价值为600 000元，可用于生产1台D型机器，钢材的市场销售价格为560 000元。假设不发生其他购买费用。由于钢材的市场销售价格下降，用钢材作为原材料生产的D型机器的市场销售价格由1 450 000元下降为1 300 000元，但其生产成本仍为1 350 000元，即将该批钢材加工成D型机器尚需投入750 000元，估计销售费用及税金为50 000元。

根据上述资料，可按以下步骤确定该批钢材的账面价值：

第一步，计算用该原材料所生产的产成品的可变现净值。

D型机器的可变现净值＝D型机器估计售价－估计销售费用及税金

＝1 300 000－50 000＝1 250 000（元）

第二步，将用该原材料所生产的产成品的可变现净值与其成本进行比较。

D型机器的可变现净值1 250 000元小于其成本1 350 000元，即钢材价格的下降和D型机器销售价格的下降表明D型机器的可变现净值低于其成本，因此该批钢材应当按可变现净值计量。

第三步，计算该批钢材的可变现净值，并确定其期末价值。

该批钢材的可变现净值 ＝ D型机器的估计售价－将该批钢材加工成D型机器尚需投入的成本－估计销售费用及税金 ＝ 1 300 000－750 000－50 000 ＝ 500 000（元）

该批钢材的可变现净值500 000元小于其成本600 000元，因此该批钢材的期末价值应为其可变现净值500 000元，即该批钢材应按500 000元列示在2010年12月31日资产负债表的存货项目之中。

（4）为执行销售合同或者劳务合同而持有的存货，其可变现净值应当以合同价格而不是估计售价，减去估计的销售费用和相关税费等后的金额确定。

企业与购买方签订了销售合同（劳务合同，下同），并且销售合同订购的数量大于或等于企业持有的存货数量，在这种情况下，与该项销售合同直接相关的存货的可变现净值，应当以合同价格为计量基础。如果企业就其产成品或商品签订了销售合同，则该批产成品或商品的可变现净值应当以合同价格作为计量基础；如果企业销售合同所规定的标的物尚未生产出来，但持有专门用于该标的物生产的材料，其可变现净值也应当以合同价格作为计量基础。

【例4-40】2010年8月10日，甲公司与乙公司签订了一份不可撤销的销售合同，双方约定，2011年2月15日，甲公司应按20 000元/台的价格向乙公司提供A型机器10台。2010年12月31日，甲公司A型机器的账面价值（成本）为136 000元，数量为8台，单位成本为17 000元。2010年12月31日，A型机器的市场销售价格为18 000元/台。

本例中，根据甲公司与乙公司签订的销售合同，甲公司该批A型机器的销售价格已由销售合同约定，并且其库存数量小于销售合同订购的数量。在这种情况下，计算库存A型机器的可变现净值时，应以销售合同约定的价格160 000元（20 000×8）作为计量基础，即估计售价为160 000元。

【例4-41】2010年12月20日，甲公司与丙公司签订了一份不可撤销的销售合同，双方约定，2011年3月15日，甲公司应按20 000元/台的价格向丙公司提供10台B型机器。至2010年12月31日，甲公司尚未生产该批B型机器，但持有专门用于生产该批10台B型机器的库存原材料——钢材，其账面价值为90 000元，市场销售价格总额为70 000元。

本例中，根据甲公司与丙公司签订的销售合同，甲公司该批B型机器的销售价格已由销售合同规定，虽然甲公司还未生产，但持有专门用于生产该批B型机器的库存钢材，且可生产的B型机器的数量不大于销售合同订购的数量。在这种情况下，计算该批钢材的可变现净值时，应以销售合同的B型机器的销售价格总额200 000元（20 000×10）作为计量基础。

如果企业持有的同一项存货数量多于销售合同或劳务合同订购的数量，应分别确定其可变现净值，并与其相对应的成本进行比较，分别确定存货跌价准备的计提或转回金额。超出合同部分的存货的可变现净值，应当以一般销售价格为基础计算。

【例4-42】2010年9月10日，甲公司与丁公司签订了一份不可撤销的销售合同，双方约定，2011年2月15日，甲公司应按18 000元/台的价格向丁公司提供D型机器10台。2010年12月31日，甲公司D型机器的账面价值为192 000元，数量为12台，单位成本为16 000元/台。2010年12月31日，D型机器的市场销售价格为20 000元/台。

本例中，甲公司该批D型机器的销售价格已在双方签订的销售合同中约定，但是其库存数量大于销售合同约定的数量。在这种情况下，对于销售合同约定数量内（10台）的D型机器的可变现净值应以销售合同约定的价格总额180 000元（18 000×10）作为计量基础；而对于超出部分（2台）的D型机器的可变现净值应以一般销售价格总额40 000元（20 000×2）作为计量基础。

（四）存货跌价准备的计提与转回

1. 存货跌价准备的计提

资产负债表日，存货的可变现净值低于成本，企业应当计提存货跌价准备。

企业通常应当按照单个存货项目计提存货跌价准备。资产负债表日，企业将每个存货项目的成本与其可变现净值逐一进行比较，按较低者计量存货。其中可变现净值低于成本的，两者的差额即为应计提的存货跌价准备。企业计提的存货跌价准备应计入当期损益。

对于数量繁多、单价较低的存货，可以按照存货类别计提存货跌价准备。与在同一地区生产和销售的产品系列相关、具有相同或类似最终用途或目的，且难以与其他项目分开计量的存货，可以合并计提存货跌价准备；存货具有相同或类似最终用途或目的，并在同一地区生产和销售，意味着存货所处的经济环境、法律环境、市场环境等相同，具有相同的风险和报酬，因此可以对其进行合并计提存货跌价准备。

【例4－43】甲公司按照单项存货计提存货跌价准备。2010年12月31日，A、B两项存货的成本分别为300 000元、210 000元，可变现净值分别为280 000元、250 000元，假设“存货跌价准备”科目余额为0。

本例中，对于A存货，其成本300 000元高于其可变现净值280 000元，应计提存货跌价准备20 000元（300 000－280 000）。对于B存货，其成本210 000元低于其可变现净值250 000元，不需计提存货跌价准备。因此，乙公司对A、B两项存货计提的存货跌价准备共计为20 000元，在当日资产负债表中列示的存货金额为490 000元（280 000＋210 000）。

【例4－44】乙公司按单项存货计提存货跌价准备。2010年12月31日，乙公司库存自制半成品成本为350 000元，预计加工完成该产品尚需发生加工费用110 000元，预计产成品的销售价格（不含增值税）为500 000元，销售费用为60 000元。假定该库存自制半成品未计提存货跌价准备，且不考虑其他因素的影响。

本例中，2010年年末，乙公司该库存自制半成品可变现净值＝预计产成品的销售价格－预计销售费用－预计加工完成尚需发生费用＝500 000－60 000－110 000 ＝330 000（元）。所以，该自制半成品应计提存货跌价准备＝自制半成品成本－自制半成品可变现净值＝350 000－330 000＝20 000（元）。

【例4－45】丙公司2010年年末，A存货的账面成本为100 000元，由于本年以来A存货的市场价格持续下跌，根据资产负债表日状况确定的A存货的可变现净值为95 000元，“存货跌价准备”期初余额为零，应计提的存货跌价准备为5 000元（100 000－95 000）。相关账务处理如下：

借：资产减值损失——存货减值损失　　5 000

　贷：存货跌价准备　　5 000

2. 存货跌价准备的转回

当以前减记存货价值的影响因素已经消失，减记的金额应当予以恢复，并在原已计提的存货跌价准备金额内转回，转回的金额计入当期损益。

在核算存货跌价准备的转回时，转回的存货跌价准备与计提该准备的存货项目或类别应当存在直接对应关系。在原已计提的存货跌价准备金额内转回，意味着转回的金额以将存货跌价准备的余额冲减至零为限。

【例4－46】沿用【例4－45】假设2010年年末，丙公司存货的种类和数量、账面成本和已计提的存货跌价准备均未发生变化，但是2010年以来A存货市场价格持续上升，市场前景明显好转，至2010年年末根据当时状态确定的A存货的可变现净值为110 000元。

本例中，由于A存货市场价格上涨，2010年年末A存货的可变现净值（110 000元）高于其账面成本（100 000元），可以判断以前造成减记存货价值的影响因素（价格下跌）已经消失。A存货减记的金额应当在原已计提的存货跌价准备金额5 000元内予以恢复。相关账务处理如下：

借：存货跌价准备　　5 000

　贷：资产减值损失——存货减值损失　　5 000

需要注意的是，导致存货跌价准备转回的是以前减记存货价值的影响因素的消失，而不是在当期造成存货可变现净值高于其成本的其他影响因素。如果本期导致存货可变现净值高于其成本的影响因素不是以前减记该存货价值的影响因素，则不允许将该存货跌价准备转回。

3. 存货跌价准备的结转

企业计提了存货跌价准备，如果其中有部分存货已经销售，则企业在结转销售成本时，应同时结转对其已计提的存货跌价准备。对于因债务重组、非货币性资产交换转出的存货，也应同时结转已计提的存货跌价准备。如果按存货类别计提存货跌价准备的，应当按照发生销售、债务重组、非货币性资产交换等而转出存货的成本占该存货未转出前该类别存货成本的比例结转相应的存货跌价准备。

【例4-47】2010年，甲公司库存A机器5台，每台成本为5 000元，已经计提的存货跌价准备合计为6 000元。2011年，甲公司将库存的5台机器全部以每台6 000元的价格售出，适用的增值税税率为17%，货款未收到。

甲公司的相关账务处理如下：

借：应收账款　　35 100

　贷：主营业务收入　　30 000

　　应交税费——应交增值税（销项税额）　　5 100

借：主营业务成本　　19 000

　存货跌价准备　　6 000

　贷：库存商品　　25 000

【本章小结】

1. 确认为存货的资产，应当按照成本进行初始计量，其存货成本包括采购成本、加工成本和其他成本，不同存货其成本构成内容也会不同。

2. 存货的流转包括实物流转和成本流转两个方面。在理论上，存货成本流转与其实物流转应当一致。但在实际工作中，这种情况非常少见。因此，采用不同的存货成本流转假设，就产生了不同的发出存货计价方法，如个别认定法、先进先出法、加权平均法等。为简化核算，企业也可以采用计划成本法，但期末要调整为实际成本。

3. 在资产负债表日，存货应当按照成本与可变现净值孰低计量。存货成本高于其可变现净值的，应当计提存货跌价准备，计入当期损益。这种处理使存货符合资产的定义，并体现谨慎性原则。

【复习与思考】

1. 存货的成本包括哪些内容？
2. 存货发出的计价方法有哪些？
3. 存货期末计价有哪些方法？
4. 成本与可变现净值孰低怎么处理？

第五章　固定资产

【目的与要求】

通过本章学习，掌握固定资产的初始计量和后续计量的核算。

【主要内容】

固定资产的概念和特征；
固定资产的分类；
核算固定资产的取得、建造；
计提固定资产的折旧；
固定资产的后续支出、处置和清查。

【考核重点】

固定资产的后续支出、处置和清查。

第一节　固定资产概述

一、固定资产的概念和特征

固定资产是指同时具有以下特征的有形资产：

（1）为生产商品、提供劳务、出租或经营管理而持有的；

（2）使用寿命超过一个会计年度。

从这一定义可以看出，作为企业的固定资产应具备以下两个特征：

（1）企业持有固定资产的目的是为了生产商品、提供劳务、出租或经营管理的需要，而不像商品一样为了对外出售。这一特征是固定资产区别于商品等流动资产的重要标志。

（2）企业使用固定资产的期限较长，使用寿命一般超过一个会计年度。这一特征表明企业固定资产的收益期超过一年，能在一年以上的时间里为企业创造经济利益。

二、固定资产的确认

固定资产在同时满足以下两个条件时，才能予以确认：

（一）与该固定资产有关的经济利益很可能流入

企业资产最基本的特征是预期能给企业带来经济利益；如果某一项目预期不能给企业带来经济利益，就不能确认为资产。对固定资产的确认来说，如果某一固定资产预期不能给企业带来经济利益，就不能确认为企业的固定资产。在实务工作中，首先，需要判断该项固定资产所包含的经济利益是否很可能流入企业。如果该项固定资产包含的经济利益不是很可能流入企业，那么，即使其满足固定资产确认的其他条件，企业也不应将其确认为固定资产；如果该项固定资产包含的经济利益很可能流入企业，并同时满足固定资产确认的其他条件，那么，企业应将其确认为固定资产。

在实务中，判断固定资产包含的经济利益是否很可能流入企业，主要依据与该固定资产所有权相关的风险和报酬是否转移给了企业。其中，与固定资产所有权相关的风险是指由于经营情况变化造成的相关收益的变动，以及由于资产闲置、技术陈旧等原因造成的损失；与固定资产所有权相关的报酬是指在固定资产适用寿命内直接适用该资产而获得的收入以及处置该项资产所实现的利得等。通常，取得固定资产的所有权是判断与固定资产所有权相关的风险和报酬转移给了企业的一个重要标志。凡是所有权已属于企业，不论企业是否收到或持有该项固定资产，均可作为企业的固定资产；反之，如果没有取得所有权，即使存放在企业，也不能作为企业的固定资产。有时某项固定资产的所有权虽然不属于企业，但是，企业能够控制该项固定资产所包含的经济利益流入企业。在这种情况下，可以认为与固定资产所有权相关的风险和报酬实质上已转移给企业，也可以作为企业的固定资产加以确认。例如，融资租入固定资产，企业（承租人）虽然不拥有该固定资产的所有权，但企业能够控制该固定资产所包含的经济利益，与固定资产所有权相关的风险和报酬实质上已转移到了企业，因此，符合固定资产确认的第一个条件。

（二）该固定资产的成本能够可靠地计量

成本能够可靠地计量是资产确认的一项基本条件。固定资产作为企业资产的重要组成部分，要予以确认，其为取得该固定资产而发生的支出也必须能够可靠地计量。如果固定资产的成本能够可靠地计量，并同时满足其他确认条件，就可以加以确认；否则，企业不应加以确认。

企业在确定固定资产成本时，有时需要根据所获得的最新资料，对固定资产的成本进行合理的估计。例如，企业对于已达到预定可使用状态的固定资产，在尚未办理竣工决算前，需要根据工程预算、工程造价或者工程实际发生的成本等资料，按估计价值确定固定资产的成本，待办理竣工决算后，再按实际成本调整原来的暂估价值。

在实务中，对于固定资产进行确认时，还需要注意以下两个问题：

一是固定资产的各组成部分具有不同使用寿命或者以不同方式为企业提供经济利益，适用不同折旧率或折旧方法的，应当分别将各组成部分确认为单项固定资产。

二是与固定资产有关的后续支出，满足固定资产确认条件的，应当计入固定资产成本；不满足固定资产确认条件的，应当在发生时计入当期损益。

三、固定资产的分类

企业的固定资产种类繁多、规格不一，为加强管理，便于组织会计核算，有必要对其进行科学、合理的分类。根据不同的管理需要和核算要求以及不同的分类标准，可以对固定资产进行不同的分类。

固定资产主要有以下几种分类方法：

（一）按经济用途分类

按固定资产的经济用途分类，可分为生产经营用固定资产和非生产经营用固定资产。

（1）生产经营用固定资产是指直接服务于企业生产、经营过程的各种固定资产，如生产经营用的房屋、建筑物、机器、设备、器具、工具等。

（2）非生产经营用固定资产是指不直接服务于生产、经营过程的各种固定资产，如职工宿舍等使用的房屋、设备和其他固定资产等。

按照固定资产的经济用途分类，可以归类反映和监督企业生产经营用固定资产和非生产经营用固定资产之间，以及生产经营用各类固定资产之间的组成和变化情况，借以考核和分析企业固定资产的利用情况，促使企业合理地配备固定资产，充分发挥其效用。

（二）综合分类

按固定资产的经济用途和使用情况等综合分类，可把企业的固定资产划分为如下七大类：

（1）生产经营用固定资产。

（2）非生产经营用固定资产。

（3）租出固定资产（指在经营租赁方式下出租给外单位使用的固定资产）。

（4）不需用固定资产。

（5）未使用固定资产。

（6）土地（指过去已经估价单独入账的土地。因征地而支付的补偿费，应计入与土地有关的房屋、建筑物的价值内，不单独作为土地价值入账。企业取得的土地使用权，应作为无形资产管理，不作为固定资产管理）。

（7）融资租入固定资产（指企业以融资租赁方式租入的固定资产。在租赁期内，该项固定资产应视同自有固定资产进行管理）。

由于企业的经营性质不同，经营规模各异，对固定资产的分类不可能完全一致。但实际工作中，企业大多采用综合分类的方法作为编制固定资产目录，进行固定资产核算的依据。

四、固定资产的核算

为了核算固定资产，企业一般需要设置“固定资产”、“累计折旧”、“在建工程”、“工程物资”、“固定资产清理”等科目，用来核算固定资产取得、计提折旧、处置等情况。

(一)“固定资产”科目

“固定资产”科目用来核算企业固定资产的原价。该科目的借方登记企业增加的固定资产原价，贷方登记企业减少的固定资产原价，期末借方余额，反映企业期末固定资产的账面原价。企业应当设置“固定资产登记簿”和“固定资产卡片”，按固定资产类别、使用部门和每项固定资产进行明细核算。

(二)“累计折旧”科目

“累计折旧”科目属于“固定资产”的调整科目，用来核算企业固定资产的累计折旧。该科目的贷方登记企业计提的固定资产折旧，借方登记处置固定资产转出的累计折旧，期末贷方余额，反映企业固定资产的累计折旧额。

(三)“在建工程”科目

“在建工程”科目用来核算企业基建、更新改造等在建工程发生的支出。该科目的借方登记企业各项在建工程的实际支出，贷方登记完工工程转出的成本，期末借方余额反映企业尚未达到预定可使用状态的在建工程的成本。

(四)“工程物资”科目

“工程物资”科目用来核算企业为在建工程而准备的各种物资的实际成本。该科目的借方登记企业购入工程物资的成本，贷方登记领用工程物资的成本，期末借方余额，反映企业为在建工程准备的各种物资的成本。

(五)“固定资产清理”科目

“固定资产清理”科目用来核算企业因出售、报废、毁损、对外投资、非货币性资产交换、债务重组等原因转出的固定资产价值以及在清理过程中发生的费用等。该科目的借方登记转出的固定资产价值、清理过程中应支付的相关税费及其他费用，贷方登记清理过程中发生的各项收入，包括转让收入、残料收入以及应向保险公司或有关责任者收取的赔款等。期末借方余额，反映企业清理完毕固定资产清理净损失。期末贷方余额，反映清理完毕固定资产清理净收益。该科目应按被清理的固定资产项目设置明细账，进行明细核算。

此外，企业固定资产、在建工程、工程物资发生减值的，还应当设置“固定资产减值准备”、“在建工程减值准备”、“工程物资减值准备”等科目进行核算。

第二节　固定资产的初始计量

一、外购固定资产

企业外购的固定资产，应按实际支付的购买价款、相关税费，使固定资产达到预定可使用状态前所发生的可归属于该项资产的运输费、装卸费、安装费和专业人员服务费等，作为固定资产的取得成本。自 2009 年 1 月 1 日起，增值税一般纳税人购进（包括接受捐赠、实物投资）或者自制（包括扩建、安装）生产用固定资产发生的进项税额，可凭增值税专用发票、海关进口增值税专用缴款书和运输费用结算单据（以下简称增值税扣税凭证）从销项税额中抵扣，其进项税额应当记入“应交税金——应交增值税（进项税额）”科目。

（一）企业购入不需要安装的固定资产

应按实际支付的购买价款、相关税费以及使固定资产达到预定可使用状态前所发生的可归属于该项资产的运输费、装卸费和专业人员服务费等，作为固定资产成本，借记“固定资产”科目，贷记“银行存款”等科目。

（二）购入需要安装的固定资产

应在购入的固定资产取得成本的基础上加上安装调试成本等，作为购入固定资产的成本，先通过“在建工程”科目核算，待安装完毕达到预定可使用状态时，再由“在建工程”科目转入“固定资产”科目。

企业购入固定资产时，按实际支付的购买价款、运输费、装卸费和其他相关税费等，借记“在建工程”科目，贷记“银行存款”等科目；支付安装费用等时，借记“在建工程”科目，贷记“银行存款”等科目；安装完毕达到预定可使用状态时，按其实际成本，借记“固定资产”科目，贷记“在建工程”科目。

企业基于产品价格等因素的考虑，可能以一笔款项购入多项没有单独标价的固定资产。如果这些资产均符合资产定义，并满足固定资产的确认条件，则应将各项资产单独确认为固定资产，并按各项固定资产公允价值的比例对总成本进行分配，分别确定各项固定资产的成本。

【例5－1】甲公司购入一台不需要安装即可投入使用的设备，取得的增值税专用发票上注明的设备价款为30 000 元，增值税额为5 100 元，另支付运输费300 元，包装费400 元，款项以银行存款支付。甲公司应进行如下会计处理：

（1）计算固定资产的成本：

固定资产买价	30 000
加：运输费	300
包装费	400

（2）编制购入固定资产的会计分录：

借：固定资产	30 700	
应交税费——应交增值税（进项税额）	5 100	
贷：银行存款		35 800

【例5－2】甲公司用银行存款购入一台需要安装的设备，增值税专用发票上注明的设备买价为200 000 元，增值税额为 34 000 元，支付运输费 10 000 元，支付安装费30 000元。甲公司应做如下会计处理：

（1）购入进行安装时：

借：在建工程	210 000

应交税费——应交增值税（进项税额）　　34 000
贷：银行存款　　244 000

（2）支付安装费时：

借：在建工程　　30 000
贷：银行存款　　30 000

（3）设备安装完毕交付使用时，确定的固定资产成本 = 210 000 + 30 000 = 240 000（元）

借：固定资产　　240 000
贷：在建工程　　240 000

【例 5 -3】甲公司向乙公司一次购进了三台不同型号且具有不同生产能力的设备 A、B、C，共支付款项 100 000 000 元，增值税额 17 000 000 元，包装费 750 000 元，全部以银行存款转账支付。假定设备 A、B、C 均满足固定资产的定义及确认条件，公允价值分别为 45 000 000 元、38 500 000 元、16 500 000 元；不考虑其他相关税费。甲公司的账务处理如下：

（1）确定应计入固定资产成本的金额，包括购买价款、包装费及增值税额，即：

100 000 000 + 750 000 = 100 750 000（元）

（2）确定设备 A、B、C 的价值分配比例。

A 设备应分配的固定资产价值比例为：

45 000 000/（45 000 000 + 38 500 000 + 16 500 000）×100% = 45%

B 设备应分配的固定资产价值比例为：

38 500 000/（45 000 000 + 38 500 000 + 16 500 000）×100% = 38.5%

C 设备应分配的固定资产价值比例为：

16 500 000/（45 000 000 + 38 500 000 + 16 500 000）×100% = 16.5%

（3）确定设备 A、B、C 各自的成本：

A 设备的成本为：100 750 000 ×45% = 45 337 500（元）

B 设备的成本为：100 750 000 ×38.5% = 38 788 750（元）

C 设备的成本为：100 750 000 ×16.5% = 16 623 750（元）

（4）甲公司应做如下会计处理：

借：固定资产——A 设备　　45 337 500
　　　　　　——B 设备　　38 788 750
　　　　　　——C 设备　　16 623 750
　　应交税费——应交增值税（进项税额）　　17 000 000
贷：银行存款　　117 750 000

二、建造固定资产

企业自行建造固定资产，应按建造该项资产达到预定可使用状态前所发生的必要支出，作为固定资产的成本。

自建固定资产应先通过“在建工程”科目核算，工程达到预定可使用状态时，再从“在建工程”科目转入“固定资产”科目。企业自建固定资产，主要有自营和出包两种方式，由于采用的建造方式不同，其会计处理也不同。

(一) 自营工程

自营工程是指企业自行组织工程物资采购、自行组织施工人员施工的建筑工程和安装工程。购入工程物资时，借记“工程物资”科目，贷记“银行存款”等科目。领用工程物资时，借记“在建工程”科目，贷记“工程物资”科目。在建工程领用本企业原材料时，借记“在建工程”科目，贷记“原材料”、“应交税费——应交增值税（进项税额转出）”等科目。在建工程领用本企业生产的商品时，借记“在建工程”科目，贷记“库存商品”、“应交税费——应交增值税（销项税额）”等科目。

自营工程发生的其他费用（如分配工程人员工资等），借记“在建工程”科目，贷记“银行存款”、“应付职工薪酬”等科目。自营工程达到预定可使用状态时，按其成本，借记“固定资产”科目，贷记“在建工程”科目。

【例5-4】某企业自建厂房一幢，购入为工程准备的各种物资500 000元，支付的增值税额为85 000元，全部用于工程建设。领用本企业生产的水泥一批，实际成本为80 000元，税务部门确定的计税价格为100 000元，增值税税率为17%；工程人员应计工资100 000元，支付其他费用30 000元。工程完工并达到预定可使用状态。该企业应做如下会计处理：

(1) 购入工程物资时：

借：工程物资　585 000

　贷：银行存款　585 000

(2) 工程领用工程物资时：

借：在建工程　585 000

　贷：工程物资　585 000

(3) 工程领用本企业生产的水泥，确定应计入在建工程成本的金额为：

80 000 + 100 000 × 17% = 97 000（元）

借：在建工程　97 000

　贷：库存商品　80 000

　　应交税费——应交增值税（销项税额）　17 000

(4) 分配工程人员工资时：

借：在建工程　100 000

　贷：应付职工薪酬　100 000

(5) 支付工程发生的其他费用时：

借：在建工程　30 000

　贷：银行存款等　30 000

(6) 工程完工转入固定资产成本 = 585 000 + 97 000 + 100 000 + 30 000 = 812 000（元）

借：固定资产　　812 000
　贷：在建工程　　812 000

（二）出包工程

出包工程是指企业通过招标等方式将工程项目发包给建造承包商，由建造承包商组织施工的建筑工程和安装工程。企业采用出包方式进行的固定资产工程，其工程的具体支出主要由建造承包商核算。在这种方式下，“在建工程”科目主要是企业与建造承包商办理工程价款的结算科目，企业支付给建造承包商的工程价款作为工程成本，通过“在建工程”科目核算。企业按合理估计的发包工程进度和合同规定向建造承包商结算的进度款，借记“在建工程”科目，贷记“银行存款”等科目；工程完成时按合同规定补付的工程款，借记“在建工程”科目，贷记“银行存款”等科目；工程达到预定可使用状态时，按其成本，借记“固定资产”科目，贷记“在建工程”科目。

【例5－5】某企业将一幢厂房的建造工程出包给丙公司承建，按合理估计的发包工程进度和合同规定向丙公司结算进度款600 000元，工程完工后，收到丙公司有关工程结算单据，补付工程款400 000元，工程完工并达到预定可使用状态。该企业应做如下会计处理：

（1）按合理估计的发包工程进度和合同规定向丙公司结算进度款时：

借：在建工程　　600 000
　贷：银行存款　　600 000

（2）补付工程款时：

借：在建工程　　400 000
　贷：银行存款　　400 000

（3）工程完工并达到预定可使用状态时：

借：固定资产　　1 000 000
　贷：在建工程　　1 000 000

第三节　固定资产的后续计量

一、固定资产的折旧

（一）固定资产折旧概述

企业应当在固定资产的使用寿命内，按照确定的方法对应计折旧额进行系统分摊，根据固定资产的性质和使用情况，合理确定固定资产的使用寿命和预计净残值。固定资产的使用寿命、预计净残值一经确定，不得随意变更，但是，符合《企业会计准则第4号——固定资产》第十九条规定的除外。上述事项在报经股东大会或董事会、经理会议或类似机构批准后，作为计提折旧的依据，并按照法律、行政法规等的规定报送有关各方备案。

影响折旧的因素主要有以下几个方面：

（1）固定资产原价。它是指固定资产的成本。

（2）预计净残值。它是指假定固定资产预计使用寿命已满并处于使用寿命终了时的预期状态，企业目前从该项资产处置中获得的扣除预计处置费用后的金额。

（3）固定资产减值准备。它是指固定资产已计提的固定资产减值准备累计金额。

（4）固定资产的使用寿命。它是指企业使用固定资产的预计期间，或者该固定资产所能生产产品或提供劳务的数量。企业确定固定资产使用寿命时，应当考虑下列因素：

①该项资产预计生产能力或实物产量；

②该项资产预计有形损耗，如设备使用中发生磨损、房屋建筑物受到自然侵蚀等；

③该项资产预计无形损耗，如因新技术的出现而使现有的资产技术水平相对陈旧、市场需求变化使产品过时等；

④法律或者类似规定对该项资产使用的限制。

总之，企业应当根据固定资产的性质和使用情况，合理确定固定资产的使用寿命和预计净残值。固定资产的使用寿命、预计净残值一经确定，不得随意变更，但是符合《企业会计准则第 4 号——固定资产》第十九条规定的除外。

除以下情况外，企业应当对所有固定资产计提折旧：

（1）已提足折旧仍继续使用的固定资产；

（2）单独计价入账的土地。

在确定计提折旧的范围时，还应注意以下几点：

（1）固定资产应当按月计提折旧，当月增加的固定资产，当月不计提折旧，从下月起计提折旧；当月减少的固定资产，当月仍计提折旧，从下月起不计提折旧。

（2）固定资产提足折旧后，不论能否继续使用，均不再计提折旧；提前报废的固定资产，也不再补提折旧。所谓提足折旧，是指已经提足该项固定资产的应计折旧额。

（3）已达到预定可使用状态但尚未办理竣工决算的固定资产，应当按照估计价值确定其成本，并计提折旧；待办理竣工决算后，再按实际成本调整原来的暂估价值，但不需要调整原已计提的折旧额。

企业至少应当于每年年度终了，对固定资产的使用寿命、预计净残值和折旧方法进行复核。使用寿命预计数与原先估计数有差异的，应当调整固定资产使用寿命。预计净残值预计数与原先估计数有差异的，应当调整预计净残值。与固定资产有关的经济利益预期实现方式有重大改变的，应当改变固定资产折旧方法。固定资产使用寿命、预计净残值和折旧方法的改变应当作为会计估计变更。

（二）固定资产的折旧方法

企业应当根据与固定资产有关的经济利益的预期实现方式，合理选择固定资产折旧方法。可选用的折旧方法包括年限平均法、工作量法、双倍余额递减法和年数总和法等。

1. 年限平均法

年限平均法的计算公式如下：

年折旧率 =（1 - 预计净残值率）/预计使用寿命（年）×100%

月折旧率 = 年折旧率/12

月折旧额 = 固定资产原价 × 月折旧率

【例5 -6】甲公司有一幢厂房，原价为5 000 000元，预计可使用20年，预计报废时的净残值率为2%。该厂房的折旧率和折旧额的计算如下：

年折旧率 =（1 -2%）/20 =4.9%

月折旧率 =4.9%/12 =0.41%

月折旧额 =5 000 000 ×0.41% =20 500（元）

本例采用的是年限平均法计提固定资产折旧，其特点是将固定资产的应计折旧额均衡地分摊到固定资产预计使用寿命内，采用这种方法计算的每期折旧额是相等的。

2. 工作量法

工作量法的基本计算公式如下：

单位工作量折旧额 = 固定资产原价 ×（1 - 预计净残值率）/预计总工作量

某项固定资产月折旧额 = 该项固定资产当月工作量 × 单位工作量折旧额

【例5 -7】某企业的一辆运货卡车的原价为600 000元，预计总行驶里程为500 000千米，预计报废时的净残值率为5%，本月行驶4 000千米。该辆汽车的月折旧额计算如下：

单位里程折旧额 =600 000 ×（1 -5%）/500 000 =1.14（元/千米）

本月折旧额 =4 000 ×1.14 =4 560（元）

本例采用工作量法计提固定资产折旧。工作量法是指根据实际工作量计算每期应提折旧额的一种方法。

3. 双倍余额递减法

双倍余额递减法的计算公式如下：

年折旧率 =2/预计使用寿命（年）×100%

月折旧率 = 年折旧率/12

月折旧额 = 每月月初固定资产账面净值 × 月折旧率

【例5 -8】某企业一项固定资产的原价为1 000 000元，预计使用年限为5年，假设该固定资产的预计净残值为4 000元，按双倍余额递减法计提折旧。每年的折旧额计算如下：

年折旧率 =2/5 ×100% =40%

第1年应提的折旧额 =1 000 000 ×40% =400 000（元）

第2年应提的折旧额 =（1 000 000 -400 000）×40% =240 000（元）

第3年应提的折旧额 =（600 000 -240 000）×40% =144 000（元）

从第4年起改用年限平均法（直线法）计提折旧。

第 4 年、第 5 年的年折旧额 =［（360 000 - 144 000） - 4 000］/2 = 10 600（元）

每年各月折旧额根据年折旧额除以 12 来计算。

本例采用了双倍余额递减法计提固定资产折旧。双倍余额递减法是指在不考虑固定资产预计净残值的情况下，根据每期期初固定资产原价减去累计折旧后的金额和双倍的直线法折旧率计算固定资产折旧的一种方法。采用双倍余额递减法计提固定资产折旧，一般应在固定资产使用寿命到期前两年内，将固定资产账面净值扣除预计净残值后的净值平均摊销。

4. 年数总和法

年数总和法的计算公式如下：

年折旧率 =（预计使用寿命-已使用年限）/预计使用寿命 ×（预计使用寿命 +1）/2 ×100%

或：

年折旧率 = 尚可使用年限/预计使用寿命的年数总和 ×100%

月折旧率 = 年折旧率/12

月折旧额 = （固定资产原值 - 预计净残值） ×月折旧率

【例 5 -9】承【例 5 -8】假如采用年数总和法，计算各年折旧额，见表 5.1。

表 5.1　　单位：元

年份	尚可使用年限	原价 - 净残值	变动折旧率	年折旧额	累计折旧
1	5	996 000	5/15	332 000	332 000
2	4	996 000	4/15	265 600	597 600
3	3	996 000	3/15	199 200	796 800
4	2	996 000	2/15	132 800	929 600
5	1	996 000	1/15	66 400	996 000

本例采用了年数总和法计提固定资产折旧。年数总和法又称年限合计法，是指固定资产的原价减去预计净残值后的余额，乘以一个逐年递减的分数计算每年的折旧额，这个分数的分子代表固定资产尚可使用寿命，分母代表预计使用寿命逐年数字。

（三）固定资产折旧的核算

固定资产应当按月计提折旧，计提的折旧应当记入“累计折旧”科目，并根据用途计入相关资产的成本或者当期损益。企业自行建造固定资产过程中使用的固定资产，其计提的折旧应计入在建工程成本；基本生产车间所使用的固定资产，其计提的折旧应计入制造费用；管理部门所使用的固定资产，其计提的折旧应计入管理费用；销售部门所使用的固定资产，其计提的折旧应计入销售费用；经营租出的固定资产，其应提的折旧额应计入其他业务成本。企业计提固定资产折旧时，借记“制造费用”、“销售费用”、“管理费用”等科目，贷记“累计折旧”科目。

【例 5 -10】某企业采用年限平均法对固定资产计提折旧。2007 年 1 月份根据固定资产折旧计算表，确定的各车间及厂管理部门应分配的折旧额为：一车间1 500 000元，二车间2 400 000元，三车间3 000 000元，厂管理部门600 000元。该企业应做如下会计处理：

借：制造费用——一车间　　1 500 000
　　　　　　——二车间　　2 400 000
　　　　　　——三车间　　3 000 000
　　管理费用　　600 000
　贷：累计折旧　　7 500 000

【例5－11】乙公司2007年6月份固定资产计提折旧情况如下：一车间厂房计提折旧3 800 000元，机器设备计提折旧4 500 000元；管理部门房屋建筑物计提折旧6 500 000元，运输工具计提折旧2 400 000元；销售部门房屋建筑物计提折旧3 200 000元，运输工具计提折旧2 630 000元。当月新购置机器设备一台，价值为5 400 000元，预计使用寿命为10年，该企业同类设备计提折旧采用年限平均法。

本例中，新购置的机器设备本月不计提折旧。本月计提的折旧费用中，车间使用的固定资产计提的折旧费用计入制造费用，管理部门使用的固定资产计提的折旧费用计入管理费用，销售部门使用的固定资产计提的折旧费用计入销售费用。乙公司应做如下会计处理：

借：制造费用——一车间　　8 300 000
　　管理费用　　8 900 000
　　销售费用　　5 830 000
　贷：累计折旧　　23 030 000

二、固定资产的其他后续支出

固定资产的其他后续支出是指固定资产在使用过程中发生的更新改造支出、修理费用等。企业的固定资产投入使用后，由于各个组成部分耐用程度不同或者使用的条件不同，因而往往发生固定资产的局部损坏。为了保持固定资产的正常运转和使用，充分发挥其使用效能，就必须对其进行必要的后续支出。

固定资产的更新改造等后续支出，满足固定资产确认条件的，应当计入固定资产成本，如有被替换的部分，应同时将被替换部分的账面价值从该固定资产原账面价值中扣除；不满足固定资产确认条件的固定资产修理费用等，应当在发生时计入当期损益。

在对固定资产发生可资本化的后续支出后，企业应将该固定资产的原价、已计提的累计折旧和减值准备转销，将固定资产的账面价值转入在建工程。固定资产发生的可资本化的后续支出，通过“在建工程”科目核算。在固定资产发生的后续支出完工并达到预定可使用状态时，从“在建工程”科目转入“固定资产”科目。

企业生产车间（部门）和行政管理部门等发生的固定资产：修理费用等后续支出，借记“管理费用”等科目，贷记“银行存款”等科目；企业发生的与专设销售机构相关的固定资产修理费用等后续支出，借记“销售费用”科目，贷记“银行存款”等科目。

【例5－12】2007年6月1日，甲公司对现有的一台管理用设备进行日常修理，修理过程中发生的材料费100 000元，该批材料增值税为17 000元，应支付的维修人员工资为20 000元。

本例中，对机器设备的日常修理没有满足固定资产的确认条件，因此，应将该项固定资产后续支出在其发生时计入当期损益，属于生产车间（部门）和行政管理部门等发生的固定资产修理费用等后续支出，应记入“管理费用”等科目。甲公司应如下会计处理：

借：管理费用	137 000	
贷：原材料		100 000
应交税费——应交增值税（进项税额转出）		17 000
应付职工薪酬		20 000

【例5－13】2007年8月1日，乙公司对其现有的一台管理部门使用的设备进行修理，修理过程中发生支付维修人员工资为5 000元。

本例中，乙公司对管理用设备的维修没有满足固定资产的确认条件，因此，应将该项固定资产后续支出在其发生时计入当期损益，由于属于生产车间（部门）和行政管理部门等发生的固定资产修理费用等后续支出，应记入“管理费用”科目。乙公司应做如下会计处理：

借：管理费用	5 000	
贷：应付职工薪酬		5 000

第四节　固定资产处置、清查和减值核算

一、固定资产处置

企业在生产经营过程中，可能将不适用或不需用的固定资产对外出售转让，或因磨损、技术进步等原因对固定资产进行报废，或因遭受自然灾害而对毁损的固定资产进行处理。对于上述事项在进行会计核算时，应按规定程序办理有关手续，结转固定资产的账面价值，计算有关的清理收入、清理费用及残料价值等。

固定资产处置包括固定资产的出售、报废、毁损、对外投资、非货币性资产交换、债务重组等。处置固定资产应通过“固定资产清理”科目核算。具体包括以下几个环节：

（1）固定资产转入清理。企业因出售、报废、毁损、对外投资、非货币性资产交换、债务重组等转出的固定资产，按该项固定资产的账面价值，借记“固定资产清理”科目，按已计提的累计折旧，借记“累计折旧”科目，按已计提的减值准备，借记“固定资产减值准备”科目，按其账面原价，贷记“固定资产”科目。

（2）发生的清理费用等。固定资产清理过程中应支付的相关税费及其他费用，借

记“固定资产清理”科目，贷记“银行存款”、“应交税费——应交营业税”等科目。

（3）收回出售固定资产的价款、残料价值和变价收入等。借记“银行存款”、“原材料”等科目，贷记“固定资产清理”科目。

（4）保险赔偿等的处理。应由保险公司或过失人赔偿的损失，借记“其他应收款”等科目，贷记“固定资产清理”科目。

（5）清理净损益的处理。固定资产清理完成后，属于生产经营期间正常的处理损失，借记“营业外支出——处置非流动资产损失”科目，贷记“固定资产清理”科目；属于自然灾害等非正常原因造成的损失，借记“营业外支出——非常损失”科目，贷记“固定资产清理”科目。如为贷方余额，借记“固定资产清理”科目，贷记“营业外收入”科目。

【例 5-14】甲公司出售一座建筑物，原价为 2 000 000 元，已计提折旧 1 000 000 元，未计提减值准备，实际出售价格为 1 200 000 元，已通过银行收回价款。甲公司应做如下会计处理：

（1）将出售固定资产转入清理时：

借：固定资产清理　　1 000 000

　　累计折旧　　1 000 000

　贷：固定资产　　2 000 000

（2）收回出售固定资产的价款时：

借：银行存款　　1 200 000

　贷：固定资产清理　　1 200 000

（3）计算销售该固定资产应交纳的营业税，按规定适用的营业税税率为 5%，应纳税为 60 000 元（1 200 000 × 5%）。

借：固定资产清理　　60 000

　贷：应交税费——应交营业税　　60 000

（4）结转出售固定资产实现的利得时：

借：固定资产清理　　140 000

　贷：营业外收入——非流动资产处置利得　　140 000

【例 5-15】乙公司现有一台设备由于性能等原因决定提前报废，原价为 500 000 元，已计提折旧 450 000 元，未计提减值准备。报废时的残值变价收入为 20 000 元，报废清理过程中发生清理费用 3 500 元。有关收入、支出均通过银行办理结算。乙公司应做如下会计处理：

（1）将报废固定资产转入清理时：

借：固定资产清理　　50 000

　　累计折旧　　450 000

　贷：固定资产　　500 000

（2）收回残料变价收入时：

借：银行存款　　20 000

贷：固定资产清理　　20 000

（3）支付清理费用时：

借：固定资产清理　　3 500

贷：银行存款　　3 500

（4）结转报废固定资产发生的净损失时：

借：营业外支出——非流动资产处置损失　　33 500

贷：固定资产清理　　33 500

【例5－16】丙公司因遭受水灾而毁损一座仓库，该仓库原价为4 000 000元，已计提折旧1 000 000元，未计提减值准备。其残料估计价值为50 000元，残料已办理入库。发生的清理费用20 000元，以现金支付。经保险公司核定应赔偿损失1 500 000元，尚未收到赔款。丙公司应做如下会计处理：

（1）将毁损的仓库转入清理时：

借：固定资产清理　　3 000 000

累计折旧　　1 000 000

贷：固定资产　　4 000 000

（2）残料入库时：

借：原材料　　50 000

贷：固定资产清理　　50 000

（3）支付清理费用时：

借：固定资产清理　　20 000

贷：库存现金　　20 000

（4）确定应由保险公司理赔的损失时：

借：其他应收款　　1 500 000

贷：固定资产清理　　1 500 000

（5）结转毁损固定资产发生的损失时：

借：营业外支出——非常损失　　1 470 000

贷：固定资产清理　　1 470 000

二、固定资产清查

企业应定期或者至少于每年年末对固定资产进行清查盘点，以保证固定资产核算的真实性，充分挖掘企业现有固定资产的潜力。在固定资产清查过程中，如果发现盘盈、盘亏的固定资产，应填制固定资产盘盈盘亏报告表。清查固定资产的损溢，应及时查明原因，并按照规定程序报批处理。

（一）固定资产盘盈

企业在财产清查中盘盈的固定资产，作为前期差错处理。企业在财产清查中盘盈的固定资产，在按管理权限报经批准处理前应先通过“以前年度损益调整”科目核算。盘盈的固定资产，应按重置成本确定其入账价值，借记“固定资产”科目，贷记“以前年度损益调整”科目。

【例5-17】丁公司在财产清查过程中，发现一台未入账的设备，重置成本为30 000元（假定与其计税基础不存在差异）。根据《企业会计准则第28号——会计政策、会计估计变更和差错更正》规定，该盘盈固定资产作为前期差错进行处理。假定丁公司适用的所得税税率为25%，按净利润的10%计提法定盈余公积。丁公司应做如下会计处理：

（1）盘盈固定资产时：

借：固定资产　　30 000

　贷：以前年度损益调整　　30 000

（2）确定应交纳的所得税时：

借：以前年度损益调整　　7 500

　贷：应交税费——应交所得税　　7 500

（3）结转为留存收益时：

借：以前年度损益调整　　22 500

　贷：盈余公积——法定盈余公积　　2 250

　　　利润分配——未分配利润　　20 250

（二）固定资产盘亏

企业在财产清查中盘亏的固定资产，按盘亏固定资产的账面价值，借记“待处理财产损溢”科目，按已计提的累计折旧，借记“累计折旧”科目，按已计提的减值准备，借记“固定资产减值准备”科目，按固定资产的原价，贷记“固定资产”科目。按管理权限报经批准后处理时，按可收回的保险赔偿或过失人赔偿，借记“其他应收款”科目，按应计入营业外支出的金额，借记“营业外支出——盘亏损失”科目，贷记“待处理财产损溢”科目。

【例5-18】乙公司进行财产清查时发现短缺一台笔记本电脑，原价为10 000元，已计提折旧7 000元。乙公司应做如下会计处理：

（1）盘亏固定资产时：

借：待处理财产损溢——待处理固定资产损溢　　3 000

　　累计折旧　　7 000

　贷：固定资产　　10 000

（2）报经批准转销时：

借：营业外支出——盘亏损失　　3 000

　贷：待处理财产损溢——待处理固定资产损溢　　3 000

三、固定资产减值

固定资产在资产负债表日存在可能发生减值的迹象时，其可收回金额低于账面价值的，企业应当将该固定资产的账面价值减记至可收回金额，减记的金额确认为减值损失，计入当期损益，同时计提相应的资产减值准备，借记“资产减值损失——计提的固定资产减值准备”科目，贷记“固定资产减值准备”科目。固定资产减值损失一经确认，在以后会计期间不得转回。

【例5－19】2007年12月31日，丁公司的某生产线存在可能发生减值的迹象。经计算，该机器的可收回金额合计为1 230 000元，账面价值为1 400 000元，以前年度未对该生产线计提过减值准备。

由于该生产线的可收回金额为1 230 000元，账面价值为1 400 000元，可收回金额低于账面价值，应按两者之间的差额170 000元（1 400 000－1 230 000）计提固定资产减值准备。丁公司应做如下会计处理：

借：资产减值损失——计提的固定资产减值准备　　170 000

　贷：固定资产减值准备　　170 000

【本章小结】

本章主要需要掌握固定资产的取得、建造的业务处理，固定资产折旧的计提，固定资产的处置的核算。

【复习与思考】

1. 固定资产按其经济用途和使用情况综合分类，可分为哪几类？
2. 简述盘盈固定资产的会计处理。
3. 简述盘亏固定资产的会计处理。
4. 简述固定资产折旧的范围。
5. 如何判断固定资产等资产发生了减值？
6. 简述固定资产减值损失的处理规定。

第六章　投资性房地产

【目的与要求】

了解投资性房地产的特征、范围；

熟悉投资性房地产的确认条件和投资性房地产转换的核算；

掌握投资性房地产的初始计量和后续计量；

掌握投资性房地产处置的核算。

【主要内容】

投资性房地产的定义、特征和范围；

投资性房地产的确认和初始计量；

投资性房地产的转换和处置。

【考核重点】

投资性房地产的初始计量；投资性房地产的后续计量；投资性房地产的处置。

第一节　投资性房地产概述

一、投资性房地产的定义与特征

（一）投资性房地产的定义

房地产是土地和房屋及其权属的总称。在我国，土地归国家或集体所有，企业只能取得土地使用权。因此，房地产中的土地是指土地使用权，房屋是指土地上的房屋等建筑物及构筑物。在市场经济条件下，房地产市场日益活跃，企业持有的房地产除了用于自身管理、生产经营活动场所和对外销售之外，出现了将房地产用于赚取租金或增值收益的活动，甚至成为个别企业的主营业务。用于出租或增值的房地产就是投资性房地产。投资性房地产是指为赚取租金或资本增值，或者两者兼有而持有的房地产。投资性房地产应当能够单独计量和出售。

（二）投资性房地产的特征

投资性房地产具有以下特征：

1. 投资性房地产是企业的一种经营性活动

投资性房地产的主要形式是出租建筑物、出租土地使用权，这实质上属于一种让渡资产使用权行为。房地产租金就是让渡资产使用权取得的使用费收入，是企业为完成其经营目标所从事的经常性活动以及与之相关的其他活动形成的经济利益总流入。投资性房地产的另一种形式是持有并准备增值后转让的土地使用权，目的是为了增值后转让以赚取增值收益，也是企业为完成其经营目标所从事的经常性活动以及与之相关的其他活动形成的经济利益总流入。对某些企业而言，投资性房地产属于为完成其经营目标所从事的经常性活动，形成的租金收入或转让增值收益确认为企业的主营业务收入，但对于大部分企业而言，投资性房地产属于与经常性活动相关的其他经营活动，形成的租金收入或转让增值收益构成企业的其他业务收入。投资性房地产的处置损益计入营业利润。而固定资产和无形资产处置是企业的非日常活动，其损益计入营业外收入或营业外支出。

2. 投资性房地产在用途、状态、目的等方面区别于作为生产经营场所的房地产和用于销售的房地产

企业持有的房地产除了用作自身管理、生产经营活动场所和对外销售之外，出现了将房地产用于赚取租金或增值收益的活动，甚至成为个别企业的主营业务。这就需要将投资性房地产单独作为一项资产核算和反映，与自用的厂房、办公楼等房地产和作为存货的房地产（房地产开发企业）加以区别，从而更加清晰地反映企业所持有房地产的构成情况和盈利能力。

3. 投资性房地产有两种后续计量模式

企业通常应当采用成本模式对投资性房地产进行后续计量，只有在满足特定条件的情况下，即有确凿证据表明其所有投资性房地产的公允价值能够持续可靠取得的，才可以采用公允价值模式进行后续计量。也就是说，投资性房地产准则鼓励企业采用成本模式对投资性房地产进行后续计量。在满足特定条件的情况下，也可以对投资性房地产采用公允价值模式进行后续计量。但是，同一企业只能采用一种模式对所有投资性房地产进行后续计量，不得同时采用两种计量模式进行后续计量。

二、投资性房地产的范围

投资性房地产主要包括已出租的土地使用权、持有并准备增值后转让的土地使用权和已出租的建筑物。

（一）属于投资性房地产的项目

1. 已出租的土地使用权

已出租的土地使用权是指企业通过出让（在一级市场上以交纳土地出让金的方式取得）或转让（在二级市场上接受其他单位转让）方式取得并以经营租赁方式出租的土地使用权。企业计划用于出租但尚未出租的土地使用权，不属于此类。对于以经营租赁方式租入土地使用权再转租给其他单位的，也不能确认为投资性房地产。

2. 持有并准备增值后转让的土地使用权

持有并准备增值后转让的土地使用权是指企业通过出让或转让方式取得并准备增值后转让的土地使用权。例如，企业发生转产或厂址搬迁，部分土地使用权停止自用，管理层决定继续持有这部分土地使用权，待其增值后转让以赚取增值收益。

企业依法取得土地使用权后，应当按照国有土地有偿使用合同或建设用地批准书规定的期限动工开发建设。根据1999年4月26日国土资源部发布的《闲置土地处理办法》的规定，土地使用者依法取得土地使用权后，未经原批准用地的人民政府同意，超过规定的期限未动工开发建设的建设用地属于闲置土地。具有下列情形之一的，也可以认定为闲置土地：

（1）国有土地有偿使用合同或者建设用地批准书规定动工开发建设日期，自国有土地有偿使用合同生效或者土地行政主管部门建设用地批准书颁发之日起满1年未动工开发建设的；

（2）已动工开发建设但开发建设的面积占应动工开发建设总面积不足1/3或者已投资额占总投资额不足25%且未经批准中止开发建设连续满1年的；

（3）法律、行政法规规定的其他情形。

《闲置土地处理办法》还规定，经法定程序批准，对闲置土地可以选择延长开发建设时间（不超过1年），改变土地用途，办理有关手续后继续开发建设等处置方案。

3. 已出租的建筑物

已出租的建筑物是指企业拥有产权并以经营租赁方式出租的房屋等建筑物，包括自行建造或开发活动完成后用于出租的建筑物。企业在判断和确认已出租的建筑物时，应当把握以下要点：

（1）用于出租的建筑物是指企业拥有产权的建筑物，企业以经营租赁方式租入再转租的建筑物不属于投资性房地产。

（2）已出租的建筑物是企业已经与其他方签订了租赁协议，约定以经营租赁方式出租的建筑物。一般应自租赁协议规定的租赁期开始日起，经营租出的建筑物才属于已出租的建筑物。通常情况下，对企业持有以备经营出租的空置建筑物，如董事会或类似机构作出书面决议，明确表明将其用于经营出租且持有意图短期内不再发生变化的，即使尚未签订租赁协议，也应视为投资性房地产。这里的“空置建筑物”，是指企业新购入、自行建造或开发完工但尚未使用的建筑物，以及不再用于日常生产经营活动且经整理后达到可经营出租状态的建筑物。

（3）企业将建筑物出租，按租赁协议向承租人提供的相关辅助服务在整个协议中不重大的，应当将该建筑物确认为投资性房地产。例如，企业将其办公楼出租，同时向承租人提供维护、保安等日常辅助服务，企业应当将其确认为投资性房地产。

（二）不属于投资性房地产的项目

1. 自用房地产

自用房地产，即为生产商品、提供劳务或者经营管理而持有的房地产，包括自用建筑物（固定资产）和自用土地使用权（无形资产）。如企业的厂房和办公楼，企业生产经营用的土地使用权等。企业出租给本企业职工居住的宿舍，即使按照市场价格收取租金，也不属于投资性房地产。这部分房产间接为企业自身的生产经营服务，具有自用房地产的性质。又如企业拥有并自行经营的旅馆饭店，旅馆饭店的经营者在向顾客提供住宿服务的同时，还提供餐饮、娱乐等其他服务，其经营目的主要是通过向客户提供服务取得服务收入。因此，企业自行经营的旅馆饭店是企业的经营场所，应当属于自用房地产，不属于投资性房地产。若将其拥有的旅馆饭店部分或全部出租，且出租的部分能够单独计量和出售的，出租的部分可确认为投资性房地产。

2. 作为存货的房地产

作为存货的房地产，通常指房地产开发企业在正常生产经营过程中为销售已开发完成或正在开发的商品房和土地。已开发完成的商品房和土地在“开发产品”科目核算，正在开发的商品房和土地在“开发成本”科目核算。在资产负债表中作为存货项目列报，这部分房地产属于房地产开发企业的存货，其生产、销售构成企业的主营业务活动，产生的现金流量也与企业的其他资产密切相关。因此，具有存货性质的房地产不属于投资性房地产。

从事房地产经营开发的企业依法取得的、用于开发后出售的土地使用权，属于房地产开发企业的存货，即使房地产开发企业决定待增值后再转让其开发的土地，也不得将其确认为投资性房地产。

如果某项房地产部分用于赚取租金或资本增值、部分自用（即用于生产商品、提供劳务或经营管理），能够单独计量和出售的、用于赚取租金或资本增值的部分，应当确认为投资性房地产；不能够单独计量和出售的、用于赚取租金或资本增值的部分，不确认为投资性房地产。该项房地产自用的部分，以及不能够单独计量和出售的、用于赚取租金或资本增值的部分，应当确认为固定资产或无形资产。

第二节　投资性房地产的确认和初始计量

一、投资住房地产的确认

将某个项目确认为投资性房地产，首先应当符合投资性房地产的概念，其次要同时满足下列两个确认条件：

（1）与该投资性房地产有关的经济利益很可能流入企业，即企业能够取得与该项投资性房地产相关的租金收入或增值收益；

（2）该投资性房地产的成本能够可靠地计量。

对已出租的土地使用权、已出租的建筑物，其作为投资性房地产的确认时点一般为租赁期开始日，即土地使用权、建筑物进入出租状态、开始赚取租金的日期。但对企业持有以备经营出租的空置建筑物，董事会或类似机构作出书面决议，明确表示将其用于经营出租且持有意图短期内不再发生变化的，即使尚未签订租赁协议，也应视为投资性房地产，确认时点为企业管理当局就该事项作出正式书面决议的日期。对持有并准备增值后转让的土地使用权，其作为投资性房地产的确认时点为企业将自用土地使用权停止自用，准备增值后转让日期。

二、投资住房地产的初始计量

投资性房地产应当按照成本进行初始计量，即企业取得投资性房地产时，应当按照取得时的实际成本进行初始计量。

（一）账户设置

企业通常应当设置“投资性房地产”、“投资性房地产累计折旧（摊销）”、“投资性房地产减值准备”等账户。

1. “投资性房地产”账户

“投资性房地产”账户用来核算企业采用成本模式计量的投资性房地产的成本。采用公允价值模式计量的投资性房地产，还应当设置“成本”和“公允价值变动”进行明细核算。

“投资性房地产”账户可按投资性房地产的类别和项目进行明细核算。该账户的借方核算外购、自行建造等取得的投资性房地产，以及将自用的建筑物、作为存货的房地产转换为投资性房地产；贷方核算投资性房地产转为自用与处置投资性房地产；期末借方余额，反映企业采用成本模式计量的投资性房地产成本；企业采用公允价值模式计量的投资性房地产，反映投资性房地产的公允价值。

2. “投资性房地产累计折旧（摊销）”账户

“投资性房地产累计折旧（摊销）”账户用来核算企业计提的投资性房地产的累计折旧（摊销）。

“投资性房地产累计折旧（摊销）”账户用来贷方核算资产负债表日企业计提的投资性房地产的累计折旧或累计摊销；借方核算处置投资性房地产时结转的已计提的投资性房地产的累计折旧或累计摊销；期末余额在贷方，反映已累计计提的投资性房地产的折旧额或摊销额。

3. “投资性房地产减值准备”账户

“投资性房地产减值准备”账户用来核算企业按规定计提的投资性房地产的减值准备。

“投资性房地产减值准备”账户贷方核算资产负债表日根据资产减值准则确定的投资性房地产的减值金额；借方核算处置投资性房地产时结转的已计提的投资性房地产减值准备；期末余额在贷方，反映企业已计提但尚未转销的投资性房地产减值准备。

（二）外购的投资性房地产的确认和初始计量

企业外购的房地产，只有在购入的同时开始对外出租或用于资本增值，才能作为投资性房地产加以确认。企业购入房地产，如果自用一段时间之后再改为出租或用于资本增值的，应当先将外购的房地产确认为固定资产或无形资产，自租赁期开始或用于资本增值之日起，再从固定资产或无形资产转换为投资性房地产。

企业外购投资性房地产时，应当按照取得时的实际成本进行初始计量。取得时的实际成本，包括购买价款、相关税费和可直接归属于该投资性房地产的其他支出。采用成本模式进行后续计量的，企业应当在购入投资性房地产时，借记“投资性房地产”账户，贷记“银行存款”等账户；采用公允价值模式进行后续计量的，企业应当在购入投资性房地产时，借记“投资性房地产——成本”账户，贷记“银行存款”等账户。

【例6-1】2009年6月，甲企业计划购入一栋写字楼用于对外出租。7月15日，甲企业与乙企业签订了经营租赁合同，约定自写字楼购买日起将这栋写字楼出租给乙企业，租期3年。8月10日，甲企业实际购入写字楼，支付价款共计1 500万元。假设不考虑其他因素。

（1）若甲企业采用成本模式进行后续计量，则甲企业的账务处理如下：

借：投资性房地产——写字楼　　15 000 000

　贷：银行存款　　15 000 000

（2）若甲企业拥有的投资性房地产符合采用公允价值模式进行后续计量的条件，采用公允价值模式进行后续计量，则甲企业的账务处理如下：

借：投资性房地产——写字楼（成本）　　15 000 000

　贷：银行存款　　15 000 000

（三）自行建造的投资性房地产的确认和初始计量

企业自行建造的房地产，只有在自行建造活动完成（即达到预定可使用状态）的同时开始对外出租或用于资本增值，才能将自行建造的房地产确认为投资性房地产。企业自行建造房地产达到预定可使用状态后一段时间才对外出租或用于资本增值的，应当先将自行建造的房地产确认为固定资产、无形资产或存货，自租赁期开始日或用于资本增值之日开始，再从固定资产、无形资产或存货转换为投资性房地产。

自行建造投资性房地产，其成本由建造该项资产达到预定可使用状态前发生的必要支出构成，包括土地开发费、建筑成本、安装成本、应予资本化的借款费用、支付的其他费用和分摊的间接费用等。采用成本模式进行后续计量的，应按照确定的自行建造投资性房地产成本，借记“投资性房地产”账户，贷记“在建工程”（房地产开发企业）或“开发成本”（房地产开发企业）账户。采用公允价值模式进行后续计量的，应按照确定的自行建造投资性房地产成本，借记“投资性房地产——成本”账户，贷记“在建工程”（非房地产开发企业）或“开发成本”（房地产开发企业）账户。

【例6-2】2009年3月，甲公司从其他单位购入一块土地，并在这块土地上开始自行建造两栋写字楼。2010年10月，甲公司预计写字楼即将完工，与乙公司签订了经营租赁合同，将其中的一栋写字楼租赁给乙公司使用。租赁合同约定，该写字楼于完工时开始起租，租期3年。2010年12月5日，两栋写字楼同时完工。该块土地使用权的成本为600万元；两栋写字楼的实际造价均为500万元，能够单独出售。

假设甲公司采用成本模式进行后续计量，则甲公司的账务处理如下：

土地使用权中的对应部分同时转换为投资性房地产的价值＝300（万元）

借：固定资产——写字楼　　5 000 000

　　投资性房地产——写字楼　　5 000 000

贷：在建工程——写字楼　　10 000 000
借：投资性房地产——已出租土地使用权　　3 000 000
贷：无形资产——土地使用权　　3 000 000

假设甲公司采用公允价值模式进行后续计量，则甲公司的账务处理如下：

借：固定资产——写字楼　　5 000 000
投资性房地产——写字楼（成本）　　5 000 000
贷：在建工程——写字楼　　10 000 000
借：投资性房地产——已出租土地使用权（成本）　　3 000 000
贷：无形资产——土地使用权　　3 000 000

第三节　投资性房地产的后续计量

投资性房地产的后续计量有成本和公允价值两种模式，通常企业应当采用成本模式计量，满足特定条件时也可以采用公允价值模式计量。但是，同一企业只能采用一种模式对所有投资性房地产进行后续计量，不得同时采用两种计量模式。

一、采用成本模式进行后续计量的投资性房地产

企业通常应当采用成本模式对投资性房地产进行后续计量。采用成本模式进行后续计量的投资性房地产，应当遵循以下会计处理规定：

（1）采用成本模式计量的建筑物（房产）的后续计量按固定资产的有关规定进行后续计量，按期计提折旧，遵循当月增加当月不提折旧，当月减少当月照提折旧的原则。采用成本模式计量的土地使用权（地产）的后续计量按无形资产的有关规定进行后续计量，按月摊销，遵循当月增加当月进行摊销，当月减少不进行摊销的原则。按月计提折旧或摊销，借记“其他业务成本（或主营业务成本）”等账户，贷记“投资性房地产累计折旧（摊销）”账户。

（2）取得的租金收入，借记“银行存款（或其他应收款）”等账户，贷记“其他业务收入（或主营业务收入）”等账户。

（3）按规定缴纳的营业税（根据税法的规定，企业房地产出租、土地使用权转让、销售不动产均属于一种经营活动，其取得的房地产租金收入或土地使用权和不动产转让收入应当缴纳营业税，营业税税率为5%），借记“营业税金及附加”账户，贷记“应交税费——应交营业税”账户。

（4）投资性房地产存在减值迹象的，适用资产减值的有关规定。经减值测试后确定发生减值的，应当计提减值准备，借记“资产减值损失”账户，贷记“投资性房地产减值准备”账户。已经计提减值准备的投资性房地产，其减值损失在以后的会计期间不得转回。

【例6-3】甲公司将一栋写字楼出租给乙公司使用，已确认为投资性房地产，采用成本模式进行后续计量，假设这栋办公楼的成本为4 800万元，按照年限平均法计提折

旧，使用寿命为20年，预计净残值为零。按照经营租赁合同，乙公司每月支付甲公司租金40万元，租金收入的营业税税率为5%，不考虑其他税费。当年12月，写字楼出现减值迹象，经减值测试，其可收回金额为3 000万元，此时办公楼的账面价值为3 200万元，以前未计提减值准备。

甲公司的账务处理如下：

（1）每月计提折旧：

每月计提的折旧 =（4 800 ÷ 20）÷ 12 = 20（万元）

借：其他业务成本	200 000	
贷：投资性房地产累计折旧		200 000

（2）每月确认租金收入：

借：银行存款（或其他应收款）	400 000	
贷：其他业务收入		400 000

（3）每月应缴纳的营业税：

借：营业税金及附加	20 000	
贷：应交税费——应交营业税		20 000

（4）年末计提减值准备：

借：资产减值损失	2 000 000	
贷：投资性房地产减值准备		2 000 000

二、采用公允价值模式进行后续计量的投资性房地产

只有存在确凿证据表明投资性房地产的公允价值能够持续可靠取得的情况下，企业才可以采用公允价值模式对投资性房地产进行后续计量。企业一旦选择采用公允价值计量模式，就应当对其所有投资性房地产均采用公允价值模式进行后续计量。不得对一部分投资性房地产采用成本模式进行后续计量，对另一部分投资性房地产采用公允价值模式进行后续计量。采用公允价值模式进行后续计量的投资性房地产，应当同时满足以下两个条件：

（1）投资性房地产所在地有活跃的房地产交易市场。所在地通常是指投资性房地产所在的城市。对于大中型城市，应当为投资性房地产所在的城区。

（2）企业能够从活跃的房地产交易市场上取得同类或类似房地产的市场价格及其他相关信息，从而对投资性房地产的公允价值做出合理的估计。

同类或类似的房地产，对建筑物而言，是指所处地理位置和地理环境相同、性质相同、结构类型相同或相近、新旧程度相同或相近、可使用状况相同或相近的建筑物；对土地使用权而言，是指同一位置区域、所处地理环境相同或相近、可使用状况相同或相近的土地。投资性房地产的公允价值是指在公平交易中，熟悉情况的当事人之间自愿进行房地产交换的价格。确定投资性房地产的公允价值时，应当参照活跃市场上同类或类似房地产的现行市场价格（市场公开报价）；无法取得同类或类似房地产现行市场价格的，应当参照活跃市场上同类或类似房地产的最近交易价格，并考虑交易情况、交易日期、所在区域等因素，从而对投资性房地产的公允价值做出合理的估计；

也可以基于预计未来获得的租金收益和相关现金流量予以计量。

采用公允价值模式进行后续计量的投资性房地产，应当遵循以下会计处理原则：

（1）不对投资性房地产计提折旧或摊销。企业应当以资产负债表日投资性房地产的公允的价值为基础调整其账面价值，公允价值与原账面价值之间的差额计入当期损益。资产负债表日，投资性房地产的公允价值高于原账面价值的差额，借记“投资性房地产——公允价值变动”账户，贷记“公允价值变动损益”账户；公允价值低于原账面价值的差额，做相反的会计分录。

（2）取得的租金收入，借记“银行存款（或其他应收款）”等账户，贷记“其他业务收入（或主营业务收入）”等账户。

（3）按规定缴纳的营业税，借记“营业税金及附加”账户，贷记“应交税费——应交营业税”账户。

【例6-4】甲公司采用公允价值模式对投资性房地产进行后续计量。营业税税率为5%。有关资料如下：

（1）2006年11月10日甲公司与乙公司签订协议，将自用的办公楼出租给乙公司，租期为3年，每年租金为500万元，于年初收取，2007年1月1日为租赁期开始日，当日公允价值为900万元，2009年12月31日租赁期满。各年1月1日均收到租金。

（2）2007年12月31日该投资性房地产的公允价值为1 200万元。

（3）2008年12月31日该投资性房地产的公允价值为1 800万元。

甲公司的账务处理如下：

（1）取得的租金收入：

借：银行存款　　5 000 000

　贷：其他业务收入　　5 000 000

（2）按规定缴纳的营业税：

借：营业税金及附加　　250 000

　贷：应交税费——应交营业税　　250 000

（3）2007年12月31日调整投资性房地产的公允价值：

借：投资性房地产——办公楼（公允价值变动）　　3 000 000

　贷：公允价值变动损益　　3 000 000

（4）2008年12月31日调整投资性房地产公允价值：

借：投资性房地产——办公楼（公允价值变动）　　6 000 000

　贷：公允价值变动损益　　6 000 000

三、投资性房地产后续计量模式的变更

企业对投资性房地产的计量模式一经确定，不得随意变更。只有在房地产市场比较成熟、能够满足采用公允价值模式条件的情况下，企业才能将投资性房地产的后续计量模式从成本模式变更为公允价值模式。成本模式变更为公允价值模式的，应当作为会计政策变更处理，将计量模式变更时公允价值与账面价值的差额，调整期初留存收益（未分配利润和盈余公积）。已采用公允价值模式计量的投资性房地产，不得从公

允价值模式转为成本模式。

第四节 投资性房地产的处置

一、投资性房地产的转换

（一）房地产的转换形式及转换日

房地产的转换，实质上是房地产用途的变更而对房地产进行的重新分类。企业有确凿证据表明房地产用途发生改变，满足下列条件之一的，应当将投资性房地产转换为其他资产或者将其他资产转换为投资性房地产：

1. 投资性房地产开始自用

投资性房地产开始自用，即将投资性房地产转为自用房地产。在这种情况下，转换日是指房地产达到自用状态，企业开始将房地产用于生产商品、提供劳务或者经营管理的日期。

2. 作为存货的房地产改为出租

作为存货的房地产改为出租通常是指房地产开发企业将其持有的开发产品以经营租赁的方式出租，存货相应地转换为投资性房地产。在此种情况下，转换日为房地产的租赁期开始日。

3. 自用建筑物或土地使用权停止自用改为出租

自用建筑物或土地使用权停止自用改为出租，即企业将原本用于生产商品、提供劳务或者经营管理的房地产改用于出租，固定资产或土地使用权相应地转换为投资性房地产。在此种情况下，转换日为租赁期开始日。

4. 自用土地使用权停止自用，改用于赚取租金或资本增值

自用土地使用权停止自用，改用于赚取租金或资本增值，即企业将原本用于生产商品、提供劳务或者经营管理的土地使用权改用于赚取租金或资本增值，该土地的使用权相应地由无形资产转换为投资性房地产。在此种情况下，转换日为自用土地使用权停止自用后。确定用于赚取租金或资本增值的日期。

（二）投资性房地产转换的会计处理

1. 成本模式下的转换

（1）投资性房地产转换为自用房地产。企业将采用成本模式计量的投资性房地产转换为自用房地产时，应当按该项投资性房地产在转换日的账面余额、累计折旧、减值准备等，分别转入“固定资产”、“无形资产”、“累计折旧”、“累计摊销”、“固定资产减值准备”、“无形资产减值准备”等账户；按其账面余额，借记“固定资产”或“无形资产”账户，贷记“投资性房地产”账户；按已计提的折旧或摊销，借记“投资性房地产累计折旧（摊销）”账户，贷记“累计折旧”或“累计摊销”账户；原已计提减值准备的，借记“投资性房地产减值准备”账户，贷记“固定资产减值准备”

或“无形资产减值准备”账户。

【例6-5】2010年5月30日，租赁期满，甲公司将出租在外的厂房收回，公司董事会就将该厂房用于本公司生产产品形成了书面决议，2010年6月1日开始用于本公司生产产品。该项房地产在转换前采用成本模式计量，2010年5月31日，账面价值500万，其中，原价800万元，累计已提折旧200万元，累计已提减值准备100万元。

甲公司的账务处理如下：

2010年6月1日：

借：固定资产——厂房	8 000 000	
投资性房地产累计折旧	2 000 000	
投资性房地产减值准备	1 000 000	
贷：投资性房地产——厂房		8 000 000
累计折旧		2 000 000
固定资产减值准备		1 000 000

（2）投资性房地产转换为存货。企业将采用成本模式计量的投资性房地产转换为存货时，应当按照该项房地产在转换日的账面价值，借记“开发产品”账户，按照已计提的折旧或摊销，借记“投资性房地产累计折旧（摊销）”账户，原已计提减值准备的，借记“投资性房地产减值准备”账户，按其账面余额，贷记“投资性房地产”账户。

【例6-6】甲公司为房地产开发企业并采用成本模式计量投资性房地产。2009年12月31日对外出租的房地产租赁期届满，企业董事会作出书面决议，将该房地产重新开发用于对外销售，从投资性房地产转换为存货。2009年12月31日转换日该房地产的公允价值为2 000万元，转换日“投资性房地产”账户余额为2 300万元，“投资性房地产累计折旧”账户余额为200万元，“投资性房地产减值准备”账户余额为300万元。

甲公司的账务处理如下：

借：开发产品	18 000 000	
投资性房地产累计折旧	2 000 000	
投资性房地产减值准备	3 000 000	
贷：投资住房地产		23 000 000

（3）自用房地产转换为投资性房地产。企业将自用土地使用权或建筑物转换为采用成本模式计量的投资性房地产时，应当按该项建筑物或土地使用权在转换日的原价、累计折旧、减值准备等，分别转入“投资性房地产”、“投资性房地产累计折旧（摊销）”、“投资性房地产减值准备”账户；按其账面余额，借记“投资性房地产”账户，贷记“固定资产”或“无形资产”账户；按已计提的折旧或摊销，借记“累计折旧”或“累计摊销”账户，贷记“投资性房地产累计折旧（摊销）”账户；原已计提减值准备的，借记“固定资产减值准备”或“无形资产减值准备”账户，贷记“投资性房地产减值准备”账户。

【例6-7】甲企业拥有一栋办公楼，用于本企业总部办公。2008年4月15日，甲企业与乙企业签订了经营租赁协议，将这栋办公楼整体出租给乙企业使用，租赁期开始以日为2008年5月10日，为期5年。2008年5月10日，这栋办公楼的账面余额为48 000万元，已计提折旧270万元。甲企业采用成本模式计量投资性房地产。

甲企业的账务处理如下：

借：投资性房地产——办公楼　　480 000 000

　　累计折旧　　2 700 000

　贷：固定资产　　480 000 000

　　　投资性房地产累计折旧　　2 700 000

（4）作为存货的房地产转换为投资性房地产。企业将作为存货的房地产转换为采用成本模式计量的投资性房地产时，应当按该项存货在转换日的账面价值，借记“投资性房地产”账户，原已计提跌价准备的，借记“存货跌价准备”，按其账面余额，贷记“开发产品”等账户。

【例6－8】甲企业是从事房地产开发业务的企业，2007年3月10日，甲企业与乙企业签订了租赁协议，将其开发的一栋写字楼出租给乙企业使用，租赁期开始日为2007年4月15日。2007年4月15日，该写字楼的账面余额55 000万元，已计提存货跌价准备5 000万元。甲企业采用成本模式计量投资性房地产。

甲企业的账务处理如下：

借：投资性房地产——写字楼　　500 000 000

　　存货跌价准备　　50 000 000

　贷：开发产品　　550 000 000

2. 公允价值模式下的转换

（1）投资性房地产转换为自用房地产。企业将采用公允价值模式计量的投资性房地产转换为自用房地产时，应当以其转换当日的公允价值作为自用房地产的账面价值，公允价值与原账面价值的差额计入当期损益。转换日按该项投资性房地产的公允价值，借记“固定资产”或“无形资产”账户，按该项投资性房地产的成本，贷记“投资性房地产——成本”账户，按该项投资性房地产的累计公允价值变动，贷记或借记“投资性房地产——公允价值变动”账户，按其差额，贷记或借记“公允价值变动损益”账户。

【例6－9】2008年10月15日，甲企业因租赁期满，将出租的写字楼收回，准备作为办公楼用于本企业的行政管理。2008年12月1日，该写字楼正式开始自用，相应地由投资性房地产转换为自用房地产，当日的公允价值为5 000万元。该项房地产在转换前采用公允价值模式计量，原账面价值为4 850万元，其中，成本为4 500万元，公允价值变动为增值350万元。

甲企业的账务处理如下：

借：固定资产　　50 000 000

　贷：投资性房地产——写字楼（成本）　　45 000 000

　　　　　　　　　——写字楼（公允价值变动）　　3 500 000

　　　公允价值变动损益　　1 500 000

（2）投资性房地产转换为存货。企业将采用公允价值模式计量的投资性房地产转换为存货时，应当以其转换当日的公允价值作为存货的账面价值，公允价值与原账面价值的差额计入当期损益。转换日，按该项投资性房地产的公允价值，借记“开发产品”账户，按该项投资性房地产的成本，贷记“投资性房地产——成本”账户；按该项投资性房地产的累计公允价值变动，贷记或借记“投资性房地产——公允价值变动”账户；按其差额，贷记或借记“公允价值变动损益”账户。

【例6－10】房地产开发企业甲将其开发的部分写字楼用于对外经营租赁。2008年10月15日，因租赁期满，甲企业将出租的写字楼收回，并作出书面决议，将该写字楼重新开发用于对外销售，即由投资性房地产转换为存货，当日的公允价值为5 800万元。该项房地产在转换算采用公允价值模式计量，原账面价值为5 600万元，其中，成本为5 000万元，公允价值变动为增值600万元。

甲企业的账务处理如下：

借：开发产品	58 000 000	
贷：投资性房地产——写字楼（成本）		50 000 000
——写字楼（公允价值变动）		6 000 000
公允价值变动损益		2 000 000

（3）自用房地产转换为投资性房地产。企业将自用土地使用权或建筑物转换为采用公允价值模式计量的投资性房地产时，应当按该项土地使用权或建筑物在转换回的公允价值，借记“投资性房地产——成本”账户，按已计提的累计摊销或累计折旧，借记“累计摊销”或“累计折旧”账户，原已计提减值准备的，借记“无形资产减值准备”或“固定资产减值准备”账户，按其账面余额，贷记“无形资产”或“固定资产”账户；同时，转换日的公允价值小于账面价值的，按其差额，借记“公允价值变动损益”账户，转换日的公允价值大于账面价值的，按其差额，贷记“资本公积——其他资本公积”账户。待该项投资性房地产处置时，因转换计入资本公积的部分应转入当期损益（其他业务成本）。

【例6－11】2007年6月，甲企业打算搬迁至新建办公楼，由于原办公楼处于商业繁华地段，甲企业准备将其出租，以赚取租金收入。2007年10月30日，甲企业完成了搬迁。作为投资性房地产原办公楼停止自用。2007年12月，甲企业与乙企业签订了租赁协议，将其原办公楼租赁给乙企业使用，租赁期开始日为2008年1月1日，租赁期限为3年。原来价值为50 000万元，已提折旧20 000万元，假设甲企业对投资性房地产采用公允价值模式计量。

2008年1月1日，若该办公楼的公允价值为35 000万元，甲企业的账务处理如下：

借：投资性房地产——办公楼（成本）	350 000 000	
累计折旧	200 000 000	
贷：固定资产		500 000 000
资本公积——其他资本公积		50 000 000

2008年3月1日，若该办公楼的公允价值为28 000万元，甲企业的账务处理如下：

借：投资性房地产——办公楼（成本）　　280 000 000

　　累计折旧　　200 000 000

　　公允价值变动损益　　20 000 000

　贷：固定资产　　500 000 000

（4）作为存货的房地产转换为投资性房地产。企业将作为存货的房地产转换为采用公允价值模式计量的投资性房地产时，应当按该项房地产在转换日的公允价值，借记“投资性房地产——成本”账户，原已计提跌价准备的，借记“存货跌价准备”账户，按其账面余额，贷记“开发产品”等账户；同时，转换日的公允价值小于账面价值的，按其差额，借记“公允价值变动损益”账户，转换日的公允价值大于账面价值的，按其差额，贷记“资本公积——其他资本公积”账户。待该项投资性房地产处置时，因转换计入资本公积的部分应转入当期损益（其他业务成本）。

【例6－12】2009年4月15日，甲房地产开发公司董事会形成书面决议，将其开发的一栋写字楼用于出租。甲公司连与乙公司签订了租赁协议，租赁期开始日为2009年5月1日，租赁期为5年。2009年5月1日，该写字楼的账面余额为40 000万元，未计提存货跌价准备。甲公司对投资性房地产采用公允价值模式计量。

2009年5月1日，若该写字楼的公允价值为43 000万元，账务处理如下：

借：投资性房地产——写字楼（成本）　　430 000 000

　贷：开发产品　　400 000 000

　　　资本公积——其他资本公积　　30 000 000

2009年5月1日，若该写字楼的公允价值为38 000万元，账务处理如下：

借：投资性房地产——写字楼（成本）　　380 000 000

　　公允价值变动损益　　20 000 000

　贷：开发产品　　400 000 000

二、投资性房地产的处置

当投资性房地产被处置或者永久退出使用且预计不能从其处置中取得经济利益时，应当终止确认该项投资性房地产。企业出售、转让、报废投资性房地产或者发生投资性房地产毁损，应当将处置收入扣除其账面价值和相关税费后的金额计入当期损益。

（一）采用成本模式计量的投资性房地产的处置

对于采用成本模式计量的投资性房地产在处置时，应当按实际收到的金额，借记“银行存款”等账户，贷记“其他业务收入”账户。按该项投资性房地产的累计折旧或累计摊销，借记“投资性房地产累计折旧（摊销）”账户，按该项投资性房地产的账面余额，贷记“投资性房地产”账户，按其差额，借记“其他业务成本”账户。已计提减值准备的，还应同时结转减值准备。

【例6－13】甲公司于2008年3月1日将其租赁期已满的厂房出售，取得款项4 000万元。出售时，该厂房的原值为4 500万元，已提折旧1 800万元。

甲公司的账务处理如下：

借：银行存款　　40 000 000

　贷：其他业务收入　　40 000 000

借：其他业务成本　　27 000 000

　　投资性房地产累计折旧（摊销）　　18 000 000

　贷：投资性房地产　　45 000 000

（二）采用公允价值模式计量的投资性房地产的处置

对于采用公允价值模式计量的投资性房地产在处置时，应按实际收到的金额，借记“银行存款”等账户，贷记“其他业务收入”账户。按该项投资性房地产的账面余额，借记“其他业务成本”账户，贷记“投资性房地产（成本）”账户，贷记或借记“投资性房地产（公允价值变动）”账户；同时，按该项投资性房地产的公允价值变动，借记或贷记“公允价值变动损益”账户，贷记或借记“其他业务成本”账户。按该项投资性房地产在转换日记入资本公积的金额，借记“资本公积——其他资本公积”账户，贷记“其他业务成本”账户。

【例6－14】甲公司将其出租的一栋写字楼确认为投资性房地产。租赁期满后，甲公司将该栋写字楼出售给乙公司，合同价款为30 000万元，乙公司已用银行存款付清。

（1）假设这栋写字楼原采用成本模式计量。出售时，该栋写字楼的成本为25 000万元，已计提折旧2 000万元。

甲公司的账务处理如下：

借：银行存款　　300 000 000

　贷：其他业务收入　　300 000 000

借：其他业务成本　　230 000 000

　　投资性房地产累计折旧（摊销）　　20 000 000

　贷：投资性房地产——××写字楼　　250 000 000

（2）假设这栋写字楼原采用公允价值模式计量。出售时，该栋写字楼的成本为22 000万元，公允价值变动为借方余额3 000万元。

甲公司的账务处理如下：

借：银行存款　　300 000 000

　贷：其他业务收入　　300 000 000

借：其他业务成本　　250 000 000

　贷：投资性房地产——××写字楼（成本）　　220 000 000

　　　　　　　　——××写字楼（公允价值变动）　　30 000 000

同时，将投资性房地产累计公允价值变动转入其他业务收入：

借：公允价值变动损益　　30 000 000

　贷：其他业务成本　　30 000 000

【本章小结】

1. 投资性房地产是指为赚取租金或资本增值，或者两者兼有而持有的房地产。投资性房地产主要包括已出租的土地使用权、持有并准备增值后转让的土地使用权、已出租的建筑物，投资性房地产应当能够单独计量和出售。

2. 通过本章的学习，了解投资性房地产的特征、范围；熟悉投资性房地产的确认条件；掌握投资性房地产的初始计量和后续计量；熟悉投资性房地产转换的核算；掌握投资性房地产处置的核算。

【复习与思考】

1. 投资性房地产的初始计量应遵循什么原则？
2. 投资性房地产采用公允价值计量的条件是什么？
3. 在不同的后续计量模式下，投资性房地产转换和处置的账务处理有何不同？

第七章 无形资产及其他资产

【目的与要求】

明确无形资产及其他资产的基本概念、特征与内容；
熟悉无形资产及其他资产确认、计量标准；
掌握无形资产取得、摊销和减值的核算；
掌握长期待摊费用和长期应收款的账务处理。

【主要内容】

无形资产概念、特征、内容；
无形资产的确认标准；
不同来源的无形资产取得的账务核算；
无形资产期末摊销的账务核算；
无形资产减值的账务核算；
其他长期资产概念、内容和账务处理。

【考核重点】

无形资产概念、特征、内容；外购无形资产的核算；内部研究开发取得无形资产的核算；无形资产的摊销和减值；无形资产的处置。

第一节 无形资产

一、无形资产概述

（一）无形资产的概念

无形资产是指企业为生产商品、提供劳务、出租或经营管理而持有的、没有实物形态的可辨认非货币性长期资产。

（二）无形资产的确认

无形资产的确认要符合以下条件：
（1）符合无形资产的定义；
（2）产生的经济利益很可能流入企业；

(3) 成本能够可靠地计量。

(三) 无形资产的内容

无形资产主要包括专利权、非专利技术、商标权、著作权、土地使用权和特许权等。

1. 专利权

专利权是指国家专利主管机关依法授予发明创造专利申请人对其发明创造在法定期限内所享有的专利权利，包括发明专利权、实用型专利权和外观设计专利权。

2. 非专利技术

非专利技术即专有技术，是指先进的、未公开的、未申请专利、可以带来经济效益的技术及诀窍，包括工业专有技术、商业（贸易）专有技术和管理专有技术等。

企业的非专利技术如果是企业自己开发研究的，应将符合《企业会计准则第6号——无形资产》规定的开发支出资本化条件的，确认为无形资产；如果是从外部购入的非专利技术，应将实际发生的支出予以资本化，作为无形资产入账。

3. 商标权

商标是用来辨认特定商品或劳务的标记。商标权是指专门在某类制定的商品或产品上使用特定的名称或图案的权利。

商标权经过注册登记，就获得法律保护。商标权包括独占使用权和禁止使用权两个方面。

4. 著作权

著作权即版权，是指作者对其创作的文学、科学和艺术作品依法享有的某些特殊权利。著作权包括两方面的权利，即精神权利（人身权利）和经济权利（财产权利）。前者包括发表权、署名权、修改权和保护作品完整权；后者是指以出版、表演、广播、展览、录制唱片、摄制影片等方式使用作品以及因授权他人使用作品而获取经济利益的权利。

5. 土地使用权

土地使用权是指国家准许某一企业或单位在一定期间内对国有土地享有开发、利用、经营的权利。根据《中华人民共和国土地管理法》规定，我国土地实行公有制，任何单位和个人不得侵占、买卖或以其他形式非法转让。企业获取土地使用权的方式大致有以下几种：行政划拨取得、外购取得、投资者投入取得等。

6. 特许权

特许权，又称经营特许权、专营权，是指企业在某一地区经营或销售某种特定商品的权利或是一家企业接受另一家企业使用其商标、商号、技术秘密等的权利。前者一般由政府机构授权，准许企业使用或在一定地区享有经营某种业务的特权，如烟草专卖权；后者是指企业间依照签订的合同，有限期或无限期使用另一家企业的某些权利，如连锁分店使用总店的名称等。

(四) 无形资产的特征

无形资产具有以下五个特征：

1. 无形资产不具有实物形态

无形资产通常表现为某种权利、某种技术或某种获取超额利润的综合能力，不能直接通过感官感知。

2. 无形资产具有可辨认性

满足下列条件之一，符合无形资产可辨认标准：

（1）能够从企业中分离或者划分出来，并能够单独或与相关合同、资产或负债一起，用于出售、转移、授予许可、租赁或交换。

（2）源自合同性权利或其他法定权利，不论这些权利是否可以从企业或者其他权利和义务中转移或分离。

3. 无形资产属于非货币性长期资产

4. 持有无形资产的目的是为了使用、受益而非转卖

企业持有无形资产的目的不是为了出售而是为了生产经营，即利用无形资产来生产商品、提供劳务、出租给他人或经营管理服务。例如，软件公司开发的、用于对外销售的计算机软件，对于购买方是无形资产，对于开发商而言是存货。

5. 所带来未来经济利益具有较人不确定性

无形资产必须与企业的其他资产结合，才能为企业创造经济利益。这里所指的“其他资产”包括：足够的人力资源、高素质的管理队伍、相关的硬件设备、相关的原材料等。

二、无形资产的核算

企业应当设置“无形资产”、“累计摊销”等账户，用来核算无形资产的取得、摊销和处置等情况的会计核算。

“无形资产”账户用来核算企业持有的无形资产的成本用来借方登记取得无形资产的成本，贷方登记出售无形资产转出的无形资产的账面余额，期末为借方余额，反映企业无形资产的成本。按无形资产项目设置明细科目，进行明细核算。

“累计摊销”账户是“无形资产”账户的备抵调整账户，用来核算企业对使用寿命有限的无形资产计提的累计摊销。其贷方登记企业计提的无形资产摊销，借方登记处置无形资产转出的累计摊销，期末贷方余额，反映企业无形资产的累计摊销额。

此外，企业无形资产发生减值的，还应设置“无形资产减值准备”账户。

（一）无形资产的取得

1. 外购无形资产

外购的无形资产，其成本包括购买价格、相关税费以及直接归属于使该项资产达到预定用途所发生的其他支出，如测试费等。

下列各项不包括在无形资产的初始成本中：

（1）为引入新产品进行宣传发生的广告费、管理费用及其他间接费用。

（2）无形资产已经达到预定用途以后所发生的费用。

外购的无形资产，应按其取得成本进行初始计量，借记“无形资产”账户，贷记

有关账户；如果购入的无形资产超过正常信用条件延期支付款项，实质上具有融资性质的，应该按所取得无形资产购买价款的现值计量借记“无形资产”账户，按照应支付金额贷记“长期应付款”账户，按其差额，借记“未确认融资费用”账户。

【例7-1】甲公司以银行存款500 000元购买一项发明专利，价款已由银行存款支付。会计分录如下：

借：无形资产——专利权　　500 000

　贷：银行存款　　500 000

2. 自行研究开发无形资产

（1）研究阶段和开发阶段。

研究阶段是指为获取新的技术和知识等进行的有计划的调查。其特点是本阶段是探索性的，为进一步的开发活动进行资料及相关方面的准备，将来是否会转入开发、开发后是否会形成无形资产等具有很大的不确定性。

开发阶段是指在进行商业性生产或使用前，将研究成果或其他知识应用于某项计划或设计，以生产出新的或具有实质性改进的材料、装置、产品等。其特点是完成研究阶段的工作，在很大程度上形成一项新产品或新技术的基本条件已经具备。

（2）账务处理。

① 研发阶段支出原则。总的原则是：研究阶段支出应全部费用化；开发阶段支出符合资本化条件的转为无形资产，不符合资本化条件的转入管理费用；研发阶段无法明确分配的，应当计入当期损益。

② 会计分录。企业自行开发无形资产发生的研发支出，对于不满足资本化条件的，应当借记“研发支出——费用化支出”科目，满足资本化条件的，借记“研发支出——资本化支出”科目，贷记“原材料”、“银行存款”、“应付职工薪酬”等科目。

研究开发项目达到预定用途形成无形资产时，借记“无形资产”科目，贷记“研发支出——资本化支出”科目。

期末，企业应将本科目归集的费用化支出金额转入“管理费用”科目，借记“管理费用”科目，贷记“研发支出——费用化支出”。

本科目的期末借方余额，反映企业正在进行中的研究开发项目中满足资本化条件的支出。

【例7-2】2010年3月1日，甲公司经批准研发某项新产品专利技术。该公司认为，一旦研发成功将有效降低公司生产产品的成本。该公司在研究开发过程中发生材料费500万元，人工费100万元，以及其他费用400万元，总计1 000万元，其中符合资本化条件的支出为600万元，2010年12月10日，该项专利技术已经达到预定用途。

发生研发支出：

借：研发支出——费用化支出　　4 000 000

　　　　　　——资本化支出　　6 000 000

　贷：原材料　　5 000 000

　　　应付职工薪酬　　1 000 000

　　　银行存款　　4 000 000

该项专利达到预定用途（2010 年 12 月 10 日）：

借：无形资产　6 000 000

　贷：研发支出——资本化支出　6 000 000

期末（2010 年 12 月 31 日）：

借：管理费用　4 000 000

　贷：研发支出——费用化支出　4 000 000

3. 投资者投入的无形资产

投资者投入的无形资产成本，应当按照投资合同或协议约定的价值确定无形资产的确认成本。如果投资合同或者协议约定价值不公允的，应当按照无形资产的公允价值作为无形资产的初始成本入账。

【例 7－3】A 公司与甲公司协商，甲公司以其商标投资于 A 公司，双方协议价格 200 万元（等于公允价值），A 公司另外支付印花税等相关税费 1 万元。款项通过银行转账。A 公司应做会计分录如下：

借：无形资产——商标权　2 010 000

　贷：实收资本（或股本）　2 000 000

　　银行存款　10 000

4. 接受捐赠取得无形资产

（1）捐赠方提供了有关凭据的，按凭据上表明的金额加上应支付的相关税费确定。

【例 7－4】甲公司接受外单位捐赠一套软件，根据捐赠方提供的相关凭据得知，软件价款为 30 万元；在接受捐赠过程中，以银行存款支付相关税费合计 1 万元。甲公司应做会计分录如下：

借：无形资产　310 000

　贷：营业外收入　300 000

　　银行存款　10 000

（2）捐赠方没有提供有关凭据的，按如下顺序确定：

①同类或类似无形资产存在活跃市场的，应参照同类或类似无形资产的市场价格估计的金额，加上应支付的相关税费确定；

②没有活跃市场的，按照受赠无形资产的预计未来现金流量现值确定。

（二）无形资产的摊销

1. 无形资产摊销范围

企业应当于取得无形资产时分析判断其使用寿命。使用寿命有限的无形资产应进行摊销，使用寿命不确定的无形资产不应摊销。对于使用寿命有限的无形资产应当自可供使用当月起开始摊销，处置当月不再摊销。

2. 无形资产的应摊销金额、摊销期和摊销方法

使用寿命有限的无形资产，其残值一般情况应视为零。但下列两种情况除外：

（1）有第三方承诺在无形资产使用寿命结束时购买该无形资产；

（2）可以根据活跃市场得到预计残值信息，并且该市场在无形资产使用寿命结束

时很可能存在。

无形资产应摊销金额是指无形资产的成本扣除预计残值后的金额。已计提减值准备的无形资产，还应扣除已计提的无形资产减值准备累计金额。

无形资产摊销方法包括直线法、生产总量法等。企业选择的无形资产摊销方法，应当反映与该项无形资产有关的经济利益的预期实现方式。无法可靠确定预期实现方式的，应当按照直线法摊销。

3. 无形资产摊销账务处理

企业应按月对无形资产摊销。企业无形资产的摊销额一般应计入当期损益。企业自用的无形资产，其摊销金额计入管理费用；出租的无形资产，其摊销金额计入其他业务成本；某项无形资产包含的经济利益通过所生产的产品或其他资产实现的，其摊销额计入相关资产成本。

【例7－5】甲企业购买一项商标权，成本为3 600 000元，合同规定该商标权的使用寿命为10年。该企业无形资产摊销采用直线法，则每月应摊销30 000元(3 600 000÷10÷12)。每月摊销时甲企业应做会计分录如下：

借：管理费用	30 000	
贷：累计摊销		30 000

(三) 无形资产的处置

企业处置无形资产，应将取得的价款扣除该无形资产账面价值以及出售相关税费后的差额计入“营业外收入——处置非流动资产利得”或“营业外支出——处置无形资产损失”。

【例7－6】甲企业出售一项5年前取得的专利权。该专利权取得时的成本为200 000元，按10年摊销，出售时取得收入140 000元，款项已收存入银行，营业税税率为5%。不考虑城市维护建设税和教育费附加，则企业出售无形资产时应做会计分录如下：

借：银行存款	140 000	
累计摊销	100 000	
贷：无形资产——专利权		200 000
应交税费——应交营业税		7 000
营业外收入——处置非流动资产利得		33 000

(四) 无形资产的减值

1. 无形资产减值金额的确定

无形资产在资产负债表日存在可能发生减值的迹象时，其可收回金额低于账面价值的，企业应当将该无形资产的账面价值减记至可收回金额，减记的金额确认为减值损失，计入当期损益，同时计提相应的资产减值准备。

2. 无形资产减值的账务处理

企业计提无形资产减值准备时，应做如下会计分录：

借：资产减值损失——计提的无形资产减值准备

贷：无形资产减值准备

无形资产减值损失一经确定，在以后的会计期间内不得转回。

第二节　其他资产

一、其他资产概述

其他资产是指除货币资金、交易性金融资产、应收及预付账款、存货、长期股权投资、固定资产、无形资产以外的资产，如长期待摊费用、长期应收款等。

二、长期待摊费用

(一) 长期待摊费用的含义和内容

长期待摊费用是指企业已经支出，但收益期超过一年、需要在收益期内进行摊销的各项费用。长期待摊费用包括：开办费、租入固定资产改良支出、大额股票发行费 、预付一年以上的租金、摊销期在一年以上的低值易耗品领用等。

(二) 长期待摊费用的账务处理

企业应设置“长期待摊费用”科目，用来核算长期待摊费用的发生、摊销和结存情况。“长期待摊费用”科目的期末借方余额，反映企业尚未摊销完毕的长期待摊费用。“长期待摊费用”科目可按费用项目进行明细核算。

企业发生的长期待摊费用，借记“长期待摊费用”科目，贷记“原材料”、“银行存款”等科目；企业摊销长期待摊费用时，借记“管理费用”、“销售费用”等科目，贷记“长期待摊费用”科目。

【例7-7】2011年3月1日，A公司对租入的办公用房进行改造，领用原材料60 000元，应负担工资支出8 000元，以银行存款支付其他费用4 000元。假设租赁期两年后终止，租赁资产尚可使用年限10年，故租入的房屋改造支出应在2年内摊销。A公司应做会计分录如下：

(1) 发生费用时：

借：长期待摊费用——租入固定资产改良支出	72 000	
贷：原材料		60 000
应付职工薪酬		8 000
银行存款		4 000

(2) 投入使用开始摊销，按月摊销时：

借：管理费用	3 000	
贷：长期待摊费用——租入固定资产改良支出		3 000

租入固定资产改良支出应当在租赁期与租赁资产尚可使用年限两者孰短的期限内平均摊销。

三、长期应收款

长期应收款指的是企业融资租赁产生的应收款项和采用递延方式分期收款、实质上具有融资性质的销售商品和提供劳务等经营活动产生的应收款项。

企业应设置“长期应收款”科目，用来核算企业融资租赁产生的应收款项和采用递延方式分期收款、实质上具有融资性质的销售商品和提供劳务等经营活动产生的应收款项。“长期应收款”科目可按债务人进行明细核算。“长期应收款”科目的期末借方余额，反映企业尚未收回的长期应收款。

长期应收款发生时，按实际成本计量。在期末，企业应按资产减值准则进行测试，计提减值准备，在资产负债表中按其可收回金额列报。

四、其他长期资产

其他长期资产一般不参加企业的正常经营活动，也不需要进行摊销，而且不是所有企业都拥有这类资产。如经国家批准储备的特种物资、银行冻结存款及临时涉及诉讼中的财产等。

其他长期资产的期末余额，应在资产负债表的“其他长期资产”项目下列示。如果该价值较大，应在会计报表中披露其内容和金额。

【本章小结】

1. 无形资产是指企业为生产商品、提供劳务、出租或经营管理而持有的、没有实物形态的可辨认非货币性长期资产。无形资产主要包括专利权、非专利技术、商标权、著作权、土地使用权和特许权等。无形资产有非实物形态性、可辨认性、非货币性长期资产性和所带来未来经济利益较大不确定性四项特征。

2. 企业应当设置“无形资产”、“累计摊销”等账户，核算无形资产的取得、摊销和处置等情况的会计核算。无形资产取得核算主要包括：外购无形资产、自行研究开发无形资产、投资者投入的无形资产、接受捐赠取得无形资产等核算。

3. 无形资产摊销包括摊销金额、摊销期、摊销方法和摊销的账务处理。

4. 无形资产期末减值，应当计提减值准备，记入无形资产减值损失。

5. 其他资产是指除货币资金、交易性金融资产、应收及预付账款、存货、长期股权投资、固定资产、无形资产以外的资产，如长期待摊费用、长期应收款等。

【复习与思考】

1. 无形资产的主要有哪些内容？

2. 无形资产特征主要是什么？

3. 自行研发无形资产的账务处理。

第八章 流动负债

【目的与要求】

理解负债的含义、特征、种类；
熟悉应付账款、预收账款和其他应付款的核算；
掌握短期借款的核算；
掌握应付票据的核算；
掌握应付职工薪酬的核算
掌握应交增值税、应交消费税、应交营业税和其他应交税费的核算。

【主要内容】

短期借款的核算；
应付账款、预收账款和应付票据的核算；
应付职工薪酬的核算；
应交增值税、应交消费税、应交营业税的核算；
应付股利和其他应付款核算。

【考核重点】

应付账款核算；应付票据核算；应付职工薪酬核算；应交增值税、应交消费税和应交营业税的核算。

第一节 负债概述

一、负债的含义和特征

（一）负债的含义

负债是指过去的交易、事项形成的现时义务，履行该义务预期会导致经济利益流出企业。企业的负债，实质上是债权人对企业资产提出的一种索取权。

（二）负债的特征

负债具有以下几个方面的特征：

（1）负债是企业承担的现时义务；

（2）清偿负债会导致企业未来经济利益的流出；

（3）负债是企业过去的交易、事项的一种后果。

二、负债的确认和分类

（一）负债的确认

符合负债定义和负债确认条件的项目应当列入资产负债表；符合负债定义，但不符合确认条件的项目，不应当列入资产负债表。

作为企业的负债，应同时满足以下条件：

（1）与该义务有关的经济利益很可能流出企业；

（2）未来流出的经济利益的金额能够可靠计量。

（二）负债的分类

1. 流动负债和非流动负债

负债一般按照其偿还时间的长短，可分为流动负债和长期负债两类。

（1）流动负债是指将在一年（含一年）或超过一年的一个营业周期内偿还的债务，主要包括短期借款、应付票据、应付账款、预收账款、应付职工薪酬、应交税费、应付股利、应付利息和其他应付款等。

（2）长期负债是指偿还期在一年或超过一年的一个营业周期以上的债务，主要包括长期借款、应付债券、长期应付款等。

2. 货币性负债和非货币性负债

负债按其偿还方式不同，可分为货币性负债和非货币性负债。

（1）货币性负债是指企业以货币偿还的债务，如应交税费。

（2）非货币性负债是指企业以实物资产或提供劳务偿还债务，如预收账款。

第二节　短期借款

一、短期借款概念

短期借款是指企业为了满足正常生产经营的需要，向银行或其他金融机构等借入的期限在一年以内（含一年）的各种借款。

二、短期借款的核算

（一）短期借款的取得

企业应设置“短期借款”账户，用来核算短期借款本金数额的增加和减少。本账户的贷方余额，反映企业尚未归还的短期借款。企业取得短期借款时，借记“银行存款”账户，贷记“短期借款”账户。

【例 8-1】A 企业于 2010 年 1 月 1 日向工商银行借入一笔生产经营用短期借款

100 000元，期限为6个月，年利率6%。

取得借款时的会计分录为：

借：银行存款　　100 000

　贷：短期借款　　100 000

（二）短期借款的计息

在实际工作中，银行一般于每季度末收取短期借款利息。为此，企业的短期借款利息一般采用月末预提的方式进行核算。短期借款利息属于筹资费用，应当计入“财务费用”账户。企业应当在期末按照计算确定的短期借款利息费用，借记“财务费用”账户，贷记“应付利息”账户；实际支付利息时，借记“应付利息”账户，贷记“银行存款”账户。

【例8-2】依据【例8-1】的资料，A企业按季度支付利息。核算A企业1月份、2月份、3月份的借款利息。

（1）1月份预提财务费用500元（100 000×6%÷12）时：

借：财务费用　　500

　贷：应付利息　　500

（2）2月份预提财务费用的处理与1月份相同。

（3）3月份结算本季度利息时：

借：财务费用　　500

　　应付利息　　1 000

　贷：银行存款　　1 500

（三）短期借款的偿还

企业短期借款到期偿还本金的时，借记“短期借款”账户，贷记“银行存款”等账户。

【例8-3】承【例8-2】2010年6月30日，A企业归还借款本金和本季度利息（4月份和5月份利息已经预提利息费用）。

借：短期借款　　100 000

　　应付利息　　1 000

　　财务费用　　500

　贷：银行存款　　101 500

第三节　应付票据

一、应付票据概述

应付票据是指企业购买材料、商品或接受劳务供应等而由出票人出票，委托付款人在指定日期无条件支付确定的金额给收款人或者持票人的商业汇票，包括商业承兑汇票和银行承兑汇票。企业应当设置“应付票据备查簿”，用来详细登记商业汇票的种类、号数和出票日期、到期日、票面金额、交易合同号和收款人姓名或单位名称以及付款日期和金额等资料。应付票据到期结清时，应当在备查簿中予以注销。

商业汇票按照是否带息，分为带息票据和不带息票据。不带息票据，其面值就是企业到期时应支付的金额。带息票据的票面金额仅表示本金，票据到期值包括面值和票据利息。

二、应付票据的核算

（一）“应付票据”账户

企业应设置“应付票据”账户，用来核算应付票据的发生、偿付等情况。该账户的贷方登记开出、承兑汇票的面值及带息票据的预提利息，借方登记支付票据的金额，余额在贷方，表示企业尚未到期的商业汇票的票据金额和应计未计的利息。

（二）不带息应付票据的账务处理

1. 开出商业汇票时

企业因购买材料、商品或接受劳务供应等而开出、承兑的商业汇票、应当按其票面金额作为应付票据的入账金额，借记“材料采购”、“原材料”、“库存商品”、“应交税费——应交增值税”等账户，贷记“应付票据”账户。

企业支付的银行承兑汇票手续费应当计入当期财务费用，借记“财务费用”账户，贷记“银行存款”账户。

【例8－4】甲企业为增值税一般纳税人。该企业于2010年2月1日开出一张面值为234 000元、期限为5个月的不带息商业汇票，用以采购一批材料，材料在途中，按实际成本法核算。增值税专用发票上注明的材料价款为200 000元，增值税额为34 000元。假设为银行承兑汇票，甲企业已交纳承兑手续费200元。

甲企业有关的分录如下：

借：在途物资	200 000	
应交税费——应交增值税（进项税额）	34 000	
贷：应付票据		234 000
借：财务费用	200	
贷：银行存款		200

2. 票据到期、偿还应付票据

应付票据到期支付款项时，按支付的票据面值借记“应付票据”账户，贷记“银行存款”等账户。

【例8－5】承【例8－4】2010年7月1日，甲企业于2010年2月6日开出的商业汇票到期。甲企业通知其开户银行以银行存款支付票款。

甲企业的有关会计分录如下：

借：应付票据	234 000	
贷：银行存款		234 000

3. 转销应付票据

应付商业承兑汇票到期，如企业无力支付票款，应将应付票据按账面余额转作应付账款，借记“应付票据”账户，贷记“应付账款”账户。应付银行承兑汇票到期，企业无力支付票款，应将应付票据的账面余额转作短期借款，借记“应付票据”账户，贷记“短期借款”账户。

【例8-6】承【例8-4】假设上述商业汇票为银行承兑汇票，该汇票到期甲企业无力支付票款。

甲企业的有关会计分录如下：

借：应付票据　　234 000

　贷：短期借款　　234 000

（三）带息应付票据的账务处理

区别于不带息应付票据，企业开出、承兑的带息票据，应于期末计算应付利息，计入当期财务费用，借记“财务费用”账户，贷记“应付票据”账户。

【例8-7】2010年3月1日，乙企业开出带息银行承兑汇票一张，面值300 000元，用于抵付前欠丙公司的货款。该票据票面利率为6%，期限为3个月。该企业的有关会计分录如下：

（1）2010年3月1日开出票据时：

借：应付账款——丙公司　　300 000

　贷：应付票据　　300 000

（2）2010年3月31日乙企业计算带息票据利息时：

借：财务费用　　（300 000×6%÷12）1 500

　贷：应付票据　　1 500

乙企业4月末和5月末的会计处理同上。

（3）2010年6月1日乙企业开出的带息银行承兑汇票到期，乙企业无力支付。

该商业汇票到期应偿还的金额＝本金＋利息

＝300 000＋300 000×6%÷12×3

＝304 500（元）

会计分录如下：

借：应付票据　　304 500

　贷：短期借款　　304 500

第四节　应付账款及预收账款

一、应付账款的核算

（一）应付账款的概念

应付账款是指企业因购买材料、商品或接受劳务供应等经营活动应支付的款项。

应付账款，一般应在与所购买物资所有权相关的主要风险和报酬已经转移，或者所购买的劳务已经接受时确认。

（二）应付账款的账务处理

1.“应付账款”账户

“应付账款”账户总括反映和监督应付账款的发生和归还情况。“应付账款”账户的贷方登记企业购进材料、商品或接受劳务供应等业务应付给供应单位的货款；借方登记归还的应付账款，或开出商业汇票抵付应付账款的款项，或已冲销的无法支付的应付账款；期末贷方余额反映尚未支付的应付账款。本账户应按供应单位设置明细账，进行明细核算。

2. 发生应付账款

（1）单到未付款。企业购入材料、商品或接受劳务等所产生的应付账款，应按应付金额入账。如果货单已到价款未付，借记“原材料”、“应交税费——应交增值税（进项税额）”账户，贷记“应付账款”账户。

（2）货到单未到。如果货到单未到，平时不作账务处理，待收到发票账单时再进行账务处理；如果月末仍未收到发票账单，则需要根据收料凭证，按暂估成本入账，借记“原材料”账户，贷记“应付账款——暂估应付账款”账户，下月月初红字冲回，待以后收到发票账单时，再按正常程序进行账务处理。

（3）企业接受供应单位劳务而发生的应付未付款项，根据供应单位的发票账单，借记“生产成本”、“管理费用”等账户，贷记“应付账款”账户。

（4）应付账款附有现金折扣的，应按照扣除现金折扣前的应付账款总额入账。在折扣期限付款而获取的现金折扣，应在偿付应付账款时冲减财务费用。

【例8-8】甲企业为增值税一般纳税人。2010年4月1日，从A公司购入一批材料，货款为100 000元，增值税为17 000元。材料已经运到并验收入库（该企业采用实际成本核算），款项未付。双方协定甲公司享有现金折扣“2/10，1/20，N/30”。

2010年4月1日，甲公司应做会计分录如下：

借：原材料	100 000	
应交税金——应交增值税（进项税额）	17 000	
贷：应付账款——A公司		117 000

【例8-9】根据供电部门通知，乙公司本月应付电费48 000元。其中生产车间电费32 000元，企业行政管理部门电费16 000元，款项未付。

乙企业的有关会计分录如下：

借：制造费用	32 000	
管理费用	16 000	
贷：其他应付款——××电力公司		48 000

3. 偿还应付账款

企业偿还应付账款或开出商业汇票抵偿应付账款时，会计分录如下：

借：应付账款

贷：银行存款（应付票据等）

财务费用（现金折扣）

【例8－10】承【例8－8】甲公司2010年4月12日，按照扣除现金折扣后的金额，用银行存款付清所欠A公司货款。甲公司应做会计分录如下：

借：应付账款——A公司　　117 000

贷：银行存款　　116 000（117 000－1 000）

财务费用　　1 000（100 000×1%）

4. 转销应付账款

企业确实无法支付的应付账款（比如因债权人撤销等原因而产生的无法支付的应付账款），应按照其账面余额计入营业外收入。会计分录如下：

借：应付账款

贷：营业外收入

【例8－11】2010年4月5日，丁企业确定一笔应付账款6 000元为无法支付的应付账款，予以转销。该企业应做会计分录如下：

借：应付账款　　6 000

贷：营业外收入——其他　　6 000

二、预收账款的核算

（一）预收账款的概念

预收账款是指企业按照合同规定向购货单位预收的款项。与应付账款不同，预收账款所形成的负债不是以货币偿付，而是以货物偿还。

（二）预收账款的账务处理

1. “预收账款”账户

“预收账款”账户用来核算预收账款的取得、偿付等情况。“预收账款”账户贷方登记发生的预收账款数额和购货单位补付账款的数额，借方登记企业向购货单位发货后冲销的预收账款数额和退回购货单位多付账款的数额；余额一般在贷方，反映企业向购货单位预收的账款但尚未向购货方发货的数额，如为借方余额，反映企业应收的款项。企业应当按照购货单位设置明细账，进行明细核算。预收货款业务不多的单位，可以不单独设置“预收账款”账户，其所发生的预收账款，可通过“应收账款”账户核算。

2. 企业预收购货单位货款的账务处理

企业预收购货单位货款时，账务处理如下：

借：银行存款等

贷：预收账款

3. 销售实现时的账务处理

销售实现时，账务处理如下：

借：预收账款

　　贷：主营业务收入等

　　　　应交税费——应交增值税（销项税额）

4. 企业收到购货单位补付款项时的账务处理

企业收到购货单位补付款项时，账务处理如下：

借：银行存款等

　　贷：预收账款

5. 向购货单位退其多付款项时的账务处理

向购货单位退其多付款项时，账务处理如下：

借：预收账款

　　贷：银行存款等

【例8－12】甲公司为增值税一般纳税人。2010年4月5日，甲公司与乙公司签订销售合同，向其销售一批产品，货款金额100 000元，应交增值税17 000元。根据购货合同，甲公司于2010年4月8日收到乙公司发过来的预付货款70 000元并存入银行。4月16日甲公司将货物发到乙公司并开出增值税专用发票，乙公司验货后付清尾款。甲公司应做会计分录如下：

（1）2010年4月8日，收到预付货款时：

借：银行存款	70 000	
贷：预收账款——乙公司		70 000

（2）2010年4月16日，甲公司发出货物时：

借：预收账款——乙公司	117 000	
贷：主营业务收入		100 000
应交税费——应交增值税（销项税额）		17 000

（3）收到乙公司补付货款时：

借：银行存款	47 000	
贷：预收账款		47 000

第五节　应付职工薪酬

一、应付职工薪酬的内容

应付职工薪酬是指企业为获得职工提供的服务而给予各种形式的报酬以及其他相关支出。应付职工薪酬包括职工在职期间和离职后提供给职工的全部货币性薪酬和非货币性福利。提供给职工配偶、子女或其他被赡养人的福利等，也属于职工薪酬。

应付职工薪酬的内容具体包括：

（1）职工工资、奖金、津贴和补贴；

（2）职工福利费；

（3）医疗保险费、养老保险费、失业保险费、工伤保险费、生育保险费等社会保险费和住房公积金；

（4）工会经费和职工教育经费；

（5）非货币性福利；

（6）因解除与职工的劳动关系给予的补偿；

（7）其他与获得职工提供的服务相关的支出。

二、应付职工薪酬的账务处理

（一）“应付职工薪酬”账户

企业应当设置“应付职工薪酬”账户，用来核算应付职工薪酬的提取、结算、使用等情况。该账户的贷方登记已分配计入有关成本费用项目的职工薪酬的数额，借方登记实际发放的职工薪酬数额，包括扣还的款项等；期末余额在贷方，反映企业应付未付的职工薪酬。

“应付职工薪酬”账户按照“工资”、“职工福利”、“社会保险费”、“住房公积金”、“工会经费”、“职工教育经费”、“非货币性福利”等应付职工薪酬项目设置明细账，进行明细核算。

（二）确认应付职工薪酬

1. 货币性职工薪酬

企业应当在职工为其提供服务的会计期间，根据职工提供服务的受益对象，将应确定的职工薪酬（包括货币性薪酬和非货币性福利）计入相关资产成本或当期损益，同时确认应付职工薪酬。具体分为以下几种情况处理：

（1）生产部门人员：计入“生产成本”、“制造费用”、“劳务成本”。

（2）管理部门人员：计入“管理费用”。

（3）销售人员：计入“销售费用”。

（4）在建工程、研发支出负担的职工薪酬：分别计入“在建工程”、“研发支出”。

【例8－13】甲公司本月应付工资总额462 000元，工资费用分配汇总表中列示的产品生产人员工资320 000元，车间管理人员工资为70 000元，企业行政管理人员工资为60 400元，销售人员工资为11 600元。

该企业职工住房公积金由企业负担50%，职工个人负担50%，企业按照工资总额的10%为职工交纳住房公积金，职工个人负担部分的由企业代扣代缴。该企业的有关会计分录如下：

（1）工资的会计处理：

借：生产成本——基本生产成本	320 000	
制造费用	70 000	
管理费用	60 400	
销售费用	11 600	
贷：应付职工薪酬——工资		462 000

（2）住房公积金的会计处理：

本期企业代扣职工个人负担的住房公积金。

本期企业代扣职工个人负担的住房公积金 =462 000 ×10% =46 200（元）

借：应付职工薪酬——工资　　46 200

　贷：其他应付款——应交住房公积金　　46 200

企业计提应负担的职工住房公积金。

借：生产成本——基本生产成本　　32 000

　　制造费用　　7 000

　　管理费用　　6 040

　　销售费用　　1 160

　贷：应付职工薪酬——住房公积金　　462 00

2. 非货币性薪酬

（1）企业以自产产品作为非货币性福利发给职工的。这种情况应根据收益对象，按照该资产的公允价值，计入相关资产成本或当期损益，同时确认应付职工薪酬。借记“管理费用”、“生产成本”等账户，贷记“应付职工薪酬——非货币性福利”账户。

（2）企业将拥有的房屋等资产无偿提供给职工使用的。这种情况应根据收益对象，将该住房每期应计提的折旧计入相关资产成本或当期损益，同时确认应付职工薪酬。借记“管理费用”、“生产成本”等账户，贷记“应付职工薪酬——非货币性福利”账户；同时借记“应付职工薪酬——非货币性福利”账户，贷记“累计折旧”。

（3）租赁住房等资产提供给职工无偿使用的。这种情况应当根据收益对象，将每期租金计入相关资产成本或当期损益，并确认应付职工薪酬。借记“管理费用”、“生产成本”等账户，贷记“应付职工薪酬——非货币性福利”账户。

（4）难以确认收益对象的非货币性福利，直接计入当期损益和应付职工薪酬。

【例 8 -14】甲公司是一家彩电生产企业，有职工 200 名，其中一线生产工人为 170 名，总部管理人员为 30 名。2011 年 2 月，甲公司决定以其生产的液晶彩色电视机作为福利发放给职工。该彩色电视机单位成本为 10 000 元，单位计税价格（公允价值）为 14 000 元，适用的增值税税率为 17%。甲公司的确认非货币性职工薪酬的账务处理如下：

借：生产成本　　2 784 600

　　管理费用　　491 400

　贷：应付职工薪酬——非货币性职工福利　　3 276 000

计入生产成本的金额 =170 ×14 000 ×（1 +17%） =2 784 600（元）

计入管理费用的金额 =30 ×14 000 ×（1 +17%） =491 400（元）

【例 8 -15】乙公司决定为每位部门经理提供轿车免费使用，同时为每位副总裁租赁一套住房免费使用。乙公司部门经理共有 20 名，副总裁共有 5 名。假定每辆轿车月折旧额为 1 000 元，每套住房月租金为 8 000 元。乙公司的账务处理如下：

（1）计提轿车折旧时：

借：管理费用　　20 000
　贷：应付职工薪酬——非货币性职工福利　　20 000
借：应付职工薪酬——非货币性职工福利　　20 000
　贷：累计折旧　　20 000
（2）确认住房租金费用时：
借：管理费用　　40 000
　贷：应付职工薪酬——非货币性职工福利　　40 000

（三）发放职工薪酬

1. 支付职工工资、奖金、津贴和补贴

企业按照有关规定向职工支付工资、奖金、津贴和补贴等，借记“应付职工薪酬——工资”账户，贷记“银行存款”、“库存现金”等账户；企业从应付职工薪酬中扣还的各种款项（代垫的家属药费、个人所得税等），借记本账户，贷记“其他应收款”、“应交税费——应交个人所得税”等账户。

【例 8 - 16】A 企业根据“工资结算汇总表”结算本月应付职工工资总额 462 000 元，其中代扣职工房租 40 000 元，企业代垫职工家属医药费 2 000 元，实发工资 420 000元。

A 企业有关会计分录如下：
（1）向银行提取现金时：
借：库存现金　　420 000
　贷：银行存款　　420 000
（2）发放工资时：
借：应付职工薪酬——工资　　420 000
　贷：库存现金　　420 000
（3）代扣款项时：
借：应付职工薪酬——工资　　42 000
　贷：其他应收款——代垫医药费　　40 000
　　其他应付款——职工房租　　2 000

2. 支付职工福利费

企业向职工食堂、职工医院、生活困难职工等支付职工福利费时，借记本科目，贷记“银行存款”、“库存现金”等账户。

【例 8 - 17】2011 年 3 月，甲企业以现金支付职工李某生活困难补助1 000元。会计分录如下：
借：应付职工薪酬——职工福利　　1 000
　贷：库存现金　　1 000

3. 支付工会经费、职工教育经费和缴纳社会保险金、住房公积金

企业支付工会经费和职工教育经费，或按照国家有关规定缴纳社会保险费或住房公积金时，借记“应付职工薪酬——工会经费（或职工教育经费、社会保险费、住房

公积金）”账户，贷记“银行存款”、“库存现金”等账户。

【例8－18】承【例8－13】甲企业缴纳职工住房公积金92 400元，其中企业承担46 200元，职工个人承担46 200元。会计分录如下：

借：应付职工薪酬——住房公积金　　46 200
　　其他应付款——应交住房公积金　　46 200
　贷：银行存款　　92 400

4. 发放非货币性福利

企业以自产产品作为职工薪酬发放给职工时，应确认主营业务收入。借记“应付职工薪酬——非货币性福利”账户，贷记“主营业务收入”账户；同时结转相关成本；涉及增值税销项税额的，还应进行相应处理。

企业支付租赁住房等资产提供给职工无偿使用所发生的租金，借记“应付职工薪酬——非货币性福利”账户，贷记“银行存款”等账户。

【例8－19】承【例8－14】甲公司向职工发放彩电作为职工福利，应确认主营业务收入和主营业务成本。会计分录如下：

借：应付职工薪酬——非货币性福利　　3 276 000
　贷：主营业务收入　　2 800 000
　　　应交税费——应交增值税（销项税额）　　476 000
借：主营业务成本　　2 000 000
　贷：库存商品——彩电　　2 000 000

【例8－20】承【例8－15】乙公司每月支付副总裁以上高级管理人员住房租金时，应编制会计分录如下：

借：应付职工薪酬——非货币性福利　　40 000
　贷：银行存款　　40 000

第六节　应付股利

一、应付股利的含义

应付股利是指企业根据股东大会或类似机构审议批准的利润分配方案确定分配给投资者的现金股利或利润。

二、应付股利的会计核算

（一）“应付股利”账户

企业应通过“应付股利”账户，核算企业确定或宣告支付但尚未实际支付的现金股利或利润。该账户的贷方登记应支付的现金股利或利润，借方登记实际支付的现金股利或利润，期末贷方余额反映企业应付未付的现金股利或利润。该账户按照投资者设置明细账，进行明细核算。

（二）会计处理

企业根据股东大会或类似机构审议批准的利润分配方案，确认应付给投资者的现金股利或利润时，借记“利润分配——应付股利”账户，贷记“应付股利”账户；向投资者实际支付股利或利润时，借记“应付股利”账户，贷记“银行存款”等账户。企业董事会或类似机构通过的利润分配方案中拟分配的现金股利或利润，不进行账务处理。

【例8-21】A股份有限公司2010年度实现净利润8 000 000元，经过股东大会批准，决定于2011年2月分配现金股利500 000元。股利已经用银行存款支付。企业应做会计分录如下：

借：利润分配——应付现金股利或利润	500 000	
贷：应付股利		500 000
借：应付股利	500 000	
贷：银行存款		500 000

第七节 应交税费

一、应交税费概述

企业根据税法规定应缴纳的各种税费包括：增值税、消费税、营业税、城市维护建设税、资源税、所得税、土地增值税、房产税、车船税、教育附加费、矿产资源补偿费、印花税、耕地占用税等。

企业应当设置“应交税费”账户，用来总括反映各种税费的交纳情况，并按照应交税费的种类进行明细核算。

企业交纳的印花税、契税、耕地占用税等不通过“应交税费”账户核算。

二、应交增值税

（一）增值税概述

增值税是指对我国境内销售货物或提供加工、修理修配劳务以及进口货物的单位和个人，就其取得的货物或应税劳务的销售额及进口货物的金额的增值部分征收的一种流转税。

我国当前的增值税是消费型增值税，允许将生产、经营用固定资产价值中已含的税款，在购置当期全部一次扣除。

纳税人分为一般纳税人和小规模纳税人。这两类企业在增值税的计算和交税、会计账户设置以及账务处理等方面存在较大差异。

（二）一般纳税人企业

1. 应纳税额和计税公式

增值税一般纳税人应纳税额等于当期销项税额减当期进项税额。

一般纳税人增值税的计算公式如下：

一般纳税人的应纳增值税税额 = 当期销项税额 - 当期进项税额 - 留抵税额　　(8.1)

进口货物的应纳增值税税额 =（关税完税价格 + 关税 + 消费税）× 税率　　(8.2)

2. 应交增值税的账户设置

一般纳税人应纳增值税，在“应交税费”账户下设置“应交增值税”明细账户，并在“应交增值税”明细账内设置“进项税额”、“进项税额转出”、“销项税额”、“出口退税”和“已交税金”专栏。

3. 增值税进项税额

增值税进项税额是纳税人购进货物或者接受应税劳务所支付或所承担的增值税额。企业从国内采购商品或接受应税劳务时，借记“固定资产”、“原材料”、“库存商品”、“制造费用”等账户，根据增值税专用发票上注明的可抵扣进项税额，借记“应交税费——应交增值税（进项税额）”账户，贷记“应付账款”、“银行存款”等账户。

准予从销项税额中抵扣的进项税额通常包括：

（1）从销售方取得的增值税专用发票上注明的增值税税额；

（2）从海关取得的完税凭证上注明的增值税税额。

对于增值税一般纳税人涉及的下列三种情况，虽然没有可依据扣除的增值税专用凭证，但税法允许按一定标准扣除进项税额。

（1）购进农业生产者销售的农产品或者向小规模纳税人购买的农产品，准予按照买价和13%的扣除率计算增值税进项税额。

（2）外购货物所支付的运输费用，以及销售货物所支付的运输费用，根据运费结算单据所列运费结算金额按7%的扣除率计算进项税额。

（3）生产企业购进废旧物资回收经营单位销售的免税废旧物资，可按照废旧物资回收经营单位开具的由税务机关监制的普通发票上注明的金额，按10%的扣除率计算进项税额。

【例8-22】星源公司为一般纳税企业。2011年1月份发生以下有关增值税进项税额的业务：

（1）购进原材料一批，增值税专用发票上注明价款为400 000元，增值税税率为17%，运输费为4 000元，装卸费为1 000元。原材料已经入库，货款已付。

（2）购进不需要安装的设备一台，价款为300 000元，增值税专用发票上注明的增值税税额为51 000元，款项未付。

（3）购进免税农产品一批，价款为100 000元，规定扣除率为13%，货物在途中，实际成本法核算，款项已付。

星源公司应做会计分录如下：

（1）购进原材料时：

借：原材料　　404 720
　应交税费——应交增值税（进项税额）　　68 280
　贷：银行存款　　473 000

其中：

增值税进项税额 = 400 000 × 17% + 4 000 × 7% = 68 280（元）

原材料成本 = 400 000 + 4 000 ×（1 − 7%）+ 1 000 = 404 720（元）

（2）购进不需要安装的设备时：

借：固定资产　　300 000
　应交税费——应交增值税（进项税额）　　51 000
　贷：应付账款　　351 000

（3）购进免税农产品时：

星源公司购进免税农产品可抵扣增值税进项税额 = 100 000 × 13% = 13 000（元）

借：商品采购　　87 000
　应交税费——应交增值税（进项税额）　　13 000
　贷：银行存款　　100 000

4. 进项税额转出

企业购进的货物发生非常损失（不含自然灾害），以及将购进的货物在没有任何加工的情况下对内改变用途（如用于非应税项目、集体福利等），其进项税额应通过“应交税费——应交增值税（进项税额转出）”账户转入有关账户。

会计分录如下：

借：待处理财产损溢（非常损失）
　在建工程（工程领用）
　应付职工薪酬（集体福利）
　研发支出（无形资产研发）
　贷：原材料（或库存商品等）
　　应交税费——应交增值税（进项税额转出）

【例 8－23】江华公司 2011 年 3 月份因火灾毁损外购甲材料一批，其实际成本为 80 000元，经确认损失与材料相关的增值税为 13 600 元。同月江华公司所属的职工食堂维修领用外购乙材料 5 000 元，其购入时支付的增值税为 850 元。则江华公司的有关会计分录如下：

（1）火灾损失甲材料时：

借：待处理财产损溢——待处理流动资产损溢　　93 600
　贷：原材料　　80 000
　　应交税费——应交增值税（进项税额转出）　　13 600

（2）食堂领用乙材料时：

借：应付职工薪酬——非货币性福利　　5 850
　贷：原材料　　5 000

应交税费——应交增值税（进项税额转出）　　850

5. 增值税销项税额

（1）销售货物或提供应税劳务。企业销售货物或者提供应税劳务，按照营业收入和应收取的增值税税额，借记“应收账款”、“应收票据”、“银行存款”等账户；按增值税专用发票上注明的增值税税额，贷记“应交税费——应交增值税（销项税额）”账户，同时按实现的营业收入（不含税），贷记“主营业务收入”、“其他业务收入”等账户。

应交增值税销项税额的计算公式如下：

销项税额 = 销售额（不含税）×税率　　(8.3)

不含税销售额 = 含税销售额/（1 + 增值税税率）　　(8.4)

【例8－24】D公司为增值税一般纳税人。2011年3月20日销售产品一批，价款为500 000元，增值税税率为17%，提货单和增值税专用发票已交给买方，款项收到存入银行。

D公司的有关会计分录如下：

借：银行存款　　585 000

　贷：主营业务收入　　500 000

　　应交税费——应交增值税（销项税额）　　85 000

（2）视同销售行为。企业有些交易和事项从会计角度不属于销售行为，不能确认销售收入，但是按照税法，应视同对外销售，计算应交增值税。

视同销售需要交纳增值税的事项，如企业将自产或委托加工的货物用于非应税项目、集体福利或个人消费；将自产、委托加工或购买的货物作为投资、分配给股东或投资者、无偿捐赠等。企业应当借记“在建工程”、“长期股权投资”、“营业外支出”等账户，贷记“应交税费——应交增值税（销项税额）”账户等。

【例8－25】甲企业为一般纳税人。2011年3月28日将自产的A产品对外无偿捐赠。该批产品的成本为120 000元，计税价格为200 000元，增值税税率为17%。该企业的有关会计分录如下：

借：营业外支出　　154 000

　贷：库存商品——A产品　　120 000

　　应交税费——应交增值税（销项税额）　　34 000

6. 出口退税

企业出口产品按规定退税的，按应收的出口退税（见公式8.2），借记“其他应收款”科目，贷记“应交税费——应交增值税（出口退税）”科目。

7. 交纳增值税

（1）企业交纳本月应交增值税，会计分录如下：

借：应交税费——应交增值税（已交税金）

　贷：银行存款

（2）企业交纳以前各期未交增值税，会计分录如下：

借：应交税费——未交增值税

贷：银行存款

【例8－26】丁公司用银行存款交纳本月应交增值税100 000元，交纳上月应交增值税20 000元。

丁公司的有关会计分录如下：

借：应交税费——应交增值税（已交税金） 100 000
——未交增值税 20 000
贷：银行存款 120 000

（三）小规模纳税人

1. 纳税人义务和计税公式

小规模纳税人购进销售货物或提供应税劳务时只能开具普通发票；小规模纳税人不享有进项税额的抵扣权，其购进货物或接受应税劳务直接计入货物或劳务成本。

小规模纳税企业应当按照不含税销售额和规定的增值税征收率计算交纳的增值税。小规模纳税人征收率3%。其计算公式为：

小规模纳税人的应纳税额＝含税销售额÷（1＋征收率）×征收率 （8.5）

2. 小规模纳税人的账户设置

企业在“应交税费”科目下设置“应交税费——应交增值税”明细科目。其贷方登记应交增值税，借方登记已经交纳增值税，期末贷方余额为尚未交纳增值税，借方余额为多交纳增值税。

3. 会计分录

小规模纳税企业购进货物和接受应收劳务时支付的增值税，直接计入有关货物和劳务的成本，借记“材料采购”、“在途物资”等科目，贷记“银行存款”等科目；其销售商品或应税劳务时，借记“应收账款”等科目，贷记“主营业务收入”等科目，同时贷记“应交税费——应交增值税”；企业交纳增值税时，借记“应交税费——应交增值税”，贷记“银行存款”等科目。

【例8－27】东方公司为小规模纳税人，适用增值税征收率3%。2011年5月发生以下业务，编制会计分录如下：

（1）2011年5月1日，购进原材料一批，价款20 000元，增值税专用发票上注明税额为600元，款项已付。

借：原材料 20 600
贷：银行存款 20 600

（2）2011年5月26日，销售商品一批，开出的普通发票上注明价款为30 800元，款项已收并存入银行。

借：银行存款 30 900
贷：主营业务收入 30 000
应交税费——应交增值税 900

（3）以银行存款上缴本月增值税（除上业务无其他业务）。

借：应交税费——应交增值税 900

贷：银行存款　　　　900

三、应交消费税

（一）应交消费税概述

1. 消费税的含义

消费税是指在我国境内生产、委托加工和进口应税消费品的单位和个人，按其流转额交纳的一种税。消费税为价内税，实施单一环节征税。

2. 消费税的计算

消费税有从价定率和从量定额两种征收方法。其计算公式如下：

从价定率计算的应纳税额＝不含增值税的销售额×消费税税率　　（8.6）

从量定率计算的应纳税额＝应纳消费品数量×单位应税消费品的消费税　　（8.7）

（二）应交消费税的账务处理

企业应在“应交税费”科目下设置“应交消费税”明细科目，用来核算应交消费税的发生、交纳情况。该科目的贷方登记应交纳的消费税，借方登记已交纳的消费税；期末贷方余额为尚未交纳的消费税，借方余额为多交纳的消费税。

1. 销售应税消费品

企业销售应税消费品应交的消费税，应借记“营业税金及附加”科目，贷记“应交税费——应交消费税”科目。

【例8－28】甲企业2011年6月销售所生产的化妆品，价款为2 000 000元（不含增值税），适用的消费税税率为30%。该企业的有关会计分录如下：

借：营业税金及附加　　600 000

　贷：应交税费——应交消费税　　600 000

应交消费税额＝2 000 000×30%＝600 000（元）

2. 自产自用应税消费品

企业将生产的应税消费品用于在建工程等非生产机构时，按规定应交纳的消费税，借记“在建工程”等科目，贷记“应交税费——应交消费税”科目；企业进口应税物资在进口环节应交的消费税，计入该项物资的成本，借记“材料采购”、“固定资产”等科目，贷记“银行存款”科目。

【例8－29】甲企业在建工程领用自产柴油50 000元，应纳增值税10 200元，应纳消费税6 000元。该企业的有关会计分录如下：

借：在建工程　　66 200

　贷：库存商品　　50 000

　　　应交税费——应交增值税（销项税额）　　10 200

　　　　　　　——应交消费税　　6 000

3. 委托加工应税消费品

需要交纳消费税的委托加工物资，应由受托方代收代交消费税，受托方按照应交税款金额，借记“应收账款”、“银行存款”等科目，贷记“应交税费——应交消费税”科目。委托加工物资收回后，直接用于销售的，应将受托方代收代交的消费税计入委托加工物资的成本，借记“委托加工物资”等科目，贷记“应付账款”、“银行存款”等科目；委托加工物资收回后用于连续生产应税消费品，按规定准予抵扣的，应按已由受托方代收代交的消费税，借记“应交税费——应交消费税”科目，贷记“应付账款”、“银行存款”等科目。

【例8-30】甲企业委托乙企业代为加工一批应交消费税的材料（非金银首饰）。甲企业的材料成本为1 000 000元，加工费为200 000元，由乙企业代收代交的消费税税率为40%，加工费尚未支付。甲企业采用实际成本法进行原材料的核算。

（1）如果甲企业收回的委托加工物资用于继续生产应税消费品，甲企业的有关会计分录如下：

借：委托加工物资	1 000 000	
贷：原材料		1 000 000
借：委托加工物资	200 000	
应交税费——应交消费税	80 000	
贷：应付账款		280 000
借：原材料	1 200 000	
贷：委托加工物资		1 200 000

（2）如果甲企业收回的委托加工物资直接用于对外销售，甲企业的有关会计分录如下：

借：委托加工物资	1 000 000	
贷：原材料		1 000 000
借：委托加工物资	280 000	
贷：应付账款		280 000
借：原材料	1 280 000	
贷：委托加工物资		1 280 000

（3）乙企业对应收取的受托加工代收代交消费税的会计分录如下：

借：应收账款	80 000	
贷：应交税费——应交消费税		80 000

四、应交营业税

（一）应交营业税概述

1. 营业税的含义

营业税是指对我国境内提供应税劳务、转让无形资产或者销售不动产的单位和个人征收的一种流转税。

营业税的应税劳务是指属于交通运输业、建筑业、金融保险业、邮电通信业、文化体育业、娱乐业、服务业税目征收范围的劳务。营业税的应税劳务不包括加工、修理修配等劳务。

2. 营业税的计算

应纳税额 = 营业额 × 适用税率 (8.8)

其中，营业额是指纳税人提供应税劳务、转让无形资产、销售不动产而向对方收取的全部价款和价外费用。营业税税率从3% ~20%不等。

(二) 账务处理

对于以营业收入为计税基础计算营业税的企业，营业税的核算应借记“营业税金及附加”科目，贷记“应交税费——应交营业税”科目；企业出售不动产时，计算应交的营业税，借记“固定资产清理”等科目，贷记“应交税费——应交营业税”科目；实际交纳营业税时，借记“应交税费——应交营业税”科目，贷记“银行存款”等科目。

【例8 -31】江夏建筑公司2011年5月份建筑收入为100 000 000元，适用的营业税税率为3%。该公司应交营业税的会计分录如下：

借：营业税金及附加 3 000 000

　贷：应交税费——应交营业税 3 000 000

五、其他应交税费

对于除上述税金以外的应交城市维护建设税、资源税、土地增值税、房产税、土地使用税、车船使用税、个人所得税、教育费附加、矿产资源补偿费等，企业应当在“应交税费”科目下设置相应的明细科目进行核算，贷方登记应交纳的有关税费，借方登记已交纳的有关税费，期末贷方余额表示尚未交纳的有关税费。

(一) 应交城市维护建设税

城市维护建设税是以增值税、消费税、营业税为计税依据征收的一种税。其适应税率因纳税人所在地不同从1% ~7%不等。其计算公式为：

应纳税额 = (应交增值税 + 应交消费税 + 应交营业税) × 适用税率 (8.9)

企业应交的城市维护建设税，借记“营业税金及附加”等科目，贷记“应交税费——应交城市维护建设税”科目。

【例8 -32】光华公司2011年1月实际应上交增值税500 000元，消费税300 000元，营业税100 000元。该企业适用的城市维护建设税税率为7%。该企业的有关会计分录如下：

(1) 计提应交城市维护建设税时：

借：营业税金及附加 63 000

　贷：应交税费——应交城市维护建设税 63 000

应交的城市维护建设税 = (500 000 + 300 000 + 100 000) ×7% =63 000 (元)

(2) 用银行存款上交城市维护建设税时：

借：应交税费——应交城市维护建设税 63 000

贷：银行存款　63 000

（二）应交教育费附加

教育费附加是为了发展教育事业而向企业征收的附加费用，按照应交流转税的一定比例计算交纳。企业应交的教育费附加，借记“营业税金及附加”等科目，贷记“应交税费——应交教育费附加”科目。

【例8－33】东风公司2011年5月份按税法规定应交纳教育附加费8 000元。会计分录如下：

借：营业税金及附加　8 000
　贷：应交税费——应交教育费附加　8 000
借：应交税费——应交教育费附加　8 000
　贷：银行存款　8 000

（三）应交资源税

资源税是对在我国境内开采矿产品或者生产盐的单位和个人征收的税。

企业对外销售应税产品应交纳的资源税，借记“营业税金及附加”科目，贷记“应交税费——应交资源税”科目；企业自产自用应税产品而应交纳的资源税，借记“生产成本”、“制造费用”等科目，贷记“应交税费——应交资源税”科目。

【例8－34】A企业对外销售某种资源税应税矿产品2 000吨，每吨应交资源税5元。会计分录如下：

借：营业税金及附加　10 000
　贷：应交税费——应交资源税　10 000

【例8－35】B企业将自产的资源税应税矿产品1 000吨用于企业的产品生产，每吨应交资源税5元。会计分录如下：

借：生产成本　5 000
　贷：应交税费——应交资源税　5 000

（四）应交土地增值税

土地增值税是指在我国境内有偿转让土地使用权及土地上建筑物和其他附着物产权的单位和个人，就其土地增值额征收的一种税。

企业转让的土地使用权连同地上建筑物及其附着物一并在“固定资产”等科目核算的，转让时应交的土地增值税，借记“固定资产清理”科目，贷记“应交税费——应交土地增值税”科目；土地使用权在“无形资产”科目核算的，按实际收到的金额，借记“银行存款”科目，按应交的土地增值税，贷记“应交税费——应交土地增值税”科目，同时冲销土地使用权的账面价值，贷记“无形资产”科目，按其差额，借记“营业外支出”科目或贷记“营业外收入”科目。

【例8－36】A企业对外转让一栋厂房，根据税法规定计算的应交土地增值税为300 000元。会计分录如下：

（1）计算应交纳的土地增值税：

借：固定资产清理　　　　　　　　　　　　　　　　　　　300 000

　贷：应交税费——应交土地增值税　　　　　　　　　　　　　300 000

（2）用银行存款交纳应交土地增值税税额：

借：应交税费——应交土地增值税　　　　　　　　　　　　300 000

　贷：银行存款　　　　　　　　　　　　　　　　　　　　　300 000

（五）应交个人所得税

企业按规定计算的代扣代交的职工个人所得税，借记“应付职工薪酬”科目，贷记“应交税费——应交个人所得税”科目。

【例8-37】A企业结算5月份应付职工工资总额300 000元，代扣职工个人所得税共计3 000元，实发工资297 000元。会计分录如下：

借：应付职工薪酬——工资　　　　　　　　　　　　　　　3 000

　贷：应交税费——应交个人所得税　　　　　　　　　　　　　3 000

（六）应交房产税、土地使用税、车船税和矿产资源补偿费

企业应交的房产税、土地使用税、车船税、矿产资源补偿费，借记“管理费用”科目，贷记“应交税费——应交房产税（或应交土地使用税、应交车船税、应交矿产资源补偿费）”科目。

第八节　其他应付款

一、其他应付款概述

其他应付款是指企业除应付票据、应付账款、预收账款、应付职工薪酬、应交税费、应付股利等经营活动以外的其他各项应付、暂收的款项，如应付租入包装物租金、存入保证金等。

二、账务处理

企业应通过“其他应付款”科目，核算其他应付款的增减变动及结存情况，按其他应付款的项目和对应单位设置明细科目。

企业发生其他各种应付、暂收款项时，借记“管理费用”等科目，贷记“其他应付款”科目；支付或退回时，借记“其他应付款”科目，贷记“银行存款”等科目。

【例8-38】甲公司从2011年6月1日起，以经营租赁方式租入管理用办公设备一批，每月租金6 000元，次月3日以银行存款支付租金。

甲公司的有关会计处理如下：

（1）甲公司6月30日计提应付经营租入固定资产租金：

借：管理费用　　　　　　　　　　　　　　　　　　　　　6 000

　贷：其他应付款　　　　　　　　　　　　　　　　　　　　　6 000

（2）甲公司7月3日支付租金时：

借：其他应付款　　6 000

　贷：银行存款　　6 000

【本章小结】

1. 负债是指过去的交易、事项形成的现时义务，履行该义务预期会导致经济利益流出企业。负债包括流动负债和非流动负债，货币性负债和非货币性负债。

2. 短期借款是指企业为了满足正常生产经营的需要，向银行或其他金融机构等借入的期限在一年以内（含一年）的各种借款。短期借款的核算包括取得、计息和归还。

3. 应付票据核算包括不带息应付票据核算和带息应付票据核算，具体包括开出票据时、期末计息时、到期归还和到期无力偿还时核算。

4. 应付账款是指企业因购买材料、商品或接受劳务供应等经营活动应支付的款项。主要包括发生应付账款、偿还应付账款和转销应付账款核算。

5. 应付职工薪酬应当掌握核算范围、货币性应付职工薪酬核算和非货币性应付职工薪酬核算。

6. 应交税费的核算范围；应交增值税、应交消费税和应交营业税核算；其他应交税费的核算内容和账务处理，包括应交城市维护建设费、应交教育费附加、应交土地增值税、应交个人所得税、应交资源税等。

7. 应付股利和其他应付款核算。

【复习与思考】

1. 应付账款和应付票据有何区别？
2. 应付账款的入账时间和入账价值应如何确定？
3. 货币性应付职工薪酬和非货币性应付职工薪酬核算有何区别？
4. 应交增值税进项税额转出和视同销售情况有哪些？

第九章　非流动负债

【目的和要求】

了解非流动负债的概念、分类、特点；

理解债券发行的基本流程及债券发行溢折价的含义；

掌握应付债券的发行、溢折价摊销（实际利率法）以及应付债券还本付息的会计核算；

长期借款、长期应付款的确认及计量。

【主要内容】

长期借款的确认及计量；

长期应付款的确认及计量；

应付债券的会计核算。

【考核重点】

一次还本分期付息长期借款和应付债券的会计核算；应付债券的会计核算，尤其是应付债券的溢折价摊销的会计核算。

第一节　非流动负债概述

一、非流动负债的概念与特点

（一）非流动负债的概念

非流动负债是相对于流动负债而言的。

非流动负债是指偿还期在一年或超过一年的一个营业周期以上的债务，非流动负债是企业向债权人筹集的可供企业长期使用的资金而必须在未来以资产或劳务偿还的经济责任。

（二）非流动负债的特点

非流动负债除了具有负债的共同特点之外，与流动负债相比，还具有以下几个特点：

（1）偿还期较长。

（2）负债金额较大。

（3）偿还方式多样。可以分期偿还，也可以分期付息、到期一次还本，还可以到期一次还本付息。

（4）举债目的不同。非流动负债的目的是为了扩大生产经营规模，而短期负债通常是为了满足生产周转的需要。

二、非流动负债的分类

从目前的财务报表列报制度来看，资产负债表的非流动负债应当单独反映下列项目，长期借款、长期应付款、应付债券、预计负债和递延所得税负债。另外，非流动负债还包括专项应付款（核算企业取得政府作为企业所有者投入的具有专项或特定用途的款项）和其他非流动负债（上述列示之外的非流动负债）。

根据目前我国实际情况，非流动负债根据负债的内容主要包括长期借款、应付债券和长期应付款三大类。本章主要介绍这三项内容，其他内容暂略或在其他相关章节讲解。

三、非流动负债的计量

非流动负债一般数额大，偿还期限长，从理论上讲，通常认为应考虑货币的时间价值，即非流动负债的计价应以未来偿付债务的现金流出量（包括本金和利息）的现值为基础。但目前我国在会计实务上一般不考虑货币的时间价值。现行制度规定，非流动负债应当以实际发生额入账，并按照负债本金或债券面值，按照规定的利率按期计提利息。

第二节　长期借款

一、长期借款的概念和分类

长期借款是指企业向银行或其他金融机构借入的期限在一年以上（不含一年）的各项借款，包括人民币借款和外币借款。长期借款一般用于固定资产的购建、改扩建工程、对外投资以及为了保持长期经营能力等方面。

长期借款按其本金的偿还方式和付息方式不同，可以分为分期付息到期一次还本、到期一次还本付息、分期还本付息的长期借款。

长期借款按借款的币种不同，可以分为人民币借款和外币借款。人民币借款是指借款为人民币或以人民币为基准计算的借款；外币借款是指借款为外币或以外币为基准计算的借款。

二、长期借款的会计核算

本节主要介绍人民币分期付息到期一次还本借款和到期一次还本付息借款的核算，

外币借款的核算在高级财务会计中介绍。

（一）长期借款的核算内容及账户设置

长期借款的核算主要包括借款本金的借入和归还，借款利息的核算及外币借款发生的汇兑损益的核算。

为了总括地反映和监督企业长期借款的借入、应计利息和归还本息的情况，企业应设置“长期借款”账户，按贷款单位和贷款种类，分别“本金”、“利息调整”、“应计利息”进行明细核算。该账户属于负债类账户。其贷方登记借入的长期借款本金、计提的长期借款利息（注意：分期付息的长期借款，其利息通过应付利息核算）及外币借款的汇兑损失；借方登记归还的长期借款本金和利息以及外币借款的汇兑收益；期末余额在贷方，反映企业尚未偿还的长期借款本息。

（二）长期借款核算应注意的问题

（1）长期借款所发生的利息费用，应分用途按照权责发生制的原则按期计提计入在建项目的成本或计入当期损益（财务费用）。如果该项长期借款用于购建固定资产，应将利息支出按照借款费用处理原则分期计提计入所购建固定资产的价值或计入财务费用；若该项长期借款是固定资产已达到预定可使用状态后发生的，应按月计提计入当期损益（财务费用）。

（2）外币借款所发生的外币折算差额，应按照外币业务核算的有关规定，按期计算汇兑损益，计入在建工程成本或当期损益（财务费用）。

（三）长期借款的账务处理

1. 取得长期借款

企业借入长期借款时，按实际收到的金额，借记“银行存款”账户、按合同确定的借款金额，贷记“长期借款——本金”账户，如存在差额，还应借记“长期借款——利息调整”账户。其差额可能是银行的贴息或发生的借款费用。

2. 长期借款利息的处理

在资产负债表日，长期借款所发生的利息支出，应当按照权责发生制的原则按期预提并计入相关账户。

（1）分期付息到期一次还本借款所发生的利息，贷记“应付利息”账户。

（2）到期一次还本付息借款所发生的利息，贷记“长期借款——应计利息”账户。

至于借方登记的账户要视不同情况分别进行处理。属于生产经营期间的，借记“财务费用”账户；如果长期借款用于固定资产的购建、改扩建的，在固定资产达到预定可使用状态之前，应将所发生的利息支出资本化，计入固定资产的价值，借记“在建工程”账户；固定资产达到预定可使用状态之后，按规定应将相应的利息支出费用化，计入当期损益，借记“财务费用”账户；用于建造符合资本化条件的存货（主要包括房地产开发企业开发的用于对外出售的房地产开发产品、企业制造的用于对外出售的大型机器设备等），借记“制造费用”账户；用于开发无形资产且符合资本化条件的，借记“研发支出”账户。

上述借贷方如有差额，应贷记“长期借款——利息调整”账户。

上述借贷方金额的确定方法。贷方的应付未付利息 = 本金 × 合同利率；借方的实际利息费用（即“财务费用”、“在建工程”等的金额）= 长期借款的摊余成本 × 实际利率（摊余成本为长期借款的账面价值，即“长期借款”账户的余额；实际利率，是指长期借款在预期存续期间内的未来现金流量，即本金和利息，折现为当前长期借款账面价值所使用的利率）。

需要说明的是，对长期借款进行核算时，如果实际利率与合同利率差异较小的，也可以采用合同利率计算确定利息费用。

3. 到期偿还本息的核算

（1）分期付息到期一次还本借款。到期归还长期借款本息时，借记“长期借款——本金”、“应付利息”（最后一期利息）等账户，贷记“银行存款”账户。

（2）到期一次还本付息借款所发生的利息。到期归还长期借款本息时，借记“长期借款——本金”、“长期借款——应计利息”（计提的全部利息）等账户，贷记“银行存款”账户。

同时，存在利息调整余额的，借或贷“在建工程”、“财务费用”等，贷或借“长期借款——利息调整”。

【例9－1】分期付息到期一次还本借款。

江海公司2008年7月1日向工商银行借入100万元，期限为3年，年利率为10%，分期付息到期还本，利息于每年7月1日支付，款项已存入银行。借款用于建造厂房，厂房于2009年6月30日交付使用。假设实际利率与合同利率相差很小。

江海公司会计处理如下：

（1）2008年7月1日，借款发生时：

借：银行存款　　1 000 000

　贷：长期借款——本金　　1 000 000

（2）2008年12月31日计提利息时：

借：在建工程　　50 000

　贷：应付利息　　50 000

（3）2009年7月1日支付利息时：

借：应付利息　　100 000

　贷：银行存款　　100 000

（注意：因该题目并未要求结转固定资产，故此处略去2009年6月30日计算资本化利息的会计处理，即应借记“在建工程”50 000，贷记“应付利息”50 000）

（4）2009年12月31日计提利息时：

借：财务费用　　50 000

　贷：应付利息　　50 000

（5）2010年7月1日支付利息时：

借：应付利息　　50 000

财务费用　　50 000

贷：银行存款　　100 000

(6) 2010 年 12 月 31 日计提利息时：

借：财务费用　　50 000

贷：应付利息　　50 000

(7) 2011 年 7 月 1 日还本付息时：

借：长期借款——本金　　1 000 000

应付利息　　50 000

财务费用　　50 000

贷：银行存款　　1 100 000

【例 9－2】到期一次还本付息借款。

山川公司 2007 年 4 月 1 日向发展银行借入 300 万元，期限为 4 年，年利率 8%（合同利率和实际利率相同），本息到期日一次支付，按单利计息，款项已存入银行。借款用于购买设备，当日购得设备，价款合计 280 万元，安装费为 10 万元，均已用银行存款支付，设备于当年 6 月 30 日交付使用。

山川公司会计处理如下：

(1) 2007 年 4 月 1 日，取得借款时：

借：银行存款　　3 000 000

贷：长期借款——本金　　3 000 000

(2) 2007 年 4 月 1 日，支付设备款和安装费时：

借：在建工程　　2 900 000

贷：银行存款　　2 900 000

(3) 2007 年 6 月 30 日，计算应计入"在建工程"的利息金额：

应计入"在建工程"的利息金额 $=3\ 000\ 000\times 8\%\times 3/12=60\ 000$（元）

借：在建工程　　60 000

贷：长期借款——应计利息　　60 000

同时，结转固定资产：

借：固定资产　　2 960 000

贷：在建工程　　2 960 000

(4) 2007 年 12 月 31 日应计提的利息 $=3\ 000\ 000\times 8\%\times 6/12=120\ 000$（元）

借：财务费用　　120 000

贷：长期借款——应计利息　　120 000

(5) 2008 年 12 月 31 日应计提的利息 $=3\ 000\ 000\times 8\%=240\ 000$（元）

借：财务费用　　240 000

贷：长期借款——应计利息　　240 000

(6) 2009 年 12 月 31 日及 2010 年 12 月 31 日，会计分录与 (5) 相同。

(7) 2011 年 3 月 31 日应计提的利息 $=3\ 000\ 000\times 8\%\times 3/12=60\ 000$（元）

借：财务费用　60 000
　贷：长期借款——应计利息　60 000

（8）2011 年 4 月 1 日还本付息时：

借：长期借款——本金　3 000 000
　　　　　——应计利息　960 000
　贷：银行存款　3 960 000

第三节 应付债券

一、应付债券概述

（一）债券的概念和分类

应付债券是指企业为筹集（长期）资金而发行的债券。债券是企业为筹集长期资金而发行的一种书面凭证。应付债券是企业按照法定程序发行，约定在一定日期、支付一定利息，在一定期限内偿还一定数额本金的有价证券，是表明债权债务关系的一种凭证。企业发行的超过一年（不包括一年）的债券，构成了一项非流动负债，作为应付债券核算。

企业应当设置“企业债券备查簿”，详细登记每一企业债券的票面金额、债券票面利率、还本付息期限与方式、发行总额、发行日期和编号、委托代售单位、转换股份等资料。企业债券到期结清时，应当在备查簿内逐笔注销。

（二）债券的基本要素

债券的发行有着严格的规定，包括债券票面上应载明的内容，称为债券要素。例如：企业名称；票面金额；票面利率；偿还期限；利息支付的方式等。其中，下列内容是基本的，也是会计处理中必须运用的内容，因此，称之为基本要素。

1. 债券面值

债券面值也称债券的到期值，即债券到期应偿还的本金。面值大小不等，企业可以根据需要设定。债券面值包括票面的币种和票面金额两个方面。票面的币种是指以何种货币作为债券价值的计量标准，取决于发行对象和需要。票面金额是指票面所标明的金额。

2. 债券利率

债券利率也称名义利率或票面利率，是相对于债券发行时的市场利率而言的。债券利率一般用年利率表示，债券利率可以高于、等于或低于市场利率。其高低主要受银行利率、发行者的资信、偿还期限、利息计算方式以及资本市场上资金供求关系的影响。

3. 利息支付方式

债券利息通常每半年或每年支付一次，支付的利息额等于债券面值乘以票面利率。

债券的发行者应在票面上注明债券的付息日期。若在两个付息日之间编制财务报表时，应计提上一付息日至编表日的利息费用和相应的应计利息。

4. 到期日

到期日也就是偿还债券本金的日期，取决于债券的偿还期限。

发行人在确定债券的偿还期限时，要考虑债券筹集资金的周转期、未来市场利率的发展趋势以及投资者的投资意向等。

债券按不同的标准可以划分为不同的种类。

（1）按偿还方式，分为一次还本债券和分次还本债券。

（2）按有无担保，分为担保债券和无担保债券。

（3）按是否记名，分为记名债券和无记名债券。

（4）按是否可转换为公司股票，分为可转换债券和不可转换债券。

（三）债券的发行价格

债券的发行价格是由发行时的实际利率所决定的。由于债券准备发行与实际发行有很长一段时间间隔，因而两个时点的市场利率不一定相同，即按准备发行债券时的市场利率确定的票面利率与实际发行时的市场利率可能有差异。如票面利率高于市场利率时，债券发行价格高于债券面值，即债券溢价发行。溢价部分作为发行人对将来按票面利率计算比按市场利率计算多付利息的一种补偿。如果票面利率低于市场利率时，债券发行价格低于债券面值，即债券折价发行。折价意味着发行人对将来按票面利率计算比按市场利率计算少付利息而付出的代价。如果票面利率等于市场利率时，债券发行价格等于债券面值，即债券平价发行（按面值发行）。

上述提到的实际利率和市场利率是有差别的。

债券的市场利率是指债券发行时发行企业与债券投资者双方均能接受的利率。债券的市场利率与债券的发行价格是紧密相连的。债券的发行价格与市场利率之间的关系可表示如下：

债券的发行价格 = 到期偿还面值按市场利率折算的现值 + 票面利息按市场利率折算的现值

债券的实际利率是指将债券在预期存续期间内的未来现金流量折算为该债券当前账面价值所使用的利率（折现率）。债券发行时的实际利率与市场利率之间的关系取决于与债券发行直接相关的交易费用。债券的发行价格与实际利率之间的关系可表示如下：

债券的入账金额 = 债券的发行价格 − 交易费用 = 到期偿还面值按实际利率折算的现值 + 票面利息按实际利率折算的现值

若无交易费用，债券发行时的实际利率等于市场利率。

二、应付债券的核算内容及账户设置

应付债券的核算主要包括债券的发行、债券利息的计算、溢价与折价的摊销及债券的偿还等。发行债券的企业，应设置“应付债券”账户，用来核算债券的发行、计息、偿还等情况。该账户下设三个明细账户：

（1）“应付债券——面值”明细账户。该明细账户专门核算债券票面价值的增减变动情况。

（2）“应付债券——利息调整”明细账户。该账户专门核算债券溢价或折价的形成和摊销情况。

（3）“应付债券——应计利息”明细账户（适用一次付息债券计提的利息）。该账户专门核算债券利息的计提和支付情况。分期付息债券的利息通过“应付利息”核算。

对于分期付息一次还本债券来说，“应付债券——债券面值”的余额加上“应付债券——利息调整”的余额（溢价发行时）或减去“应付债券——利息调整”的余额（折价发行时），即为债券的实际价值或账面价值，也即摊余成本；而对于到期一次还本付息债券，除上两项之外，每期的应计利息也要计入摊余成本。

发行债券的主要账务处理如下：

（1）企业发行债券时，应按实际收到的金额，借记“银行存款”等账户，按债券票面金额，贷记“应付债券——面值”账户。按两者之间的差额，借记或贷记“应付债券——利息调整”。实际收到的金额是指债券发行价格扣除发行费用后的差额。

（2）资产负债表日，应按摊余成本和实际利率计算确定的债券利息费用，借记“在建工程”、“财务费用”、“研发支出”、“制造费用”等账户，按票面利率计算确定的应付未付利息，贷记“应付利息”（分期付息债券）或“应付债券——应计利息”（一次付息债券），按其差额，借记或贷记“应付债券——利息调整”账户。

利息调整应在债券存续期间内采用实际利率法进行摊销。实际利率法是指按照应付债券的实际利率计算其摊余成本及各期利息费用的方法；实际利率是指将应付债券在债券存续期间的未来现金流量，折现为该债券当前账面价值所使用的利率。

实际利率与票面利率差异较小的，也可以采用票面利率计算确定利息费用。

（3）长期债券到期，支付债券本息时，借记“应付债券——面值”、“应付债券——应计利息”（一次付息债券），“应付利息”（分期付息债券）等账户，贷记“银行存款”等账户。同时，存在利息调整金额的，借记或贷记“应付债券——利息调整”账户，贷记或借记“在建工程”、“财务费用”、“研发支出”、“制造费用”等账户。

（4）债券发行费用的处理。债券发行费用一般包括债券承销费、印刷费、律师费、发行手续费及其他直接费用等。

如果发行费用大于发行期间冻结资金所产生的利息收入，按发行费用减去发行期间冻结资金所产生的利息收入后的差额，调整“应付债券——利息调整”账户，在债券存续期间于计提利息时摊销。

如果发行费用小于发行期间冻结资金所产生的利息收入，按发行期间冻结资金所产生的利息收入减去发行费用后的差额，视同发行债券的溢价收入，调整“应付债券——利息调整”账户，在债券存续期间于计提利息时摊销。

本节重点说明不考虑发行费用、一次还本分期付息债券的会计处理。

【例9-3】一次还本债券分期付息债券。

黄河公司于1月1日发行公司债券：面值为100 000元，期限为5年，票面利率为

10%，每年付息一次，到期一次还本。分别以下几种情况进行账务处理：

（1）假设发行时实际利率为8%，则实际收到的金额为107 985元。

（2）假设发行时实际利率为10%，则实际收到的金额为100 000元。

（3）假设发行时实际利率为12%，则实际收到的金额为92 791元。

（1）溢价发行时（计算结果见表9.1）：

借：银行存款　　107 985

　贷：应付债券——面值　　100 000

　　　　　——利息调整　　7 985

表9.1　　债券溢价发行　　单位：元

会计期间	票面利息 贷：应付利息	债券该期期初账面价值	当期利息费用 借：财务费用	利息调整 借：应付债券-利息调整
	①	②	③	④
	=面值×票面利率	期初②-④	期初②×实际利率	=①-③
第一年	10 000	107 985	8 639	1 361
第二年	10 000	106 624	8 530	1 470
第三年	10 000	105 154	8 412	1 588
第四年	10 000	103 566	8 285	1 715
第五年	10 000	101 851	8 149	1 851
合计	50 000	——	42 015	7 985

以第二年的计算为例：

①=100 000×10%=10 000（元）

②=107 985-1 361=106 624（元）

③=106 624×8%==8 530（元）

④=10 000-8 530=1 470（元）

借：财务费用　　8 530

　　应付债券——利息调整　　1 470

　贷：应付利息　　10 000

每年支付利息时：

借：应付利息　　10 000

　贷：银行存款　　10 000

（2）平价（面值）发行时（计算结果见表9.2）：

借：银行存款　　100 000

　贷：应付债券——面值　　100 000

借：财务费用　　10 000

　　贷：应付利息　　　　10 000

每年支付利息时：

借：应付利息　　　　10 000

　　贷：银行存款　　　　10 000

表 9.2　　债券平价发行　　单位：元

会计期间	票面利息 贷：应付利息	债券该期期初账面价值	当期利息费用 借：财务费用	利息调整
	①	②	③	④
	=面值×票面利率	期初②-④	期初②×实际利率	
第一年	10 000	100 000	10 000	0
第二年	10 000	100 000	10 000	0
第三年	10 000	100 000	10 000	0
第四年	10 000	100 000	10 000	0
第五年	10 000	100 000	10 000	0
合计	50 000	——	50 000	——

（3）折价发行时（计算结果见表 9.3）：

借：银行存款　　　　92 791

　　应付债券——利息调整　　　　7 209

　　贷：应付债券——面值　　　　100 000

表 9.3　　债券折价发行　　单位：元

会计期间	票面利息 贷：应付利息	债券该期期初账面价值	当期利息费用 借：财务费用	利息调整 贷：应付债券-利息调整
	①	②	③	④
	=面值×票面利率	期初②+④	期初②×实际利率	=③-①
第一年	10 000	92 791	11 135	1 135
第二年	10 000	93 926	11 271	1 271
第三年	10 000	95 197	11 424	1 424
第四年	10 000	96 621	11 594	1 594
第五年	10 000	98 215	11 785	1 785
合计	50 000	——	57 209	7 209

以第二年的计算为例：

①=100 000×10%=10 000（元）

②=92 791+1 135=93 926（元）

③=93 926×12%==11 271（元）

④=11 271-10 000=1 271（元）

借：财务费用　　11 271

　贷：应付利息　　10 000

　　　应付债券——利息调整　　1 271

每年支付利息时：

借：应付利息　　10 000

　贷：银行存款　　10 000

第四节　长期应付款

一、长期应付款的概念及内容

长期应付款是指企业除了长期借款、应付债券以外的其他各种长期应付债务，主要包括以分期付款方式购入固定资产等发生的应付款项、应付融资租入固定资产租赁款等内容。

本节主要介绍以分期付款方式购入固定资产发生的长期应付款的账务处理。

二、长期应付款的账户设置及账务处理

（一）长期应付款的账户设置

为了总括地核算长期应付款的发生和偿还情况，企业应设置“长期应付款”账户。长期应付款的发生额记入贷方，按期支付的金额记入借方；本账户期末余额在贷方，反映应付未付的长期应付款项。该账户应按照长期应付款的种类和债权人设置明细账，进行明细分类核算。

“未确认融资费用”账户，用来核算企业应当分期计入利息费用的未确认融资费用。按债权人和长期应付款项目进行明细核算。本科目期末借方余额，反映企业未确认融资费用的摊余价值。

（二）长期应付款的会计核算

企业采用分期付款方式购买固定资产，且在合同中规定的付款期限比较长，超过了正常信用条件。在这种情况下，该类购货合同实质上具有融资租赁性质，购入资产的成本不能以各期付款额之和确定，而应以各期付款额的现值之和确定。购入固定资产时，按购买价款的现值，借记“固定资产”或“在建工程”科目；按应支付的金额，贷记“长期应付款”科目；按其差额，借记“未确认融资费用”科目。固定资产购买价款的现值，应当按照各期支付的购买价款选择恰当的折现率进行折现后的金额加以确定。折现率是反映当前市场货币时间价值和延期付款债务特定风险的利率。该

折现率实质上是供货企业的必要报酬率。各期实际支付的价款与购买价款的现值之间的差额，符合《企业会计准则第17号——借款费用》中规定的资本化条件的，应当计入固定资产成本，其余部分应当在信用期间内计入当期损益（财务费用）。

编制资产负债表时，“长期应付款”项目应根据“长期应付款”账户的期末余额，减去“未确认融资费用”账户期末余额后的金额填列。

【例9-4】　2007年1月1日，甲公司与乙公司签订一项购货合同，甲公司从乙公司购入一台需要安装的大型机器设备。合同约定，甲公司采用分期付款方式支付价款。该设备价款共计900 000元，首期款项150 000元于2007年1月1日支付，其余款项在2007年至2011年的5年期间平均支付，每年的付款日期为当年12月31日。

2007年1月1日，设备如期运抵甲公司并开始安装，发生运杂费和相关税费160 000元，已用银行存款付讫。2007年12月31日，设备达到预定可使用状态，发生安装费40 000元，已用银行存款付讫。

甲公司按照合同约定用银行存款如期支付了款项。假定折现率为10%。

（1）购买价款的现值为：

150 000 + 150 000 ×（P/A，10%，5）= 150 000 + 150 000 × 3.790 8 = 718 620（元）

2007年1月1日甲公司的账务处理如下：

借：在建工程　718 620
　　未确认融资费用　181 380
　贷：长期应付款　900 000
借：长期应付款　150 000
　贷：银行存款　150 000
借：在建工程　160 000
　贷：银行存款　160 000

（2）确定信用期间未确认融资费用的分摊额，参见表9.4。

表9.4　甲公司未确认融资费用分摊表

2007年1月1日　单位：元

日期	分期付款额	确认的融资费用	应付本金减少额	应付本金余额
①	②	③=期初⑤×10%	④=②-③	期末⑤=期初⑤-④
2007.1.1				568 620*
2007.12.31	150 000	56 862	93 138	475 482
2008.12.31	150 000	47 548.20	102 451.80	373 030.20
2009.12.31	150 000	37 303.02	112 696.98	260 333.22
2010.12.31	150 000	26 033.32	123 966.68	136 366.54

表9.4（续）

日期	分期付款额	确认的融资费用	应付本金减少额	应付本金余额
2011.12.31	150 000	13 633.46 **	136 366.54 ***	0
合计	750 000	181 380	568 620	——

注：* 568 620 = 718 620 - 150 000；

** 尾数调整：13 633.46 = 181 380 - 56 862 - 47 548.20 - 37 303.02 - 26 033.32；

*** 136 366.54 = 150 000 - 13 633.46，为第五年（2011 年）期初应付本金余额。

（3）2007 年 1 月 1 日—2007 年 12 月 31 日为设备的安装期间，未确认融资费用的分摊额符合资本化条件，计入固定资产成本。2007 年 12 月 31 日甲公司的账务处理如下：

借：在建工程　　56 862
　贷：未确认融资费用　　56 862
借：长期应付款　　150 000
　贷：银行存款　　150 000
借：在建工程　　40 000
　贷：银行存款　　40 000
借：固定资产　　975 482
　贷：在建工程　　975 482

固定资产的成本为：718 620 + 160 000 + 56 862 + 40 000 = 975 482（元）

（4）2008 年 1 月 1 日—2011 年 12 月 31 日，设备已经达到预定可使用状态，未确认融资费用的分摊额不再符合资本化条件，应计入当期损益（财务费用）。

2008 年 12 月 31 日：

借：财务费用　　47 548.20
　贷：未确认融资费用　　47 548.20
借：长期应付款　　150 000
　贷：银行存款　　150 000

2009 年 12 月 31 日：

借：财务费用　　37 303.02
　贷：未确认融资费用　　37 303.02
借：长期应付款　　150 000
　贷：银行存款　　150 000

2010 年 12 月 31 日：

借：财务费用　　26 033.32
　贷：未确认融资费用　　26 033.32
借：长期应付款　　150 000
　贷：银行存款　　150 000

2011 年 12 月 31 日：

借：财务费用　　13 633.46
　贷：未确认融资费用　　13 633.46
借：长期应付款　　150 000
　贷：银行存款　　150 000

【本章小结】

1. 学习本章内容以后，应了解非流动负债与流动负债的联系与区别。

2. 一次还本分期付息长期借款及到期一次还本付息长期借款和一次还本分期付息债券及一次还本付息债券的会计处理对财务报表相关项目具有不同的影响。

【复习与思考】

1. 流动负债和非流动负债有何不同？
2. 短期借款与长期借款在会计核算上有什么不同？
3. 债券发行价格与哪些因素相关？
4. 何为实际利率法？实际利率一般是如何确定的？
5. 比较分期付息一次还本公司债券和到期一次还本付息公司债券会计核算的异同。
6. 长期应付款主要核算哪些内容？

第十章　所有者权益

【目的和要求】

了解所有者权益的概念和内容；
了解投入资本的方式和计量；
理解资本公积和盈余公积的用途；
掌握股份有限公司和有限责任公司股本（实收资本）增减变动的会计核算；
掌握资本公积的会计核算；
掌握留存收益的会计核算。

【主要内容】

所有者权益的内容；
投入资本、资本公积、留存收益的会计核算。

【考核重点】

投入资本的会计核算；资本公积的会计核算；计提和使用盈余公积的会计核算。

第一节　所有者权益概述

我国《企业会计准则——基本准则》规定：所有者权益是指企业资产扣除负债后由所有者享有的剩余权益。这一定义说明了所有者权益的经济性质构成。资产减负债后的余额，也被称为净资产。因此，所有者权益是体现在净资产中的权益，是所有者对净资产的要求权。公司的所有者权益又称为股东权益。

所有者权益的来源包括所有者投入的资本、直接计入所有者权益的利得和损失、留存收益等。其中，“直接计入所有者权益的利得和损失”一般作为资本公积处理，“留存收益”包括盈余公积和未分配利润。因此，所有者权益通常由实收资本（或股本）、资本公积（含资本溢价或股本溢价、其他资本公积）、留存收益（盈余公积和未分配利润）构成。

所有者投入的资本是指所有者投入企业的资本部分，它既包括构成企业注册资本或者股本部分的金额，也包括投入资本超过注册资本或者股本部分的金额，即资本溢价或者股本溢价，这部分投入资本在我国企业会计准则体系中被计入了资本公积，并在资产负债表中的资本公积项目下反映。

直接计入所有者权益的利得和损失，是指不应计入当期损益、会导致所有者权益发生增减变动的、与所有者投入资本或者向所有者分配利润无关的利得或者损失。利得包括直接计入所有者权益的利得和直接计入当期利润的利得，直接计入所有者权益的利得是指由企业非日常活动所形成的、会导致所有者权益增加的、与所有者投入资本无关的经济利益的流入。损失包括直接计入所有者权益的损失和直接计入当期利润的损失，直接计入所有者权益的损失是指由企业非日常活动所发生的、会导致所有者权益减少的、与向所有者分配利润无关的经济利益的流出。直接计入所有者权益的利得和损失形成的其他资本公积主要包括自用房地产或存货的转换形成的资本公积、因长期股权投资调整形成的资本公积等。

留存收益是企业历年实现的净利润留存于企业的部分，主要包括累计计提的盈余公积和未分配利润。

第二节 实收资本（或股本）

一、实收资本的概念

实收资本是指企业按照章程规定或合同、协议约定，接受投资者投入企业的资本。实收资本的构成比例即投资者的出资比例或股东的股权比例，是确定所有者在企业所有者权益中份额的基础，也是企业进行利润或股利分配的主要依据。

我国目前实行的是折衷资本制度，《中华人民共和国公司法》（以下简称《公司法》）规定：注册资本为在公司登记机关登记的全体股东认缴的出资额或全体发起人认购的股本总额。公司全体股东或发起人的首次出资额不得低于注册资本的20%，其余部分由股东或发起人自公司成立之日起2年内缴足，其中，投资公司可以在5年内缴足。

注册资本可以用货币、实物、无形资产出资，但货币出资额不得低于30%，其余70%可以是无形资产或者实物资产。允许作为出（增）资的知识产权包括商标权、专利权、非专利技术、著作权（计算机软件）、版权和土地使用权。无形资产价值通过权威的资产评估机构出具价值评估报告来认定其价值。

二、实收资本（股本）的会计核算

非股份有限公司应设置“实收资本”账户，用来核算投资者投入资本的增减变动情况。该账户的贷方登记实收资本的增加数额，借方登记实收资本的减少数额，期末贷方余额反映企业期末实收资本实有数额。

股份有限公司应设置“股本”账户，用来核算公司实际发行股票的面值总额。该科目的贷方登记公司在核定的股份总额及股本总额范围内实际发行股票的面值总额，借方登记公司按照法定程序经批准减少的股本数额，期末贷方余额反映公司股本实有数额。

投资者可以用现金投资，也可以用非现金资产投资。

如果企业为非股份有限公司，则投资者投入的资本可以按如下方式计量：

（1）企业接受现金资产投资时，应以实际收到的金额或存入企业开户银行的金额，借记“银行存款”等账户，按投资合同或协议约定的投资者在企业注册资本中所占份额的部分，贷记“实收资本”账户，企业实际收到或存入开户银行的金额超过投资者在企业注册资本中所占份额的部分，贷记“资本公积——资本溢价”账户。

（2）企业接受固定资产、无形资产、原材料、库存商品等非现金资产投资时，应按投资合同或协议约定的价值（不公允的除外）作为固定资产、无形资产、原材料、库存商品等的入账价值，按投资合同或协议约定的投资者在企业注册资本中所占份额的部分作为实收资本入账，投资合同或协议约定的价值（不公允的除外）超过投资者在企业注册资本中所占份额的部分，计入“资本公积——资本溢价”。

收到投资者以生产经营用设备及原材料、库存商品等存货出资时，如果取得增值税专用发票等合法扣税凭证的，还应借记“应交税费——应交增值税（进项税额）”账户。如果存货按计划成本核算，还应考虑成本差异因素。

对于股份有限公司的股本，应按以下原则确定：

公司的股本应当在核定的股本总额及核定的股份总额的范围内发行股票取得。公司发生的股票，应按面值作为股本，超过面值发生取得的收入，其超过面值的部分，作为股本溢价，计入资本公积。其会计处理是：当公司发行股票收到现金等资产时，应按照实际收到的金额，借记“银行存款”等账户，按每股股票面值和核定的股份总额的乘积计算的金额，贷记“股本”账户，按其差额，贷记“资本公积——股本溢价”账户。

股份有限公司发行股票发生的手续费、佣金等交易费用，如果溢价发行股票的，应从溢价中抵扣，冲减资本公积（股本溢价）；无溢价发行股票或溢价金额不足以抵扣的，应将不足抵扣的部分冲减盈余公积和未分配利润。

【例 10－1】非股份有限公司接受现金资产投资。

A、B、C 三位投资人共同投资设立有限责任公司甲，注册资本为 1 000 000 元，A、B、C 三位投资人持股比例分别为 60%、25% 和 15%。按照章程规定，A、B、C 三位投资人投入资本分别为 600 000 元、250 000 元和 150 000 元。甲公司已如期收到各投资者一次缴足的款项。甲公司在进行会计处理时，应编制如下会计分录：

借：银行存款	1 000 000	
贷：实收资本——A 投资人		600 000
——B 投资人		250 000
——C 投资人		150 000

【例 10－2】股份有限公司接受现金资产投资。

高原股份有限公司发行普通股 10 000 000 股，每股面值 1 元，每股发行价格 5 元。假定股票发行成功，股款 50 000 000 元已全部收到，不考虑发行过程中的税费等因素。根据上述资料，高原公司应做如下账务处理：

应计入“资本公积”科目的金额＝50 000 000－10 000 000＝40 000 000（元）

编制会计分录如下：

借：银行存款　　50 000 000

　贷：股本　　10 000 000

　　　资本公积——股本溢价　　40 000 000

【例 10－3】非股份有限公司接受固定资产投资。

有限责任公司甲于设立时收到乙公司作为资本投入的不需要安装的机器设备一台，合同约定该机器设备的价值为 1 000 000 元，增值税进项税额为 170 000 元。合同约定的固定资产价值与公允价值相符，不考虑其他因素。甲公司进行会计处理时，应编制如下会计分录：

借：固定资产　　1 000 000

　　应交税费——应交增值税（进项税额）　　170 000

　贷：实收资本——乙公司　　1 170 000

【例 10－4】非股份有限公司接受存货（原材料）投资。

有限责任公司乙于设立时收到 B 公司作为资本投入的原材料一批，该批原材料投资合同或协议约定价值（不含可抵扣的增值税进项税额部分）为 200 000 元，增值税进项税额为 34 000 元。B 公司已开具了增值税专用发票。假设合同约定的价值与公允价值相符，该进项税额允许抵扣，不考虑其他因素。乙有限责任公司在进行会计处理时，应编制如下会计分录：

借：原材料　　200 000

　　应交税费——应交增值税（进项税额）　　34 000

　贷：实收资本——B 公司　　234 000

本例中，原材料的合同约定价值与公允价值相符，因此，可按照 100 000 元的金额借记"原材料"科目；同时，该进项税额允许抵扣，因此，增值税专用发票上注明的增值税税额 17 000 元，应借记"应交税费——应交增值税（进项税额）"科目。乙公司接受的 B 公司投入的原材料按合同约定全额作为实收资本，因此可按 117 000 元的金额贷记"实收资本"科目。

【例 10－5】非股份有限公司接受无形资产投资。

有限责任公司丙于设立时收到 A 公司作为资本投入的非专利技术一项，该非专利技术投资合同约定价值为 120 000 元，同时收到 B 公司作为资本投入的土地使用权一项，投资合同约定价值为 160 000 元。假设丙公司接受该非专利技术和土地使用权符合国家注册资本管理的有关规定，可按合同约定作实收资本入账，合同约定的价值与公允价值相符，不考虑其他因素。丙公司在进行会计处理时，应编制如下会计分录：

借：无形资产——非专利技术　　120 000

　　　　　　——土地使用权　　160 000

　贷：实收资本——A 公司　　120 000

　　　　　　　——B 公司　　160 000

三、实收资本（或股本）的增减变动

（一）实收资本（或股本）的增加

企业按规定接受投资者追加投资时，核算原则与投资者初次投入时相同。

企业采用资本公积或盈余公积转增资本时，应按转增的资本金额确认实收资本或股本。用资本公积转增资本时，借记“资本公积——资本溢价或股本溢价”账户，贷记“实收资本”（或“股本”）账户。用盈余公积转增资本时，借记“盈余公积”账户，贷记“实收资本”（或“股本”）账户。用资本公积或盈余公积转增资本时，应按原投资者各自出资比例计算确定各投资者相应增加的出资额。

【例 10 - 6】非股份有限公司股东追加投资。

甲、乙、丙三人共同投资设立 A 有限责任公司，原注册资本为 4 000 000 元，甲、乙、丙分别出资 500 000 元、2 000 000 元和 1 500 000 元。为扩大经营规模，经批准，A 公司注册资本扩大为 5 000 000 元，甲、乙、丙按照原出资比例分别追加投资 125 000 元、500 000 元和 375 000 元。A 公司如期收到甲、乙、丙追加的现金投资。A 公司的会计分录如下：

借：银行存款	1 000 000	
贷：实收资本——甲		125 000
——乙		500 000
——丙		375 000

【例 10 - 7】非股份有限公司资本公积转增资本。

承【例 10 - 6】因扩大经营规模需要，经批准，A 公司按原出资比例将资本公积 600 000 元转增资本。A 公司的会计分录如下：

借：资本公积——资本溢价	600 000	
贷：实收资本——甲		75 000
——乙		300 000
——丙		225 000

本例中，资本公积 600 000 元按原出资比例增转实收资本，因此，A 公司应分别按照 75 000 元、300 000 元和 225 000 元的金额贷记“实收资本”账户中的甲、乙、丙明细分类账。

【例 10 - 8】非股份有限公司盈余公积转增资本。

承【例 10 - 6】因扩大经营规模需要，经批准，A 公司按原出资比例将盈余公积 500 000 元转增资本。A 公司的会计分录如下：

借：盈余公积	500 000	
贷：实收资本——甲		62 500
——乙		250 000
——丙		187 500

本例中，盈余公积 500 000 元按原出资比例转增实收资本，因此，A 公司应分别按

照 62 500 元、250 000 元和 187 500 元的金额贷记"实收资本"账户中的甲、乙、丙明细分类账。

（二）实收资本（或股本）的减少

企业按法定程序报经批准减少注册资本的，按减少的注册资本金额减少实收资本。股份有限公司采用收购本公司股票方式减资的，按股票面值和注销股数计算的股票面值总额冲减股本，借记"股本"账户，按注销库存股的账面余额，贷记"库存股"账户，按其差额借记"资本公积——股本溢价"账户。股本溢价不足以冲减的，应借记"盈余公积"、"利润分配——未分配利润"账户。如果购回股票支付的价款低于面值总额的，应按股票面值总额借记"股本"账户，按所注销的库存股账面余额，贷记"库存股"账户，按其差额贷记"资本公积——股本溢价"账户。

【例 10 -9】股份有限公司回购股票减资。

A 公司 2009 年 12 月 31 日的股本为 100 000 000 股，面值为 1 元，资本公积（股本溢价）为 30 000 000 元，盈余公积为 40 000 000 元。经股东大会批准，A 公司以现金回购本公司股票 20 000 000 股并注销。假定 A 公司按每股 2 元回购股票，不考虑其他因素，A 公司的会计处理如下：

（1）回购本公司股票时：

借：库存股	40 000 000	
贷：银行存款		40 000 000

库存股本 = 20 000 000 × 2 = 40 000 000（元）

（2）注销本公司股票时：

借：股本	20 000 000	
资本公积——股本溢价	20 000 000	
贷：库存股		40 000 000

应冲减的资本公积 = 20 000 000 × 2 − 20 000 000 × 1 = 20 000 000（元）

【例 10 -10】股份有限公司回购股票减资。

承【例 10 -9】假定 A 公司按每股 3 元回购股票，其他条件不变，A 公司的会计处理如下：

（1）回购本公司股票时：

借：库存股	60 000 000	
贷：银行存款		60 000 000

库存股本 = 20 000 000 × 3 = 60 000 000（元）

（2）注销本公司股票时：

借：股本	20 000 000	
资本公积——股本溢价	30 000 000	
盈余公积	10 000 000	
贷：库存股		60 000 000

应冲减的资本公积 = 20 000 000 × 3 − 20 000 000 × 1 = 40 000 000（元）

由于冲减的资本公积大于公司现有的资本公积，所以只能冲减资本公积 30 000 000 元，剩余的 10 000 000 元应冲减盈余公积。

【例 10－11】股份有限公司回购股票减资。

承【例10－9】假定A公司按每股0.9元回购股票，其他条件不变，A公司的会计处理如下：

（1）回购本公司股票时：

借：库存股　　18 000 000

　贷：银行存款　　18 000 000

库存股本＝20 000 000×0.9＝18 000 000（元）

（2）注销本公司股票时：

借：股本　　20 000 000

　贷：库存股　　18 000 000

　　　资本公积——股本溢价　　2 000 000

应增加的资本公积＝20 000 000×1－20 000 000×0.9＝2 000 000（元）

由于折价回购，股本与库存股成本的差额 2 000 000 元应作为增加资本公积处理。

第三节　资本公积

一、资本公积概述

资本公积是所有者权益的组成部分，是指企业收到投资者出资超过其在注册资本（或股本）中所占的份额以及直接计入所有者权益的利得和损失等。在我国，资本公积的内容包括：资本溢价或股本溢价和直接计入所有者权益的利得和损失等。

资本（或股本）溢价是指企业收到投资者的超过其在企业注册资本或股本中所占份额的投资。直接计入所有者权益的利得和损失是指不应计入当期损益、会导致所有者权益发生增减变动的、与所有者投入资本或者向所有者分配利润无关的利得或者损失，如企业的长期股权投资采用权益法核算时，因被投资单位除净损益以外所有者权益的其他变动，投资企业按应享有份额而增加或减少的资本公积。

根据我国《公司法》等法律的规定，资本公积的用途主要是用来转增资本（或股本）。但对其他资本公积项目，在相关资产处置之前，不能用于转增资本或股本。

会计核算上应设置“资本公积”账户，用以反映资本公积的增减变动情况。增加资本公积贷记该账户，减少资本公积借记该账户；该账户的余额在贷方，反映企业实有的资本公积。该账户应按资本公积形成的类别设置明细账，进行明细核算。按我国财政部发布的《会计科目和主要账务处理》规定，“资本公积”应设置“资本（或股本）溢价”和“其他资本公积”两个明细科目。

二、资本公积的账务处理

（一）资本溢价或股本溢价

1. 资本溢价

企业接受投资者投入资产的金额超过投资者在企业注册资本中所占份额的部分，通过“资本公积——资本溢价”账户核算。如有限责任公司的投资者实际支付的出资额超过接受投资企业确认为实收资本的差额，即为资本溢价。在企业创立之初，投资者所认缴的出资额应全部作为实收资本，记入“实收资本”账户。在企业创立之后，如有新的投资者加入，其出资额未必全部作为实收资本处理，其原因是：一方面，在企业正常经营过程中投入与企业创立之时同样数额的资本，其获利能力未必相同，企业创立时要经过筹建、试营业，为产品寻觅市场、开辟市场等一系列艰辛的创立过程，从资本投入到取得投资回报，需要许多时间，冒着较大风险，其间的资本利润率又源于企业创立之初必要的垫支资本，企业创立者为此付出了代价，因此同样数额的资本，出资时间越早，对企业的影响就越大。相应地，投资者享有的权利也大些，这样新加入的投资者为取得一定的投资比例，往往需要付出大于按这一投资比例计算的实收资本额。另一方面，企业经营过程中因盈利而形成的留存收益是企业所有者的权益，但未转入实收资本，新加入的投资者如要分享这部分留存收益，也应该付出大于按一定投资比例计算的出资额。投资者投入的资本中按其投资比例计算的出资额部分，应记入“实收资本”账户，大于部分应记入“资本公积——资本溢价”账户。

【例 10－12】资本公积——资本溢价。

A 有限责任公司由两位投资者投资 200 000 元设立，每人各出资 100 000 元。一年后，为扩大经营规模，经批准，A 有限责任公司注册资本增加到 300 000 元，并引入第三位投资者加入。按照投资协议，新投资者需缴入现金 110 000 元，同时享有该公司三分之一的股份。A 有限责任公司已收到该现金投资。假定不考虑其他因素，A 有限责任公司的会计分录如下：

借：银行存款	110 000
贷：实收资本	100 000
资本公积——资本溢价	10 000

2. 股本溢价

股份有限公司发行股票收到现金资产时，借记“银行存款”等账户，按每股股票面值和发行股份总额的乘积计算的金额，贷记“股本”账户，实际收到的金额与该股本之间的差额贷记“资本公积——股本溢价”账户。

股份有限公司发行股票发生的手续费、佣金等交易费用，如果溢价发行股票的，应从溢价中抵扣，冲减资本公积（股本溢价）；无溢价发行股票或溢价金额不足以抵扣的，应将不足抵扣的部分冲减盈余公积和未分配利润。

【例 10－13】资本公积——股本溢价。

甲股份有限公司首次公开发行了普通股 10 000 000 股，每股面值 1 元，每股发行价格为3元。甲公司与受托单位约定，按发行收入的3%收取手续费，从发行收入中扣除。假定收到的股款已存入银行。甲公司的会计处理如下：

收到发行收入时：

借：银行存款　　　　29 100 000［10 000 000×3×（1－3%）］

　贷：股本　　　　10 000 000

　　　资本公积——股本溢价　　　　19 100 000

此外，同一控制下控股合并形成的长期股权投资，也会产生资本溢价或股本溢价。因为同一控制下控股合并形成的长期股权投资，在合并日按取得被合并方所有者权益账面价值的份额，借记“长期股权投资”账户，按支付的合并对价的账面价值，贷记有关资产账户或有关负债账户，按其差额，借记或贷记“资本公积（资本溢价或股本溢价）”；假设是借记时，实际上是冲减投资方的“资本公积（资本溢价或股本溢价）”，若其不足冲减时，依次冲减“盈余公积”、“利润分配——未分配利润”账户。

【例10－14】资本公积（转增资本）。

参见【例10－7】。

（二）其他资本公积

其他资本公积是指除资本溢价（或股本溢价）项目以外所形成的资本公积。

其他资本公积主要包括以下内容：

1. 权益法核算的长期股权投资

长期股权投资采用权益法核算的情况下，企业对于被投资单位除净利润以外其他所有者权益的变动，在持股比例不变的情况下，按照持股比例与被投资单位除净利润以外其他所有者权益的变动额计算应享有或承担的部分，借记或贷记“长期股权投资——其他权益变动”账户，贷记或借记“资本公积——其他资本公积”账户。

【例10－15】资本公积——其他资本公积。

有限责任公司甲于2010年1月1日向A公司投资4 000 000元，拥有该公司20%的股份，并对该公司有重大影响，因而对A公司长期股权投资采用权益法核算。2010年12月31日，A公司净损益之外的所有者权益增加了500 000元。假定除此以外，A公司的所有者权益没有变化，有限责任公司甲的持股比例没有变化，A公司资产的账面价值与公允价值一致，不考虑其他因素。有限责任公司甲的会计分录如下：

借：长期股权投资——其他权益变动（A公司）　　　　100 000

　贷：资本公积——其他资本公积　　　　100 000

2. 自用房地产或存货转换为投资性房地产公允价值与账面价值之间的差额

企业将自用房地产或存货转换为采用公允价值模式计量的投资性房地产时，转换日的公允价值小于原账面价值的，其差额记入当期损益（公允价值变动损益）。转换日的公允价值大于原账面价值的，其差额应记入资本公积（其他资本公积）。处置该项投资性房地产时，若存在原转换日计入资本公积的金额，应转入当期损益（其他业务成本或主营业务成本）。

3. 可供出售金融资产的公允价值变动

可供出售金融资产在持有期间的资产负债表日，应当以公允价值计量，且公允价值的变动记入资本公积（其他资本公积）。

4. 以权益结算的股份支付

企业以权益结算的股份支付换取职工或其他方提供服务的，应按权益工具授予日的公允价值计入资本公积（其他资本公积）；在行权日，应按实际行权的权益工具数量计算确定的金额，转为实收资本和资本公积（资本溢价）。

第四节　留存收益

一、留存收益概述

留存收益是指企业从历年实现的利润中提取或形成的留存于企业的内部积累。它是从企业经营所得的净利润中积累而形成的，也属于所有者权益，但不同于实收资本和资本公积。其区别在于，实收资本和资本公积来源于企业的资本投入，而留存收益则来源于企业资本增值。留存收益包括盈余公积和未分配利润。

二、盈余公积

盈余公积是指企业按照规定从净利润中提取的各种积累资金。公司制企业的盈余公积分为法定盈余公积和任意盈余公积。两者的区别就在于其各自计提的依据不同：前者以国家的法律或行政规章为依据提取；后者则由企业自行决定提取。

（一）盈余公积的有关规定

根据《公司法》等有关法规的规定，企业当年实现的净利润，一般应当按照如下顺序进行分配。

1. 提取法定盈余公积

公司制企业的法定盈余公积按照税后利润的10%的比例提取（非公司制企业也可按照超过10%的比例提取），在计算提取法定盈余公积的基数时，不应包括企业年初未分配利润。公司法定盈余公积累计额达到公司注册资本的50%时，可以不再提取法定盈余公积。

公司的法定盈余公积不足以弥补以前年度亏损的，在提取法定盈余公积之前，应当先用当年利润弥补亏损。

2. 提取任意盈余公积

公司从税后利润中提取法定盈余公积金，经股东会或者股东大会决议，还可以从税后利润中提取任意盈余公积。非公司制企业经类似权力机构批准，也可提取任意盈余公积。

公司弥补亏损和提取公积金后所余税后利润，有限责任公司股东按照实缴的出资比例分取红利，但是，全体股东约定不按照出资比例分取红利的除外；股份有限公司按照股东持有的股份比例分配，但股份有限公司章程规定不按持股比例分配的除外。

股东会、股东大会或者董事会违反规定，在公司弥补亏损和提取法定盈余公积之前向股东分配利润的，股东必须将违反规定分配的利润退还公司。公司持有的本公司股份不得分配利润。

（二）盈余公积的用途

企业提取盈余公积（法定盈余公积和任意盈余公积）主要可以用于以下三个方面：

1. 弥补亏损

企业发生亏损时，应由企业自行弥补。弥补亏损的渠道主要有三种：一是用以后年度税前利润弥补。按照现行制度规定，企业发生亏损时，可以用以后五年内实现的税前利润弥补，即税前利润弥补亏损的期间为五年。二是用以后年度税后利润弥补。企业发生的亏损经过五年期间未弥补足额的，尚未弥补的亏损应用所得税后的利润弥补。三是以盈余公积弥补亏损。企业以提取的盈余公积弥补亏损时，应当由公司董事会提议，并经股东大会批准。

2. 转增资本（股本）

企业将盈余公积转增资本时，必须经股东大会决议批准。在实际将盈余公积转增资本时，按所有者（股东）的原有持股比例增加资本。按现行规定，用盈余公积转增资本时，转增后留存的盈余公积不得少于转增前公司注册资本的25%。

企业提取的盈余公积，无论是用于弥补亏损，还是用于转增资本，只不过是在企业所有者权益内部作结构上的调整。比如，企业以盈余公积弥补亏损时，实际是减少盈余公积留存的数额，以此抵补未弥补亏损的数额，并不引起企业所有者权益总额的变动；企业以盈余公积转增资本时，也只是减少盈余公积结存的数额，但同时增加企业实收资本或股本的数额，也并不引起所有者权益总额的变动。

3. 分配现金股利或利润

企业分配现金股利或利润应以实现一定的净利润为前提，无净利润实现时，原则上不分配。但有时企业为了维护企业信誉等原因，经股东大会特别决议，也可用部分盈余公积分配少量现金股利。

（三）盈余公积的账务处理

为了反映盈余公积的形成及使用情况，企业应设置“盈余公积”总账账户。企业应当分别“法定盈余公积”、“任意盈余公积”进行明细核算。外商投资企业还应分别“储备基金”、“企业发展基金”和“利润归还投资”进行明细核算。

企业提取盈余公积时，借记“利润分配——提取法定盈余公积”、“利润分配——提取任意盈余公积”账户，贷记“盈余公积——法定盈余公积”、“盈余公积——任意盈余公积”账户。

外商投资企业按规定提取的储备基金、企业发展基金、职工奖励及福利基金，借记“利润分配——提取储备基金”、“利润分配——提取企业发展基金”、“利润分配——提取职工奖励及福利基金”账户，贷记“盈余公积——储备基金”、“盈余公积——企业发展基金”、“应付职工薪酬”账户。

企业用盈余公积弥补亏损或转增资本时，借记“盈余公积”账户，贷记“利润分配——盈余公积补亏”、“实收资本”或“股本”账户。经股东大会决议，用盈余公积派送新股，按派送新股计算的金额，借记“盈余公积”账户，按股票面值和派送新股总数计算的股票面值总额，贷记“股本”账户，按其差额，贷记“资本公积——股本溢价”账户。

企业在盈余公积弥补亏损后，如果仍有结余，经股东大会或类似机构决议，用于发放现金股利或利润时，应当借记“盈余公积”账户，贷记“应付股利”账户。

中外合作经营业企业在经营期间用利润归还投资，应按实际归还投资的金额，借记“实收资本——已归还投资”账户，贷记“银行存款”等账户；同时，借记“利润分配——利润归还投资”账户，贷记“盈余公积——利润归还投资”账户。

【例10－16】盈余公积（提取盈余公积）。

股份有限公司丙本年实现净利润为6 000 000元，年初未分配利润为0。经股东大会批准，股份有限公司丙按当年净利润的10%提取法定盈余公积。假定不考虑其他因素，股份有限公司丙的会计分录如下：

借：利润分配——提取法定盈余公积　　600 000
　贷：盈余公积——法定盈余公积　　600 000

【例10－17】盈余公积（弥补亏损）。

经股东大会批准，H股份有限公司用以前年度提取的盈余公积弥补当年亏损，当年弥补亏损的数额为300 000元。假定不考虑其他因素，H股份有限公司的会计分录如下：

借：盈余公积　　300 000
　贷：利润分配——盈余公积补亏　　300 000

【例10－18】盈余公积（转增资本）。

参见【例10－8】。

【例10－19】盈余公积（分配现金股利）。

D股份有限公司，经股东大会决议，决定按股票面值的5%分配股利，由结存的法定盈余公积列支。假设该公司发行在外普通股2 000万股，每股面值1元，则本次用于发放现金股利的盈余公积为100万元（1×5%×2 000）。D股份有限公司的会计分录如下：

借：盈余公积——法定盈余公积　　1 000 000
　贷：应付股利　　1 000 000

三、未分配利润

未分配利润是企业留待以后年度进行分配的结存利润，也是企业所有者权益的组成部分。相对于所有者权益的其他部分来讲，企业对于未分配利润的使用分配有较大的自主权。从数量上来讲，未分配利润是期初未分配利润，加上本期实现的净利润，减去提取的各种盈余公积和已分出利润后的余额。其中，期初未分配加上本期实现的净利润，即可供分配的利润。可供分配的利润，按下列顺序分配：

(1) 提取法定盈余公积；

（2）提取任意盈余公积；

（3）向投资者分配利润。

在会计处理上，未分配利润是通过“利润分配”账户进行核算的，“利润分配”账户应当分别“提取法定盈余公积”、“提取任意盈余公积”、“应付现金股利或利润”、“转作股本的股利”、“盈余公积补亏”和“未分配利润”等进行明细核算。

（一）分配股利或利润的账务处理

经股东大会或类似机构决议，分配给股东或投资者的现金股利或利润，借记“利润分配——应付现金股利或利润”账户，贷记“应付股利”账户。经股东大会或类似机构决议，分配给股东的股票股利，应在办理增资手续后，借记“利润分配——转作股本的股利”账户，贷记“股本”账户。

（二）期末结转的账务处理

企业期末结转利润时，应将各损益类账户的余额转入“本年利润”账户，结平各损益类账户。结转后“本年利润”的贷方余额为当期实现的净利润，借方余额为当期发生的净亏损。年度终了，应将本年收入和支出相抵后结出的本年实现的净利润或净亏损，转入“利润分配——未分配利润”账户。同时，将“利润分配”账户所属的其他明细账户的余额，转入“未分配利润”明细账户。结转后，“未分配利润”明细账户的贷方余额，就是未分配利润的金额；如出现借方余额，则表示未弥补亏损的金额。期末，除“利润分配——未分配利润”账户外，“利润分配”账户所属的其他明细账户应无余额。

（三）弥补亏损的会计处理

企业在生产经营过程中既有可能发生盈利，也有可能出现亏损。企业在当年发生亏损的情况下，与实现利润的情况相同，应当将本年发生的亏损自“本年利润”账户，转入“利润分配——未分配利润”账户，借记“利润分配——未分配利润”账户，贷记“本年利润”账户。结转后“利润分配”账户的借方余额，即为未弥补亏损的数额。然后通过“利润分配”账户核算有关亏损的弥补情况。

由于未弥补亏损形成的时间长短不同等原因，以前年度未弥补亏损有的可以用当年实现的税前利润弥补，有的则须用税后利润弥补。以当年实现的利润弥补以前年度结转的未弥补亏损，不需要进行专门的账务处理。企业应将当年实现的利润自“本年利润”账户，转入“利润分配——未分配利润”账户的贷方，其贷方发生额与“利润分配——未分配利润”的借方余额自然抵补。

无论是以税前利润还是以税后利润弥补亏损，其会计处理方法均相同。但是，两者在计算交纳所得税时的处理是不同的。在以税前利润弥补亏损的情况下，其弥补的数额可以抵减当期企业应纳税所得额，而以税后利润弥补的数额，则不能作为应纳税所得额的扣除项目处理。

【例 10－20】未分配利润（提取盈余公积，分配现金股利）。

乙股份有限公司董事会提出利润分配方案并经股东大会批准。分配方案如下：提取法定盈余公积50万元，提取任意盈余公积30万元，分配现金股利80万元。

乙股份有限公司的会计分录如下：

借：利润分配——提取法定盈余公积	500 000	
——提取任意盈余公积	300 000	
——应付现金股利	800 000	
贷：盈余公积——法定盈余公积		500 000
——任意盈余公积		300 000
应付股利		800 000

【例10-21】未分配利润（期末结转）。

承【例10-20】假设该年各损益类账户结转后，“本年利润”账户为贷方余额，金额500万元。不考虑所得税等其他因素，将“利润分配”账户所属的其他明细账户的余额，转入“未分配利润”明细账户。

乙股份有限公司的会计分录如下：

借：本年利润	5 000 000	
贷：利润分配——未分配利润		5 000 000
借：利润分配——未分配利润	1 600 000	
贷：利润分配——提取法定盈余公积		500 000
——提取任意盈余公积		300 000
——应付现金股利		800 000

【本章小结】

本章讲述的主要内容有：所有者权益的内容和结构；不同组织形式企业的投入资本的会计核算；资本公积的构成内容、主要用途及其会计核算；盈余公积的构成内容、主要用途及其会计核算。所有者权益作为资产负债表要素，其各项内容虽是资产负债表的重要组成部分，但与损益项目也有联系，尤其是其中的留存收益，与净损益直接相关。

【复习与思考】

1. 所有者权益包括哪些内容？

2. 查阅相关法规及资料，了解我国投入资本的相关规定；了解不同组织形式下企业投入资本的核算有何异同。掌握股份有限公司和有限责任公司投入资本的核算。

3. 资本公积的构成内容有哪些？其主要用途是什么？如何核算？

4. 简述其他资本公积包含的内容。

5. 盈余公积的构成内容有哪些？其主要用途是什么？如何核算？

6. 弥补亏损如何核算？

第十一章 收入

【目的与要求】

通过本章学习，掌握收入的特点和分类及相应的账务处理。

【主要内容】

收入的特点和分类，销售商品收入金额的确定；

一般销售商品业务、已经发出商品但不符合销售收入确认条件的销售业务、商业折扣、现金折扣和销售折让、销售退回、采用预收款方式销售商品、采用支付手续费方式委托代销商品等情况下销售商品收入的账务处理；

完工百分比法确认提供劳务收入的账务处理，让渡资产使用权的使用费收入的账务处理。

【考核重点】

收入的确认、计量及账务处理

第一节 销售商品收入

一、收入的概念和特征

收入是指企业在日常活动中形成的、会导致所有者权益增加的、与所有者投入资本无关的经济利益的总流入。收入具有以下特点：

（一）收入是企业在日常活动中形成的经济利益的总流入

日常活动是指企业为完成其经营目标所从事的经常性活动以及与之相关的活动。工业企业销售产品、商业企业销售商品、保险公司签发保单、咨询公司提供咨询服务、软件开发企业为客户开发软件、安装公司提供安装服务、商业银行对外贷款、租赁公司出租资产等活动，均属于企业为完成其经营目标所从事的经常性活动，由此形成的经济利益的总流入构成收入。工业企业对外转让无形资产使用权、出售不需用的原材料、对外进行权益性投资（取得现金股利）或债权性投资（取得利息）等活动，虽不属于企业的经常性活动，但属于企业为完成其经营目标所从事的与经常性活动相关的活动，由此形成的经济利益的总流入也构成收入。

收入形成于企业日常活动的特征使其与产生于非日常活动的利得相区分。企业所从事或发生的某些活动也能为企业带来经济利益，但不属于企业为完成其经营目标所从事的经常性活动，也不属于与经常性活动相关的活动。例如，工业企业处置固定资产、无形资产，因其他企业违约收取罚款等，这些活动形成的经济利益的总流入属于企业的利得而不是收入。

（二）收入会导致企业所有者权益的增加

收入形成的经济利益总流入的形式多种多样，既可能表现为资产的增加，如增加银行存款、应收账款；也可能表现为负债的减少，如减少预收账款；还可能表现为两者的组合，如销售实现时，部分冲减预收账款，部分增加银行存款。收入形成的经济利益总流入能增加资产或减少负债或两者兼而有之，根据“资产－负债＝所有者权益”的会计等式，收入一定能增加企业的所有者权益。这里所说的收入能增加所有者权益，仅指收入本身的影响，而收入扣除与之相配比的费用后的净额，既可能增加所有者权益，也可能减少所有者权益。

企业为第三方或客户代收的款项，如企业代国家收取的增值税等，一方面增加企业的资产，另一方面增加企业的负债，并不增加企业的所有者权益，因此不构成本企业的收入。

（三）收入与所有者投入资本无关

所有者投入资本主要是为谋求享有企业资产的剩余权益，由此形成的经济利益的总流入不构成收入，而应确认为企业所有者权益的组成部分。

二、收入的分类

（一）收入按企业从事日常活动的性质不同，分为销售商品收入、提供劳务收入和让渡资产使用权收入

1. 销售商品收入

销售商品收入是指企业通过销售商品实现的收入。这里的商品包括企业为销售而生产的产品和为转售而购进的商品。企业销售的其他存货如原材料、包装物等也视同商品。

2. 提供劳务收入

提供劳务收入是指企业通过提供劳务实现的收入。例如，企业通过提供旅游、运输、咨询、代理、培训、产品安装等劳务所实现的收入。

3. 让渡资产使用权收入

让渡资产使用权收入是指企业通过让渡资产使用权实现的收入。让渡资产使用权收入包括利息收入和使用费收入。利息收入主要是指金融企业对外贷款形成的利息收入，以及同业之间发生往来形成的利息收入等。使用费收入主要是指企业转让无形资产（如商标权、专利权、专营权、版权）等资产的使用权形成的使用费收入。企业对外出租固定资产收取的租金、进行债权投资收取的利息、进行股权投资取得的现金股利等，也构成让渡资产使用权收入。

(二) 收入按企业经营业务的主次不同，分为主营业务收入和其他业务收入

1. 主营业务收入

主营业务收入是指企业为完成其经营目标所从事的经常性活动实现的收入。主营业务收入一般占企业总收入的较大比重，对企业的经济效益产生较大影响。不同行业企业的主营业务收入所包括的内容不同。例如，工业企业的主营业务收入主要包括销售商品、自制半成品、代制品、代修品，提供工业性劳务等实现的收入；商业企业的主营业务收入主要包括销售商品实现的收入；咨询公司的主营业务收入主要包括提供咨询服务实现的收入；安装公司的主营业务收入主要包括提供安装服务实现的收入。

企业实现的主营业务收入通过“主营业务收入”科目核算，并通过“主营业务成本”科目核算为取得主营业务收入发生的相关成本。

2. 其他业务收入

其他业务收入是指企业为完成其经营目标所从事的与经常性活动相关的活动实现的收入。其他业务收入属于企业日常活动中次要交易实现的收入，一般占企业总收入的比重较小。不同行业企业的其他业务收入所包括的内容不同。例如，工业企业的其他业务收入主要包括对外销售材料、对外出租包装物、商品或固定资产、对外转让无形资产使用权、对外进行权益性投资（取得现金股利）或债权性投资（取得利息）、提供非工业性劳务等实现的收入。

企业实现的原材料销售收入、包装物租金收入、固定资产租金收入、无形资产使用费收入等，通过“其他业务收入”科目核算，企业进行权益性投资或债权性投资取得的现金股利收入和利息收入，通过“投资收益”科目核算。通过“其他业务收入”科目核算的其他业务收入，需通过“其他业务成本”科目核算为取得其他业务收入发生的相关成本。

三、销售商品收入的确认条件

企业在销售商品时，必须同时满足以下五个条件，才能予以确认收入：

(一) 企业已将商品所有权上的主要风险和报酬转移给购货方

企业已将商品所有权上的主要风险和报酬转移给购货方，是指与商品所有权有关的主要风险和报酬同时转移。与商品所有权有关的风险，是指商品可能发生减值或毁损等形成的损失；与商品所有权有关的报酬，是指商品价值增值或通过使用商品等形成的经济利益。企业已将商品所有权上的主要风险和报酬转移给购货方，构成确认销售商品收入的重要条件。

判断企业是否已将商品所有权上的主要风险和报酬转移给购货方，应当关注交易的实质，并结合所有权凭证的转移进行判断。如果与商品所有权有关的任何损失均不需要销货方承担，与商品所有权有关的任何经济利益也不归销货方所有，就意味着商品所有权上的主要风险和报酬转移给了购货方。

通常情况下，转移商品所有权凭证并交付实物后，商品所有权上的所有风险和报酬随之转移，如大多数商品零售、预收款销售商品等。对于商品零售交易，销货方在

售出商品时将商品交付给购货方，同时收到购货方支付的货款，这一交付行为发生后，购货方一般不能退货，售出商品发生的任何损失均不再需要销货方承担，售出商品带来的经济利益也不再归销货方所有，因此可以认为该售出商品所有权上的风险和报酬已转移给了购货方。

某些情况下，转移商品所有权凭证但未交付实物，商品所有权上的主要风险和报酬随之转移，企业只保留商品所有权上的次要风险和报酬，如交款提货方式销售商品。有时，已交付实物但未转移商品所有权凭证，商品所有权上的主要风险和报酬未随之转移，如采用支付手续费方式委托代销商品。

（二）企业既没有保留通常与所有权相联系的继续管理权，也没有对已售出的商品实施有效控制

通常情况下，企业售出商品后不再保留与商品所有权相联系的继续管理权，也不再对售出商品实施有效控制，商品所有权上的主要风险和报酬已经转移给购货方，通常应在发出商品时确认收入。如果企业在商品销售后保留了与商品所有权相联系的继续管理权，或能够继续对其实施有效控制，说明商品所有权上的主要风险和报酬没有转移，销售交易不能成立，不应确认收入，如售后租回。

（三）相关的经济利益很可能流入企业

在销售商品的交易中，与交易相关的经济利益主要表现为销售商品的价款。相关的经济利益很可能流入企业，是指销售商品价款收回的可能性大于不能收回的可能性，即销售商品价款收回的可能性超过50%。企业在销售商品时，如估计销售价款不是很可能收回，即使收入确认的其他条件均已满足，也不应当确认收入。

企业在确定销售商品价款收回的可能性时，应当结合以前和买方交往的直接经验、政府有关政策、其他方面取得信息等因素进行分析。企业销售的商品符合合同或协议要求，已将发票账单交付买方，买方承诺付款，通常表明相关的经济利益很可能流入企业。如果企业判断销售商品收入满足确认条件而予以确认，同时确认了一笔应收债权，以后由于购货方资金周转困难无法收回该债权时，不应调整原会计处理，而应对该债权计提坏账准备、确认坏账损失。如果企业根据以前与买方交往的直接经验判断买方信誉较差，或销售时得知买方在另一项交易中发生了巨额亏损、资金周转十分困难，或在出口商品时不能肯定进口企业所在国政府是否允许将款项汇出等，就可能会出现与销售商品相关的经济利益不能流入企业的情况，不应确认收入。

（四）收入的金额能够可靠地计量

收入的金额能够可靠地计量，是指收入的金额能够合理地估计。收入金额能否合理地估计是确认收入的基本前提，如果收入的金额不能够合理估计，就无法确认收入。企业在销售商品时，商品销售价格通常已经确定。但是，由于销售商品过程中某些不确定因素的影响，也有可能存在商品销售价格发生变动的情况。在这种情况下，新的商品销售价格未确定前通常不应确认销售商品收入。

(五) 相关的已发生或将发生的成本能够可靠地计量

根据收入和费用配比原则，与同一项销售有关的收入和费用应在同一会计期间予以确认，即企业应在确认收入的同时或同一会计期间结转相关的成本。因此，如果成本不能可靠计量，相关的收入就不能确认。

相关的已发生或将发生的成本能够可靠地计量，是指与销售商品有关的已发生或将发生的成本能够合理地估计。通常情况下，销售商品相关的已发生或将发生的成本能够合理地估计，如库存商品的成本、商品运输费用等。如果库存商品是本企业生产的，其生产成本能够可靠计量；如果是外购的，购买成本能够可靠计量。有时，销售商品相关的已发生或将发生的成本不能够合理地估计，此时企业不能确认收入，若已收价款，应将已收到的价款确认为负债。

熟悉销售商品收入的确认条件，是销售商品收入核算的一个关键点。本节销售商品会计处理部分所提到的具体收入确认原则依据的都是上述五个条件。

四、销售商品收入的账务处理

销售商品收入的会计处理主要涉及一般销售商品业务、已经发出商品但不符合收入确认条件的销售业务、销售折让、销售退回、采用预收款方式销售商品、采用支付手续方式委托代销商品等情况。

(一) 一般销售商品业务

在进行销售商品的会计处理时，首先要考虑销售商品收入是否符合收入确认条件，符合收入准则所规定的五项确认条件的，企业应及时确认收入并结转相关销售成本。通常情况下，企业应按从购货方已收或应收的合同或协议价款确定销售商品的收入金额。采用托收承付方式销售商品的，在发出商品且办妥托收手续时确认收入；交款提货销售商品的，在开出发票账单收到货款时确认收入；对于合同或协议价款的收取采用递延方式，实质上具有融资性质，应当按照应收的合同或协议价款的公允价值确定收入金额。

【例 11 - 1】ABC 公司采用托收承付方式销售一批商品，开出的增值税专用发票上注明售价为 100 000 元，增值税税额为 17 000 元；商品已经发出，并已向银行办妥托收手续；该批商品的成本为 80 000 元，ABC 公司的账务处理如下：

借：应收账款	117 000	
贷：主营业务收入		100 000
应交税费——应交增值税（销项税额）		17 000
借：主营业务成本	80 000	
贷：库存商品		80 000

【例 11 - 2】ABC 公司销售商品一批，增值税专用票上注明售价为 20 000 元，增值税税率为 17%；收到对方开出的 3 个月期限的银行承兑汇票一张，票面金额为 23 400 元；该批商品已经发出，ABC 公司以银行存款代垫运杂费 1 000 元；该批商品成本为 16 000 元。ABC 公司的账务处理如下：

借：应收票据 23 400

　应收账款 1 000

　贷：主营业务收入 20 000

　　应交税费——应交增值税（销项税额） 3 400

　　银行存款 1 000

借：主营业务成本 16 000

　贷：库存商品 16 000

（二）已经发出但不符合销售商品收入确认条件的商品的处理

如果企业售出商品不符合销售商品收入确认的五项条件，不应确认收入。为了单独反映已经发出但尚未确认销售收入的商品成本，企业应增设“发出商品”科目。“发出商品”科目核算一般销售方式下，已经发出但尚未确认销售收入的商品成本。

这里应注意的一个问题是，尽管发出的商品不符合收入确认条件，但如果销售该商品的纳税义务已经发生，如已经开出增值税专用发票，则应确认应交的增值税销项税额。借记“应收账款”等科目，贷记“应交税费——应交增值税（销项税额）”科目。如果纳税义务没有发生，则不需进行上述处理。

【例11－3】ABC公司于2010年3月5日向乙公司销售一批商品，开出的增值税专用发票上注明售价为10 000元，增值税税额为1 700元；该批商品成本为6 000元。ABC公司在销售该批商品时已得知乙公司资金流转发生暂时困难，但为了减少存货积压，同时也为了维持与乙公司长期以来建立的商业关系，ABC公司仍将商品发出，并办妥托收手续。假定ABC公司销售该批商品的纳税义务已经发生。

本例中，由于乙公司现金流转存在暂时困难，ABC公司不是很可能收回销售货款。根据销售商品收入的确认条件，ABC公司在发出商品时不能确认收入。为此，ABC公司应将已发出的商品成本通过“发出商品”科目反映。ABC公司的会计分录如下：

发出商品时：

借：发出商品 6 000

　贷：库存商品 6 000

同时，因ABC公司销售该批商品的纳税义务已经发生，应确认应交的增值税销项税额：

借：应收账款 1 700

　贷：应交税费——应交增值税（销项税额） 1 700

（注：如果销售该批商品的纳税义务尚未发生，则不作这笔分录，待纳税义务发生时再作应交增值税的分录）假定2010年7月ABC公司得知乙公司的经营情况逐渐好转，乙公司承诺近期付款，ABC公司应在乙公司承诺付款时确认收入。账务处理如下：

借：应收账款 10 000

　贷：主营业务收入 10 000

同时结转成本：

借：主营业务成本 6 000

贷：发出商品　　6 000

假定ABC公司收到乙公司支付的货款，应做如下会计分录：

借：银行存款　　11 700

贷：应收账款　　11 700

（三）商业折扣、现金折扣和销售折让的处理

企业销售商品收入的金额通常按照从购货方已收或应收的合同或协议价款确定。在确定销售商品收入的金额时，应注意区分现金折扣、商业折扣和销售折让及其不同的账务处理方法。总的来讲，确定销售商品收入的金额时，不应考虑预计可能发生的现金折扣、销售折让，即应按总价确认，但应是扣除商业折扣后的净额。现金折扣、商业折扣、销售折让的区别以及相关会计处理方法如下：

1. 商业折扣

商业折扣是指企业为促进商品销售而在商品标价上给予的价格扣除。例如，企业为鼓励客户多买商品可能规定客户每买10件送1件或为了尽快出售一些残次、陈旧、冷背的商品，也可能降价（即打折）销售。

商业折扣在销售时即已发生，并不构成最终成交价格的一部分。企业销售商品涉及商业折扣的，应当按照扣除商业折扣后的金额确定销售商品收入金额。

2. 现金折扣

现金折扣是指债权人为鼓励债务人在规定的期限内付款而向债务人提供的债务扣除。现金折扣一般用符号"折扣率/付款期限"表示，例如"2/10，1/30，N/45"表示：销货方允许客户最长的付款期限为45天，如果客户在10天内付款，销货方可按商品售价给予客户2%的折扣；如果客户在30天内付款，销货方可按商品售价给予客户1%的折扣；如果客户在31～45天内付款，将不能享受现金折扣。

现金折扣发生在企业销售商品之后，企业销售商品后现金折扣是否发生以及发生多少要视买方的付款情况而定，企业在确认销售商品收入时不能确定现金折扣金额。因此，企业销售商品涉及现金折扣的，应当按照扣除现金折扣前的金额确定销售商品收入金额。现金折扣实际上是企业为了尽快回笼资金而发生的理财费用，应在实际发生时计入当期财务费用。

在计算现金折扣时，还应注意销售方是按不包含增值税的价款提供现金折扣，还是按包含增值税的价款提供现金折扣，两种情况下购买方享有的现金折扣金额不同。例如，销售价格为1 000元的商品，增值税税额为170元，购买方应享有的现金折扣为1%；如果购销双方约定计算现金折扣时不考虑增值税，则购买方应享有的现金折扣金额为10元；如果购销双方约定计算现金折扣时一并考虑增值税，则购买方享有的现金折扣金额为11.7元。

【例11－4】甲公司为增值税一般纳税企业，2010年3月1日销售A商品100件，每件商品的标价为1 250元（不含增值税），单位成本为800元，A商品适用的增值税税率为17%；由于是成批销售，甲公司给予购货方20%的商业折扣，并在销售合同中规定现金折扣条件为"2/10，1/20，N/30"；A商品于3月1日发出。假定计算现金折

扣时不考虑增值税。

本例涉及商业折扣和现金折扣的问题，首先需要计算确定销售商品收入的金额。根据销售商品收入的金额确定的有关规定，销售商品收入的金额应是未扣除现金折扣但扣除商业折扣后的金额，现金折扣应在实际发生时计入当期财务费用。因此，甲公司应确认的销售商品收入金额为100 000元（100×1 250－100×1 250×20%），增值税销项税额为17 000元（100 000×17%）。

（1）3月1日销售实现时：

借：应收账款　　117 000
　贷：主营业务收入　　100 000
　　应交税费——应交增值税（销项税额）　　17 000
借：主营业务成本　　80 000
　贷：库存商品　　80 000

（2）3月9日收到货款时：

借：银行存款　　115 000
　　财务费用　　2 000
　贷：应收账款　　117 000

以上的2 000元为不考虑增值税时的现金折扣，若本例假设计算现金折扣时考虑增值税，则甲公司给予购货方的现金折扣为117 000×2%＝2 340（元）。本例中，若购货方于3月19日付款，则享有的现金折扣为1 000元（100 000×1%）。甲公司在收到货款时的会计分录为：

借：银行存款　　116 000
　　财务费用　　1 000
　贷：应收账款　　117 000

若购货方于3月月底才付款，则应按全额付款。甲公司在收到货款时的会计分录为：

借：银行存款　　117 000
　贷：应收账款　　117 000

3. 销售折让

销售折让是指企业因售出商品的质量不合格等原因而在售价上给予的减让。企业将商品销售给买方后，如买方发现商品在质量、规格等方面不符合要求，可能要求卖方在价格上给予一定的减让。

销售折让如发生在确认销售收入之前，则应在确认销售收入时直接按扣除销售折让后的金额确认；已确认销售收入的售出商品发生销售折让，且不属于资产负债表日后事项的，应在发生时冲减当期销售商品收入，如按规定允许扣减增值税额的，还应冲减已确认的应交增值税销项税额。

【例11－5】甲公司销售一批商品给乙公司，开出的增值税专用发票上注明的售价为100 000元，增值税税额为17 000元。该批商品的成本为70 000元。货到后乙公司发现商品质量不合格，要求在价格上给予5%的折让。乙公司提出的销售折让要求符合原合同的约定，甲公司同意并办妥了相关手续，开具了增值税专用发票（红字）。假定此前甲公司已确认该批商品的销售收入，销售款项尚未收到，发生的销售折让允许扣减当期增值税销项税额。甲公司的会计处理如下：

（1）销售实现时：

借：应收账款　117 000

　贷：主营业务收入　100 000

　　　应交税费——应交增值税（销项税额）　17 000

借：主营业务成本　70 000

　贷：库存商品　70 000

（2）发生销售折让时：

借：主营业务收入　（100 000×5%）5 000

　　应交税费——应交增值税（销项税额）　850

　贷：应收账款　5 850

（3）实际收到款项时：

借：银行存款　111 150

　贷：应收账款　111 150

本例中，假定发生销售折让前，因该项销售在货款回收上存在不确定性，甲公司未确认该批商品的销售收入，纳税义务也未发生；发生销售折让后2个月，乙公司承诺近期付款。甲公司的会计处理如下：

（1）发出商品时：

借：发出商品　70 000

　贷：库存商品　70 000

（2）乙公司承诺付款，甲公司确认销售收入时：

借：应收账款　111 150

　贷：主营业务收入　（100 000－100 000×5%）95 000

　　　应交税费——应交增值税（销项税额）　16 150

借：主营业务成本　70 000

　贷：发出商品　70 000

（3）实际收到款项时：

借：银行存款　111 150

　贷：应收账款　111 150

（四）销售退回的处理

企业销售商品除了可能发生销售折让外，还有可能发生销售退回。企业售出商品发生的销售退回，应当分别不同情况进行会计处理：一是尚未确认销售商品收入的售出商品发生销售退回的，应当冲减“发出商品”，同时增加“库存商品”；二是已确认销售商品收入的售出商品发生销售退回的，除属于资产负债表日后事项外，一般应在发生时冲减当期销售商品收入，同时冲减当期销售商品成本，如按规定允许扣减增值税税额的，应同时冲减已确认的应交增值税销项税额。如该项销售退回已发生现金折扣的，应同时调整相关财务费用的金额。

【例 11 -6】甲公司 2010 年 9 月 5 日收到乙公司因质量问题而退回的商品 10 件，每件商品成本为 210 元。该批商品系甲公司 2010 年 6 月 2 日出售给乙公司，每件商品售价为 300 元，适用的增值税税率为 17%，货款尚未收到，甲公司尚未确认销售商品收入。因乙公司提出的退货要求符合销售合同约定，甲公司同意退货，并按规定向乙公司开具了增值税专用发票（红字）。甲公司应在验收退货入库时做如下会计分录：

借：库存商品　　2 100（210×10）
　贷：发出商品　　2 100
借：应交税费——应交增值税（销项税额）　　510
　贷：应收账款　　510

【例 11 -7】甲公司 2010 年 3 月 20 日销售 A 商品一批，增值税专用发票上注明售价为 350 000 元，增值税税额为 59 500 元；该批商品成本为 182 000 元。A 商品于 2010 年 3 月 20 日发出，购货方于 3 月 27 日付款。甲公司对该项销售确认了销售收入。2010 年 9 月 15 日，该批商品质量出现严重问题，购货方将该批商品全部退回给甲公司，甲公司同意退货，于退货当日支付了退货款，并按规定向购货方开具了增值税专用发票（红字）。甲公司的会计处理如下：

（1）销售实现时：
借：应收账款　　409 500
　贷：主营业务收入　　350 000
　　应交税费——应交增值税（销项税额）　　59 500
借：主营业务成本　　182 000
　贷：库存商品　　182 000
（2）收到货款时：
借：银行存款　　409 500
　贷：应收账款　　409 500
（3）销售退回时：
借：主营业务收入　　350 000
　应交税费——应交增值税（销项税额）　　59 500
　贷：银行存款　　409 500
借：库存商品　　182 000
　贷：主营业务成本　　182 000

【例 11 -8】甲公司在 2010 年 3 月 18 日向乙公司销售一批商品，开出的增值税专用发票上注明售价为 50 000 元，增值税税额为 8 500 元。该批商品成本为 26 000 元。为尽早收回货款，甲公司和乙公司约定的现金折扣条件为“2/10，1/20，N/30”。乙公司在 2010 年 3 月 27 日支付货款。2010 年 7 月 5 日，该批商品因质量问题被乙公司退回，甲公司当日支付有关退货款。假定计算现金折扣时不考虑增值税。甲公司的会计处理如下：

（1）2010 年 3 月 18 日销售实现时：

借：应收账款　58 500

　贷：主营业务收入　50 000

　　应交税费——应交增值税（销项税额）　8 500

借：主营业务成本　26 000

　贷：库存商品　26 000

（2）2010 年 3 月 27 日收到货款时，发生现金折扣 1 000（50 000×2%）元，实际收款 57 500（58 500－1 000）元：

借：银行存款　57 500

　　财务费用　1 000

　贷：应收账款　58 500

（3）2010 年 7 月 5 日发生销售退回时：

借：主营业务收入　50 000

　　应交税费——应交增值税（销项税额）　8 500

　贷：银行存款　57 500

　　财务费用　1 000

借：库存商品　26 000

　贷：主营业务成本　26 000

（五）采用预收款方式销售商品的处理

预收款销售方式下，销售方直到收到最后一笔款项才将商品交付购货方，表明商品所有权上的主要风险和报酬只有在收到最后一笔款项时才转移给购货方，销售方通常应在发出商品时确认收入，在此之前预收的货款应确认为预收账款。

【例 11－9】甲公司与乙公司签订协议，采用预收款方式向乙公司销售一批商品。该批商品实际成本为 600 000 元。协议约定，该批商品销售价格为 800 000 元，增值税税额为 136 000 元；乙公司应在协议签订时预付 60% 的货款（按销售价格计算），剩余货款于 2 个月后支付。甲公司的会计处理如下：

（1）收到 60% 货款时：

借：银行存款　480 000

　贷：预收账款　480 000

（2）收到剩余货款及增值税税款时：

借：预收账款　480 000

　　银行存款　456 000

　贷：主营业务收入　800 000

　　应交税费——应交增值税（销项税额）　136 000

借：主营业务成本　600 000

　贷：库存商品　600 000

（六）采用支付手续费方式委托代销商品的处理

采用支付手续费代销方式下，委托方在发出商品时，商品所有权上的主要风险和报酬并未转移给受托方，委托方在发出商品时通常不应确认销售商品收入，而应在收到受托方开出的代销清单时确认销售商品收入，同时将应支付的代销手续费计入销售费用；受托方应在代销商品销售后，按合同或协议约定的方法计算确定代销手续费，确认劳务收入。

受托方可通过“受托代销商品”、“受托代销商品款”等科目，对受托代销商品进行核算。确认代销手续费收入时，借记“受托代销商品款”科目，贷记“其他业务收入”等科目。

【例 11－10】甲公司委托丙公司销售商品 200 件，商品已经发出，每件成本为 60 元。合同约定丙公司应按每件 100 元对外销售，甲公司按售价的 10% 向丙公司支付手续费。丙公司对外实际销售 100 件，开出的增值税专用发票上注明的销售价格为 10 000 元，增值税税额为 1 700 元，款项已经收到。甲公司收到丙公司开具的代销清单时，向丙公司开具一张相同金额的增值税专用发票。假定：甲公司发出商品时纳税义务尚未发生；甲公司采用实际成本核算，丙公司采用进价核算代销商品。

甲公司的会计处理如下：

（1）发出商品时：

借：委托代销商品　　12 000

　贷：库存商品　　12 000

（2）收到代销清单时：

借：应收账款　　11 700

　贷：主营业务收入　　10 000

　　应交税费——应交增值税（销项税额）　　1 700

借：主营业务成本　　6 000

　贷：委托代销商品　　6 000

借：销售费用　　1 000

　贷：应收账款　　1 000

代销手续费金额 = 10 000 × 10% = 1 000（元）

(3) 收到丙公司支付的货款时：

借：银行存款　　10 700

　贷：应收账款　　10 700

丙公司的会计处理如下：

（1）收到商品时：

借：受托代销商品　　20 000

　贷：受托代销商品款　　20 000

（2）对外销售时：

借：银行存款　　11 700

贷：应付账款　　10 000

应交税费——应交增值税（销项税额）　　1 700

同时：

借：受托代销商品款　　10 000

贷：受托代销商品　　10 000

（3）收到增值税专用发票时：

借：应交税费——应交增值税（进项税额）　　1 700

贷：应付账款　　1 700

（4）支付货款并计算代销手续费时：

借：应付账款　　11 700

贷：银行存款　　10 700

其他业务收入　　1 000

（七）销售材料等存货的处理

企业在日常活动中还可能发生对外销售不需用的原材料、随同商品对外销售单独计价的包装物等业务。企业销售原材料、包装物等存货也视同商品销售，其收入确认和计量原则比照商品销售。企业销售原材料、包装物等存货实现的收入作为其他业务收入处理，结转的相关成本作为其他业务成本处理。

企业销售原材料、包装物等存货实现的收入以及结转的相关成本，通过"其他业务收入"、"其他业务成本"科目核算。

"其他业务收入"科目用来核算企业除主营业务活动以外的其他经营活动实现的收入，包括销售材料、出租包装物和商品、出租固定资产、出租无形资产等实现的收入。该科目的贷方登记企业实现的各项其他业务收入，借方登记期末结转入"本年利润"科目的其他业务收入；结转后该科目应无余额。

"其他业务成本"科目用来核算企业除主营业务活动以外的其他经营活动所发生的成本，包括销售材料的成本、出租固定资产的折旧额、出租无形资产的摊销额、出租包装物的成本或摊销额。该科目的借方登记企业结转或发生的其他业务成本，贷方登记期末结转入"本年利润"科目的其他业务成本；结转后该科目应无余额。

【例11－11】甲公司销售一批原材料，开出的增值税专用发票上注明的售价为10 000元，增值税税额为1 700元，款项已由银行收妥。该批原材料的实际成本为9 000元。甲公司的会计处理如下：

（1）取得原材料销售收入：

借：银行存款　　11 700

贷：其他业务收入　　10 000

应交税费——应交增值税（销项税额）　　1 700

（2）结转已销原材料的实际成本：

借：其他业务成本　　9 000

贷：原材料　　9 000

（八）以旧换新销售

以旧换新销售是指销售方在销售商品的同时，回收与所售商品相同的旧商品。在这种销售方式下，销售的商品按销售商品的业务处理，回收的商品作为购进商品处理。

第二节　提供劳务收入

企业提供劳务的种类很多，如旅游、运输、饮食、广告、咨询、代理、培训、产品安装等。有的劳务一次就能完成，且一般为现金交易，如饮食、理发、照相等；有的劳务需要花费一段较长的时间才能完成，如安装、旅游、培训、远洋运输等。

企业提供劳务收入的确认原则因劳务完成时间的不同而不同。

一、在同一会计期间内开始并完成的劳务

对于一次就能完成的劳务，或在同一会计期间内开始并完成的劳务，应在提供劳务交易完成时确认收入，确认的金额通常为从接受劳务方已收或应收的合同或协议价款，确认原则可参照销售商品收入的确认原则。

企业对外提供劳务，如属于企业的主营业务，所实现的收入应作为主营业务收入处理，结转的相关成本应作为主营业务成本处理；如属于主营业务以外的其他经营活动，所实现的收入应作为其他业务收入处理，结转的相关成本应作为其他业务成本处理。企业对外提供劳务发生的支出一般先通过“劳务成本”科目予以归集，待确认为费用时，再由“劳务成本”科目转入“主营业务成本”或“其他业务成本”科目。

对于一次就能完成的劳务，企业应在提供劳务完成时确认收入及相关成本。对于持续一段时间但在同一会计期间内开始并完成的劳务，企业应在为提供劳务发生相关支出时确认劳务成本，劳务完成时再确认劳务收入，并结转相关劳务成本。

【例11－12】甲公司于2010年3月10日接受一项设备安装任务，该安装任务可一次完成，合同总价款为9 000元，实际发生安装成本5 000元。假定安装业务属于甲公司的主营业务。甲公司应在安装完成时做如下会计分录：

借：应收账款（或银行存款）	9 000	
贷：主营业务收入		9 000
借：主营业务成本	5 000	
贷：银行存款等		5 000

若上述安装任务需花费一段时间（不超过本会计期间）才能完成，则应在为提供劳务发生有关支出时做如下会计分录：

借：劳务成本

　贷：银行存款等

（注：以上分录未写明金额，主要是由于实际发生成本5 000元是个总计数，而每笔归集劳务成本的分录金额不同。下同）待安装完成确认所提供劳务的收入并结转该

项劳务总成本时做如下会计分录：

借：应收账款（或银行存款）　　9 000
　贷：主营业务收入　　9 000
借：主营业务成本　　5 000
　贷：劳务成本　　5 000

二、劳务的开始和完成分属不同的会计期间

（一）提供劳务交易结果能够可靠估计

如劳务的开始和完成分属不同的会计期间，且企业在资产负债表日提供劳务交易的结果能够可靠估计的，应采用完工百分比法确认提供劳务收入的同时满足下列条件的，提供劳务交易的结果能够可靠估计：

1. 收入的金额能够可靠地计量

收入的金额能够可靠地计量，是指提供劳务收入的总额能够合理地估计。通常情况下，企业应当按照从接受劳务方已收或应收的合同或协议价款确定提供劳务收入总额。随着劳务的不断提供，可能会根据实际情况增加或减少已收或应收的合同或协议价款，此时，企业应及时调整提供劳务收入总额。

2. 相关的经济利益很可能流入企业

相关的经济利益很可能流入企业，是指提供劳务收入总额收回的可能性大于不能收回的可能性。企业在确定提供劳务收入总额能否收回时，应当结合接受劳务方的信誉、以前的经验以及双方就结算方式和期限达成的合同或协议条款等因素，综合进行判断。通常情况下，企业提供的劳务符合合同或协议要求，接受劳务方承诺付款，就表明提供劳务收入总额收回的可能性大于不能收回的可能性。

3. 交易的完工进度能够可靠地确定

企业可以根据提供劳务的特点，选用下列方法确定提供劳务交易的完工进度：

（1）已完工作的测量，这是一种比较专业的测量方法，由专业测量师对已经提供的劳务进行测量，并按一定方法计算确定提供劳务交易的完工程度。

（2）已经提供的劳务占应提供劳务总量的比例，这种方法主要以劳务量为标准确定提供劳务交易的完工程度。

（3）已经发生的成本占估计总成本的比例，这种方法主要以成本为标准确定提供劳务交易的完工程度。只有反映已提供劳务的成本才能包括在已经发生的成本中，只有反映已提供或将提供劳务的成本才能包括在估计总成本中。

4. 交易中已发生和将发生的成本能够可靠地计量

交易中已发生和将发生的成本能够可靠地计量，是指交易中已经发生和将要发生的成本能够合理地估计。企业应当建立完善的内部成本核算制度和有效的内部财务预算及报告制度，准确地提供每期发生的成本，并对完成剩余劳务将要发生的成本作出科学、合理地估计。同时应随着劳务的不断提供或外部情况的不断变化，随时对将要发生的成本进行修订。

（二）提供劳务交易结果不能可靠估计

如劳务的开始和完成分属不同的会计期间，且企业在资产负债表日提供劳务交易结果不能可靠估计的，即不能同时满足上述四个条件的，不能采用完工百分比法确认提供劳务收入。此时，企业应当正确预计已经发生的劳务成本能否得到补偿，分别下列情况处理：

（1）已经发生的劳务成本预计全部能够得到补偿的，应按已收或预计能够收回的金额确认提供劳务收入，并结转已经发生的劳务成本。

（2）已经发生的劳务成本预计部分能够得到补偿的，应按能够得到补偿的劳务成本金额确认提供劳务收入，并结转已经发生的劳务成本。

【例11－13】甲公司于2005年12月25日接受乙公司委托，为其培训一批学员，培训期为6个月，2006年1月1日开学。协议约定，乙公司应向甲公司支付的培训费总额为60 000元，分三次等额支付，第一次在开学时预付，第二次在2006年3月1日支付，第三次在培训结束时支付。

2006年1月1日，乙公司预付第一次培训费。至2006年2月28日，甲公司发生培训成本30 000元（假定均为培训人员薪酬）。2006年3月1日，甲公司得知乙公司经营发生困难，后两次培训费能否收回难以确定。甲公司的会计处理如下：

（1）2006年1月1日收到乙公司预付的培训费：

借：银行存款	20 000	
贷：预收账款		20 000

（2）实际发生培训成本30 000元：

借：劳务成本	30 000	
贷：应付职工薪酬		30 000

（3）2006年2月28日确认提供劳务收入并结转劳务成本：

借：预收账款	20 000	
贷：主营业务收入		20 000
借：主营业务成本	30 000	
贷：劳务成本		30 000

本例中，甲公司已经发生的劳务成本30 000元预计只能部分得到补偿，即只能按预收款项得到补偿，应按预收账款20 000元确认劳务收入，并将已经发生的劳务成本30 000元结转入当期损益。

（3）已经发生的劳务成本预计全部不能得到补偿的应将已经发生的劳务成本计入当期损益（主营业务成本或其他业务成本），不确认提供劳务收入。

三、采用完工百分比法确认提供劳务收入的会计处理

完工百分比法是指按照提供劳务交易的完工进度确认收入与费用的方法。在完工百分比法下，本期应确认的劳务收入及费用的计算公式如下：

本期确认的收入＝劳务总收入×本期期末为止劳务的完工进度－以前期间已确认

的收入

本期确认的费用 = 劳务总成本 × 本期期末为止劳务的完工进度 - 以前期间已确认的费用

上述公式中的劳务总收入通常按照从接受劳务方已收或应收的合同或协议价款确定，在劳务总收入和总成本能够可靠取得的情况下，关键是确定劳务的完工进度。企业应根据所提供劳务的特点，选择确定劳务完工进度的方法。

【例 11-14】甲公司于 2010 年 12 月 1 日接受一项设备安装任务，安装期为 3 个月，合同总收入 300 000 元，至年底已预收安装费 220 000 元，实际发生安装费用 140 000元（假定均为安装人员薪酬），估计完成安装任务还需发生安装费用 60 000 元。假定甲公司按实际发生的成本占估计总成本的比例确定劳务的完工进度。甲公司的会计处理如下：

实际发生的成本占估计总成本的比例 = 140 000 ÷（140 000 + 60 000）= 70%

2010 年 12 月 31 日确认的劳务收入 = 300 000 × 70% - 0 = 210 000（元）

2010 年 12 月 31 日确认的费用 =（140 000 + 60 000）× 70% - 0 = 140 000（元）

（1）实际发生劳务成本 140 000 元：

借：劳务成本　　140 000

　贷：应付职工薪酬　　140 000

（2）预收劳务款 220 000 元：

借：银行存款　　220 000

　贷：预收账款　　220 000

（3）2010 年 12 月 31 日确认提供劳务收入并结转劳务成本：

借：预收账款　　210 000

　贷：主营业务收入　　210 000

借：主营业务成本　　140 000

　贷：劳务成本　　140 000

【例 11-15】甲公司于 2010 年 10 月 1 日为客户研制一项软件，合同规定的研制开发期为 5 个月，合同总收入为 400 000 元，至 2010 年 12 月 31 日已发生成本 180 000 元，预收账款 250 000 元。预计开发完成该项软件的总成本为 250 000 元。2010 年 12 月 31 日，经专业测量师测量，软件的完工进度为 70%。假定合同总收入很可能收回，研制开发软件属于甲公司的主营业务。甲公司应做如下会计处理：

（1）发生成本时：

借：劳务成本　　180 000

　贷：银行存款（应付职工薪酬等）　　180 000

（2）预收账款时：

借：银行存款　　250 000

　贷：预收账款　　250 000

（3）2010 年 12 月 31 日确认该项劳务的本期收入和费用，若按专业测量师测量结果确定该劳务的完工进度，则2010年应确认的收入为：

400 000×70% -0 = 280 000（元）

2010年应确认的费用为：

250 000×70% -0 = 175 000（元）

借：预收账款　　280 000

　贷：主营业务收入　　280 000

借：主营业务成本　　175 000

　贷：劳务成本　　175 000

若按已提供的劳务占应提供劳务总量的比例确定该劳务的完工进度（假定研制开发期内劳务量均衡发生），则至2010年12月31日，该劳务的完工进度为60%（该项软件研制开发已完成的工作时间为3个月，占完成此项劳务所需总工作时间5个月的60%）。

据此，2010年应确认的收入为：

400 000×60% -0 = 240 000（元）

2010年应确认的费用为：

250 000×60% -0 = 150 000（元）

借：预收账款　　240 000

　贷：主营业务收入　　240 000

借：主营业务成本　　150 000

　贷：劳务成本　　150 000

若按已发生成本占估计总成本的比例确定该劳务的完工进度，则至2010年12月31日，该劳务的完工进度为72%（180 000÷250 000）。

据此，2010年应确认的收入为：

400 000×72% -0 = 288 000（元）

2010年应确认的费用为：

250 000×72% -0 = 180 000（元）

借：预收账款　　288 000

　贷：主营业务收入　　288 000

借：主营业务成本　　180 000

　贷：劳务成本　　180 000

【例11-16】某咨询公司于2007年7月1日与客户签订一项咨询合同。合同规定，咨询期为两年，咨询费为240 000元，客户分三次等额支付，第一次在项目开始时支付，第二次在项目中期支付，第三次在项目结束时支付。估计总成本为160 000元（假定均为咨询人员薪酬），其中，2007年发生成本38 000元，2008年发生成本80 000元，2009年发生成本42 000元。假定成本估计十分准确，咨询费也很可能收回，该公司按照已提供的劳务占应提供劳务总量的比例（按时间比例）确定该项劳务的完工程度，该公司按年编制财务报表。该公司应做如下会计处理：

（1）2007 年实际发生成本时：

借：劳务成本　38 000

　贷：应付职工薪酬　38 000

预收账款时：

借：银行存款　80 000

　贷：预收账款　80 000

2007 年 12 月 31 日按完工百分比法确认收入和费用：

劳务的完工进度 = 6 ÷ 24 = 25%

应确认的收入 = 240 000 × 25% − 0 = 60 000（元）

应确认的费用 = 160 000 × 25% − 0 = 40 000（元）

借：预收账款　60 000

　贷：主营业务收入　60 000

借：主营业务成本　40 000

　贷：劳务成本　40 000

（2）2008 年实际发生成本时：

借：劳务成本　80 000

　贷：应付职工薪酬　80 000

预收账款时：

借：银行存款　80 000

　贷：预收账款　80 000

2008 年 12 月 31 日按完工百分比法确认收入和费用：

劳务的完工进度 = 18 ÷ 24 = 75%

应确认的收入 = 240 000 × 75% − 60 000 = 120 000（元）

应确认的费用 = 160 000 × 75% − 40 000 = 80 000（元）

借：预收账款　120 000

　贷：主营业务收入　120 000

借：主营业务成本　80 000

　贷：劳务成本　80 000

（3）2009 年实际发生成本时：

借：劳务成本　42 000

　贷：应付职工薪酬　42 000

预收账款时：

借：银行存款　80 000

　贷：预收账款　80 000

2009 年 7 月 1 日完工时确认剩余收入和费用：

借：预收账款　60 000

　贷：主营业务收入　60 000

借：主营业务成本　　　　40 000

　贷：劳务成本　　　　40 000

第三节　让渡资产使用权的使用费收入的核算

如前所述，让渡资产使用权收入包括利息收入和使用费收入。使用费收入主要指让渡无形资产等资产使用权的使用费收入，出租固定资产取得的租金，进行债权投资收取的利息，进行股权投资取得的现金股利等，也构成让渡资产使用权收入。这里主要介绍让渡无形资产等资产使用权的使用费收入的核算。

一、让渡资产使用权的使用费收入的确认和计量原则

让渡资产使用权的使用费收入同时满足下列条件的，才能予以确认：

（一）相关的经济利益很可能流入企业

企业在确定让渡资产使用权的使用费收入金额是否很可能收回时，应当根据对方企业的信誉和生产经营情况、双方就结算方式和期限等达成的合同或协议条款等因素，综合进行判断。如果企业估计使用费收入金额收回的可能性不大，就不应确认收入。

（二）收入的金额能够可靠地计量

当让渡资产使用权的使用费收入金额能够可靠估计时，企业才能确认收入。

让渡资产使用权的使用费收入金额，应按照有关合同或协议约定的收费时间和方法计算确定。不同的使用费收入，收费时间和方法各不相同。有一次性收取一笔固定金额的，如一次收取10年的场地使用费；有在合同或协议规定的有效期内分期等额收取的，如合同或协议规定在使用期内每期收取一笔固定的金额；也有分期不等额收取的，如合同或协议规定按资产使用方每期销售额的百分比收取使用费等。

如果合同或协议规定一次性收取使用费，且不提供后续服务的，应当视同销售该项资产一次性确认收入；提供后续服务的，应在合同或协议规定的有效期内分期确认收入。如果合同或协议规定分期收取使用费的，应按合同或协议规定的收款时间和金额或规定的收费方法计算确定的金额分期确认收入。

二、让渡资产使用权的使用费收入的账务处理

企业让渡资产使用权的使用费收入，一般作为其他业务收入处理；让渡资产所计提的摊销额等，一般作为其他业务成本处理。

【例11－17】甲公司向乙公司转让某软件的使用权，一次性收取使用费60 000元，不提供后续服务，款项已经收回。甲公司确认使用费收入的会计分录如下：

借：银行存款　　　　60 000

　贷：其他业务收入　　　　60 000

【例11－18】甲公司于2010年1月1日向丙公司转让某专利权的使用权，协议约定

转让期为5年，每年年末收取使用费200 000元。2010年该专利权计提的摊销额为120 000元，每月计提金额为10 000元。假定不考虑其他因素。甲公司的会计处理如下：

（1）2010年年末确认使用费收入时：

借：应收账款（或银行存款）　　200 000

　贷：其他业务收入　　200 000

（2）2010年每月计提专利权摊销额时：

借：其他业务成本　　10 000

　贷：累计摊销　　10 000

【例11－19】甲公司向丁公司转让某商品的商标使用权，约定丁公司每年年末按年销售收入的10%支付使用费，使用期10年。第一年，丁公司实现销售收入1 200 000元；第二年，丁公司实现销售收入1 800 000元。假定甲公司均于每年年末收到使用费。甲公司确认使用费收入的会计处理如下：

（1）第一年年末确认使用费收入：

应确认的使用费收入＝1 200 000×10%＝120 000（元）

借：银行存款　　120 000

　贷：其他业务收入　　120 000

（2）第二年年末确认使用费收入：

应确认的使用费收入＝1 800 000×10%＝180 000（元）

借：银行存款　　180 000

　贷：其他业务收入　　180 000

【本章小结】

1. 收入的特点和分类，销售商品收入金额的确定。

2. 一般销售商品业务、已经发出商品但不符合销售收入确认条件的销售业务、商业折扣、现金折扣和销售折让、销售退回、采用预收款方式销售商品、采用支付手续费方式委托代销商品等情况下销售商品收入的账务处理。

3. 让渡资产使用权收入的账务处理。

【复习与思考】

1. 收入确认的条件是什么？为什么销售商品收入应同时符合这些条件？

2. 如何理解销售商品收入确认条件中，商品所有权上的主要风险和报酬已经转移给购买方？

3. 商业折扣、销售折让、现金折扣有哪些区别？

4. 一般销售商品业务如何处理？

第十二章 费用

【目的与要求】

掌握费用的特征；
费用的分类；
费用的主要内容及其核算。

【主要内容】

费用的概念和特征；
费用的分类；
费用的主要内容；
费用的核算。

【考核重点】

费用的主要内容。

第一节 营业成本

一、费用的概念和特征

费用是指企业在日常活动中发生的、会导致所有者权益减少的、与向所有者分配利润无关的经济利益的总流出。费用具有以下特点：

（一）费用是企业在日常活动中发生的经济利益的总流出

如前所述，日常活动是指企业为完成其经营目标所从事的经常性活动以及与之相关的其他活动。工业企业制造并销售产品、商业企业购买并销售商品、咨询公司提供咨询服务、软件开发企业为客户开发软件、安装公司提供安装服务、租赁公司出租资产等活动中发生的经济利益的总流出构成费用。工业企业对外出售不需用的原材料结转的材料成本等，也构成费用。

费用形成于企业日常活动的特征使其与产生于非日常活动的损失相区分。企业从事或发生的某些活动或事项也能导致经济利益流出企业，但不属于企业的日常活动。例如，企业处置固定资产、无形资产等非流动资产，因违约支付罚款，对外捐赠，因自然灾害等非常原因造成财产毁损等，这些活动或事项形成的经济利益的总流出属于企业的损失而不是费用。

（二）费用会导致企业所有者权益的减少

费用既可能表现为资产的减少，如减少银行存款、库存商品等；也可能表现为债的增加，如增加应付职工薪酬、应交税费（应交营业税、消费税等）等。根据“资产－负债＝所有者权益”的会计等式，费用一定会导致企业所有者权益的减少。

企业经营管理中的某些支出并不减少企业的所有者权益，也就不构成费用。例如，企业以银行存款偿还一项负债，只是一项资产和一项负债的等额减少，对所有者权益没有影响，因此，不构成企业的费用。

（三）费用与向所有者分配利润无关

向所有者分配利润或股利属于企业利润分配的内容，不构成企业的费用。

二、费用的主要内容及其核算

企业的费用主要包括主营业务成本、其他业务成本、营业税金及附加、销售费用、管理费用和财务费用等。

三、主营业务成本

主营业务成本是指企业销售商品、提供劳务等经常活动所发生的成本。企业一般在确认销售商品、提供劳务等主营业务收入时，或在月末，将已销售商品、已提供劳务的成本结转入主营业务成本。

企业应通过“主营业务成本”科目，核算主营业务成本的确认和结转情况。

企业结转主营业务成本时，借记“主营业务成本”科目，贷记“库存商品”、“劳务成本”科目。期末，应将“主营业务成本”科目余额结转入“本年利润”科目，借记“本年利润”科目，贷记“主营业务成本”科目，结转后本科目无余额。

【例12－1】20×9年6月20日甲公司向乙公司销售一批产品，开出的增值税专用发票上注明售价为100 000元，增值税税额为17 000元；甲公司已收到乙公司支付的货款117 000元，并将提货单送交乙公司；该批产品成本为100 000元。甲公司应编制如下会计分录：

（1）销售实现时：

借：银行存款	117 000	
贷：主营业务收入		100 000
应交税费——应交增值税（销项税额）		17 000
借：主营业务成本	100 000	
贷：库存商品		100 000

（2）期末结转损益时：

借：本年利润	100 000	
贷：主营业务成本		100 000

【例12－2】某公司20×9年7月10日销售甲产品100件，单价为1 000元，单位

成本为800元，增值税专用发票上注明售价为100 000元，增值税税额为17 000元，购货方尚未付款，销售成立。当月25日，因产品质量问题购货方退货。该公司应编制如下会计分录：

（1）销售产品时：

借：应收账款　　117 000

　贷：主营业务收入　　100 000

　　　应交税费——应交增值税（销项税额）　　17 000

借：主营业务成本　　80 000

　贷：库存商品——甲产品　　80 000

（2）销售的产品退回时：

借：主营业务收入　　100 000

　　应交税费——应交增值税（销项税额）　　17 000

　贷：应收账款　　117 000

借：库存商品——甲产品　　80 000

　贷：主营业务成本　　80 000

【例12-3】某公司20×9年7月末计算已销售的甲、乙、丙三种产品的实际成本分别为10 000元、20 000元和25 000元。该公司月末结转已销甲、乙、丙产品成本时，应编制如下会计分录：

借：主营业务成本　　55 000

　贷：库存商品——甲产品　　10 000

　　　　　　　——乙产品　　20 000

　　　　　　　——丙产品　　25 000

【例12-4】某安装公司于20×9年10月接受一项设备安装任务，该任务可一次完成，合同总价款为20 000元，实际发生安装成本14 000元。假定安装业务属于该公司的主营业务，该公司在安装完成时收到款项，不考虑相关税费。应编制如下会计分录：

借：银行存款　　20 000

　贷：主营业务收入　　20 000

借：主营业务成本　　14 000

　贷：银行存款等　　14 000

【例12-5】20×1年3月2日，甲公司向乙公司销售一批商品，开出的增值税专用发票上注明的销售价格为30 000元，增值税税额为5 100元，款项尚未收到；这批商品的成本为20 000元。乙公司收到商品后，经过验收发现，该批商品存在一定的质量问题，外观存在一定的瑕疵，但基本上不影响使用，因此，乙公司要求甲公司在价格上（含增值税税额）给予一定的折让，折让率为10%，甲公司表示同意。假定甲公司已经确认收入，与销售折让有关的增值税税额税务机关允许扣减，销售折让也不属于资产负债表日后事项。

甲公司应编制如下会计分录：

(1) 20×1 年 3 月 2 日销售收入实现时：

借：应收账款　　35 100

　贷：主营业务收入　　30 000

　　　应交税费——应交增值税（销项税额）　　5 100

借：主营业务成本　　20 000

　贷：库存商品　　20 000

(2) 20×1 年发生销售折让时：

计算折让的收入金额：30 000×10% =3 000（元）

折让的增值税税额：3 000×17% =510（元）

合计冲减应收账款额：3 000 +510 =3 510（元）

借：主营业务收入　　3 000

　　应交税费——应交增值税（销项税额）　　510

　贷：应收账款　　3 510

(3) 20×1 年收到款项时：

收到金额：35 100 -3 510 =31 590（元）

借：银行存款　　31 590

　贷：应收账款　　31 590

四、其他业务成本

其他业务成本是指企业除主营业务活动以外的企业经营活动所发生的成本。其他业务成本包括销售材料成本、出租固定资产的折旧额、出租无形资产的摊销额、出租包装物的成本或摊销额等，按其他业务成本的种类进行明细核算。期末本科目余额转入“本年利润”科目，结转后本科目无余额。

第二节　营业税金及附加

营业税金及附加是指企业经营活动应负担的相关税费，包括营业税、消费税、城市维护建设税、教育费附加和资源税等。

营业税是对提供应税劳务、转入无形资产、销售不动产所征收的一种税。其中应税劳务是指属于交通运输业、建筑业、金融保险业、邮电通信业、文化体育业、娱乐业、服务业税目征收范围的劳务。加工和修理修配劳务属于增值税的征税范围，因此不属于营业税的应税劳务。

消费税是对生产、委托加工及进口应税消费品征收的一种税。

城市维护建设税和教育费附加是对从事生产经营活动的单位和个人，以其实际缴纳的增值税、消费税、营业税为依据，按纳税人所在地适用不同税率计算征收的一种税。

资源税是对在我国境内开采国家规定的矿产资源和生产用盐单位、个人征收的一种税。如开采石油、煤炭、天然气企业需按开采的数量计算缴纳资源税。

企业应通过“营业税金及附加”科目，核算企业经营活动相关税费的发生和结转情况。

“营业税金及附加”科目的借方登记企业经营业务发生的各项营业税费，贷方登记期末结转入本年利润的营业税费，结转后该科目应无余额。

企业按规定计算确定的营业税、消费税、城市维护建设税、资源税和教育费附加等税费，借记“营业税金及附加”科目，贷记“应交税费”等科目。期末，应将“营业税金及附加”科目余额结转入“本年利润”科目，借记“本年利润”科目，贷记“营业税金及附加”科目。

第三节　期间费用

期间费用是指企业当期发生的、不能直接归属于某个特定产品成本的费用。由于难于判定其所归属的产品，因而不能列入产品制造成本，而在发生的当期直接计入当期损益。期间费用主要包括销售费用、管理费用和财务费用。

一、销售费用

销售费用是指企业在销售商品和材料、提供劳务过程中发生的各项费用，包括企业在销售商品过程中发生的包装费、保险费、展览费和广告费、商品维修费、预计产品质量保证损失、运输费、装卸费等费用，以及企业发生的为销售本企业商品而专设的销售机构的职工薪酬、业务费、折旧费、固定资产修理费等费用。

企业应通过“销售费用”科目，核算销售费用的发生和结转情况。该科目的借方登记企业所发生的各项销售费用，贷方登记期末转入“本年利润”科目的销售费用；结转后该科目应无余额。该科目应按销售费用的费用项目进行明细核算。

【例 12 -6】某公司发生广告费 100 000 元，均用银行存款支付。账务处理如下：

借：销售费用　　100 000

　贷：银行存款　　100 000

【例 12 -7】某公司销售部 12 月份共发生费用 200 000 元，其中：销售人员薪酬 100 000元，销售部专用办公设备折旧费 30 000 元，业务费 70 000 元（均用银行存款支付）。会计分录如下：

借：销售费用　　200 000

　贷：应付职工薪酬　　100 000

　　　累计折旧　　30 000

　　　银行存款　　70 000

【例 12 -8】某公司销售一批产品，销售过程中发生运输费 5 000 元、装卸费2 000

元，均用银行存款支付。会计分录如下：

借：销售费用　　7 000

　贷：银行存款　　7 000

二、管理费用

管理费用是指企业为组织和管理生产经营活动而发生的各种管理费用，包括企业在筹建期间发生的开办费、董事会和行政管理部门在企业的经营管理中发生的或者应由企业统一负担的公司经费（包括行政管理部门职工薪酬、物料消耗、低值易耗品摊销、办公费和差旅费等）、董事会费（包括董事会成员津贴、会议费和差旅费等）、聘请中介机构费、咨询费（含顾问费）、诉讼费、业务招待费、房产税、车船使用税、土地使用税、印花税、技术转让费、矿产资源补偿费、研究费用、排污费以及企业行政管理部门发生的固定资产修理费等。

企业应通过"管理费用"科目，核算管理费用的发生和结转情况。该科目的借方登记企业发生的各项管理费用，贷方登记期末全转入、"本年利润"科目的管理费用；结转后该科目应无余额。该科目应按管理费用的费用项目进行明细核算。

【例 12 -9】某公司发生办公费、差旅费等开办费 25 000 元，均用银行存款支付。会计分录如下：

借：管理费用　　25 000

　贷：银行存款　　25 000

【例 12 - 10】某公司发生业务招待费 50 000 元，均用银行存款支付。会计分录如下：

借：管理费用　　50 000

　贷：银行存款　　50 000

【例 12 - 11】某公司就一项产品的设计方案向有关专家进行咨询，以现金支付咨询费 30 000 元。会计分录如下：

借：管理费用　　30 000

　贷：库存现金　　30 000

【例 12 - 12】某公司行政部 9 月份共发生费用 224 000 元，其中：行政人员薪酬 150 000 元，行政部专用办公设备折旧费 45 000 元，报销行政人员差旅费 21 000 元（假定报销人均未预借差旅费），其他办公费、水电费 8 000 元（均用银行存款支付）。

会计分录如下：

借：管理费用　　224 000

　贷：应付职工薪酬　　150 000

　　　累计折旧　　45 000

　　　库存现金　　21 000

　　　银行存款　　8 000

【例 12 - 13】某公司当月按规定计算确定的应交房产税为 3 000 元、应交车船使用税为2 600元、应交土地使用税为4 300元。会计分录如下：

借：管理费用　　9 900

　贷：应交税费——应交房产税　　3 000

　　　　　　　——应交车船使用税　　2 600

　　　　　　　——应交土地使用税　　4 300

【例12-14】某公司当月生产车间发生设备大修理费用45 000元（以银行存款支付），行政管理部门发生设备日常修理费用1 000元（以现金支付），均不满足固定资产确认条件。会计分录如下：

借：管理费用　　46 000

　贷：银行存款　　45 000

　　　库存现金　　1 000

三、财务费用

财务费用是指企业为筹集生产经营所需资金等而发生的筹资费用，包括利息支出（减息收入）、汇兑损益以及相关的手续费、企业发生或收到的现金折扣等。

企业应通过“财务费用”科目，核算财务费用的发生和结转情况。该科目的借方登记已发生的各项财务费用，贷方登记期末结转入“本年利润”科目的财务费用；结转后该科目应无余额。该科目应按财务费用的费用项目进行明细核算。

【例12-15】某公司于20×9年1月1日向银行借入生产经营用短期借款360 000元，期限为6个月，年利率为5%，该借款本金到期后一次归还，利息分月预提，按季支付。假定所有利息均不符合利息资本化条件，有关利息支出的会计处理如下：

每月月末，预提当月份应计利息：

360 000×5%÷12=1 500（元）

借：财务费用　　1 500

　贷：应付利息　　1 500

【例12-16】某公司于20×9年1月1日向银行借入生产经营用短期借款360 000元，期限为6个月，年利率为5%，该借款本金到期后一次归还，利息分月预提，按季支付。假定1月份其中120 000元暂时作为闲置资金存入银行，并获得利息收入400元，假定所有利息均不符合利息资本化条件。1月份相关利息的会计处理如下：

1月月末，预提当月份应计利息：

360 000×5%÷12=1 500（元）

借：财务费用　　1 500

　贷：应付利息　　1 500

同时，当月取得的利息收入400元应作为冲减财务费用处理：

借：银行存款　　400

　贷：财务费用　　400

【例12-17】某公司于20×9年1月1日平价发行公司债券，面值500 000 000元，期限为2年，年利率为6%，到期后本息一次归还。债券发行过程中，发生手续费2 500 000元。有关手续费的会计分录如下：

借：财务费用　　2 500 000

　贷：银行存款　　2 500 000

【本章小结】

费用是指企业在日常活动中发生的、会导致所有者权益减少的、与向所有者分配利润无关的经济利益的总流出。企业的费用主要包括主营业务成本、其他业务成本、营业税金及附加、销售费用、管理费用和财务费用等。

【复习与思考】

1. 费用和损失的区别是什么？
2. 期间费用分为哪几类？各自核算的内容是什么？
3. 营业外支出的内容包括哪些？

第十三章　利润

【目的与要求】

掌握利润的特点；
利润的分类及其账务处理。

【主要内容】

营业外收入；
营业外支出；
所得税费用；
本年利润。

【考核重点】

理解营业外收入与营业外支出的具体内容、暂时性差异的确认与计算、净利润的构成内容和分配程序，以及如何进行相应的会计处理。

【案例导入】

表 13.1　　2010 年上半年净利润前十名上市公司

股票代码	股票名称	净利润（亿元）	同比（%）
601398	工商银行	846.03	27.58
601939	建设银行	707.41	26.76
601857	中国石油	652.11	29.58
601988	中国银行	520.22	26.87
601288	农业银行	458.4	40.12
600028	中国石化	354.29	6.75
601328	交通银行	203.57	30.67
601088	中国神华	186.32	16.62
601628	中国人寿	180.34	7.38
600036	招商银行	132.03	59.8

资料来源：上海证券报。

第一节 营业外收支

营业外收入和营业外支出是指企业发生的与日常活动无直接关系的各项收支。营业外收入和营业外支出虽然与企业生产经营活动没有多大关系，但从企业主体来考虑，同样带来收入或形成企业的支出，也是增加或减少利润的因素，会对企业的利润总额及净利润产生较大的影响。

一、营业外收入

（一）营业外收入的内容

营业外收入是指企业发生的与其经营活动无直接关系的各项净收入，主要包括处置非流动资产利得、非货币性资产交换利得、债务重组利得、融资租赁时最低租赁收款额与未担保余值的现值之和大于该项融资租赁资产账面余额的差额、权益法下长期股权投资的初始投资成本小于投资时应享有被投资单位可辨认净资产公允价值份额的差额、罚没利得、政府补助利得、收到的因享受税收优惠而返还的消费税和营业税等税金、确实无法支付的应付账款和按规定程序经批准后划转出去的应付款项、捐赠利得、盘盈利得等。

（1）处置非流动资产利得主要包括处置固定资产利得和无形资产利得。其中，处置固定资产利得是指企业处置固定资产所取得的收入，扣除固定资产账面价值以及处置费用后的净收益；处置无形资产利得是指企业处置无形资产所取得的收入，扣除无形资产账面价值以及处置税费后的净收益。

（2）非货币性资产交换利得是指在非货币性资产交换具有商业实质且公允价值能够可靠地计量的情况下，因换出固定资产或无形资产的公允价值高于其账面价值而获得的资产增值收益。

（3）债务重组利得是指企业在进行重组债务时，债务人因重组债务的账面价值超过用于清偿债务的现金、非现金资产的公允价值、所转股份的公允价值、或重组后债务账面价值之间的差额，而应计入当期损益的利得。

（4）罚没利得是指企业收取的滞纳金、违约金以及其他形式的罚款，在弥补了由于对方违约而造成的经济损失后的净收益。

（5）政府补助利得是指企业取得的与资产相关的政府补贴，在相关资产使用寿命内平均分配而计入当期损益的利得；或企业取得的与收益相关的政府补贴，用于补偿以后期间的相关费用或损失而于确认相关费用期间计入当期损益的利得；或企业取得的与收益相关的政府补助，用于补偿已发生的相关费用或损失而直接计入当期损益的利得。

（6）无法支付的应付款项是指由于债权单位撤销或其他原因而无法支付，或者将应付款项划转给关联方等其他企业而无法支付或无须支付，按规定程序报经批准转入当期损益的应付款项。

（7）捐赠利得是指企业接受外部现金和非现金资产捐赠而获得的利得。

（二）营业外收入的会计处理

企业发生的营业外收入，应设置“营业外收入”科目核算，并在“营业外收入”科目中按具体项目进行明细核算。期末应将“营业外收入”科目余额转入“本年利润”科目，结转后应无余额。

企业发生的营业外收入，借记“库存现金”、“银行存款”、“待处理财产损溢”、“固定资产清理”、“应付账款”等科目，贷记“营业外收入”科目。

【例13-1】2010年10月，张公庙公司没收逾期未退的包装物押金2 340元，并转为营业外收入。编制会计分录如下：

借：其他应付款　　2 340
　贷：营业外收入　　2 000
　　应交税费——应交增值税（销项税额）　　340

【例13-2】2010年10月，张公庙公司收到乙公司因拖欠货款交来的赔偿金800元，并存入银行。编制会计分录如下：

借：银行存款　　800
　贷：营业外收入　　800

二、营业外支出

（一）营业外支出的内容

营业外支出是指企业发生的与其经营活动无直接关系的各项净支出，包括处置非流动资产损失、非货币性资产交换损失、债务重组损失、融资租赁时最低租赁收款额与未担保余值的现值之和小于该项融资租赁资产账面余额的差额、罚款支出、公益性捐赠支出、非常损失、盘亏损失等。

（1）处置非流动资产损失主要包括处置固定资产和无形资产的损失。其中，处置固定资产损失是指企业处置固定资产所取得的收入不足以抵补固定资产账面价值及处置费用而发生的净损失；处置无形资产损失是指企业处置无形资产所取得的收入，不足以抵补无形资产账面价值及相关税费而发生的净损失。

（2）非货币性资产交换损失是指在非货币性资产交换具有商业实质且公允价值能够可靠地计量的情况下，因换出固定资产或无形资产的公允价值低于其账面价值而发生的资产减值损失。

（3）债务重组损失是指企业在进行债务重组时，债权人因重组债权的账面价值高于债务人用于偿债的现金及非现金资产公允价值、放弃债权而享有股份的公允价值、重组后债权的公允价值等，而应当计入当期损益的损失。

（4）罚款支出是指企业由于违反合同，违法经营、偷税漏税、拖欠税款等而支付的违约金、罚款、滞纳金等支出。

（5）捐赠支出是指企业在进行公益性和非公益性捐赠而付出资产的公允价值。

（6）非常损失是指企业由于自然灾害等客观原因造成的财产损失，在扣除保险公司赔款和残料价值后，应计入当期损益的净损失。

（7）盘亏损失是指企业在财产清查中发现的固定资产实存数量少于账面数量而发生的资产短缺损失。

（二）营业外支出的会计处理

企业发生的营业外支出，应设置“营业外支出”科目核算，并在“营业外支出”科目中按具体支出项目进行明细核算。期末应将“营业外支出”科目余额转入“本年利润”科目，结转后应无余额。

企业发生的营业外支出，借记“营业外支出”科目，贷记“待处理财产损溢”、“库存现金”、“银行存款”、“固定资产清理”等科目。

【例13-3】2010年10月，张公庙公司持有甲公司的80 000元应收票据到期，由于甲公司财务困难，该公司同意甲公司票据期限延长半年，并减免本金20 000元。编制会计分录如下：

借：应收账款——甲公司　　60 000
　　营业外支出——债务重组损失　　20 000
　贷：应收票据　　80 000

【例13-4】2010年10月，张公庙公司对地震灾区捐赠30 000元，支付税款滞纳金5 000元。编制会计分录如下：

借：营业外支出——捐款支出　　30 000
　　　　　　　——罚款支出　　5 000
　贷：银行存款　　35 000

需要指出，营业外收入和营业外支出虽然在有些业务处理上是对应的，但它们所包括的项目互不相关，不存在因果关系。因此在具体核算时，营业外收入和营业外支出应当分别核算，不得相互抵减。

第二节　所得税费用

所得税是以税法为依据，以课税为目的，以企业在一定期间内的生产经营所得和其他所得为课税对象的税种。在我国境内的所有企业，只要有应税所得，都应按规定交纳企业所得税。因此所得税是企业的一项资产流出，属于企业的一项费用。

所得税会计的主要目的之一是为了确定当期应交所得税以及利润表中的所得税费用。由于企业会计准则是为了规范企业的财务会计行为，保护投资者和股东的利益，对经营者的经营成果在计算标准、内容、方法上所做的规定；而应纳税所得额的确定是按照税法处理国家和纳税人之间的分配关系，两者的目的不同，因此，按财务会计确认的所得税费用和税法计算的应交所得税并不一致。两者对于收入、成本、费用、利润、资产、负债、所有者权益等的确认与计量亦不完全相同。所以，《中华人民共和国企业所得税暂行条例》第九条规定：纳税人在计算应纳税所得额时，其财务、会计处理办法同国家有关税收的规定有抵触的，应当按照国家有关税收的规定计算纳税。这就是说，企业当期应交的所得税与当期按会计利润计算的所得税费用之间存在差异。其中，一部分差异是由于会计准则与税法对企业资产和负债的计量的规定不同引起的，在以后会计期间，随着资产价值的收回和负债的支付，这部分差异会逐期转回，因此，根据权责发生制原则（某项应税交易或事项在某一会计期间确认，与其相关的所得税影响亦应在该期间确认）和配比原则（同一会计期间的会计利润与所得税费用应相互配比），企业应将这部分差异确认为递延所得税资产和递延所得税负债。

一、资产、负债的计税基础

（一）资产的计税基础

资产的计税基础是指企业收回资产账面价值过程中，按照税法规定计算应纳税所得额时可以自应税经济利益中抵扣的金额。该项资产在未来使用或最终处置时，允许作为成本或费用在税前列支的金额，用公式表示如下：

资产在某一资产负债表日的计税基础 = 资产未来可税前扣除的金额

资产的计税基础 = 资产成本 - 以前期间已税前列支的金额

例如，对某项已投入使用的固定资产来说，其账面价值等于其入账时的实际成本减去已计提的累计折旧和减值准备后的余额，而其计税基础等于其入账时的实际成本减去已计提的累计折旧后的余额。

通常情况下，资产在取得时其入账价值（账面价值）与其计税基础是相同的。但由于在后续计量过程中因企业会计准则规定与税法规定不同，使得资产的账面价值与计税基础之间产生了暂时性差异。

1. 固定资产

以各种方式取得的固定资产，初始确认时入账价值基本上是被税法认可的，即取得时其账面价值一般等于计税基础。

固定资产在持有期间进行后续计量时，会计上的基本计量模式是“成本 - 累计折旧 - 固定资产减值准备”，税收上的基本计量模式是“成本 - 按照税法规定计算确定的累计折旧”。会计与税收处理的差异主要来自于折旧方法、折旧年限的不同以及固定资产减值准备的计提。

（1）折旧方法、折旧年限产生的差异。会计准则规定，企业可以根据固定资产经济利益的预期实现方式合理选择折旧方法，如可以按年限平均法计提折旧，也可以按照双倍余额递减法、年数总和法等计提折旧，前提是有关的方法能够反映固定资产为企业带来经济利益的实现情况。税法一般会规定固定资产的折旧方法，除某些按照规定可以加速折旧的情况外，基本上可以税前扣除的是按照直线法计提的折旧。

另外，税法一般规定每一类固定资产的折旧年限，而会计处理时按照会计准则规定是由企业按照固定资产能够为企业带来经济利益的期限估计确定的。因为折旧年限的不同，也会产生固定资产账面价值与计税基础之间的差异。

（2）因计提固定资产减值准备产生的差异。持有固定资产的期间内，在对固定资产计提了减值准备以后，因所计提的减值准备在计提当期不允许税前扣除，也会造成固定资产的账面价值与计税基础的差异。

【例13－5】甲公司于2008年1月1日开始计提折旧的某项固定资产，原价为3 000 000元，使用年限为10年，采用年限平均法计提折旧，预计净残值为0。税法规定类似固定资产采用加速折旧法计提的折旧可予税前扣除，该企业在计税时采用双倍余额递减法计提折旧，预计净残值为0。2009年12月31日，企业估计该项固定资产的可收回金额为2 200 000元。

分析：

2009年12月31日，该项固定资产的账面价值 = 3 000 000 － 300 000 × 2 － 200 000 = 2 200 000（元）

计税基础 = 3 000 000 － 3 000 000 × 20% － 2 400 000 × 20% = 1 920 000（元）

该项固定资产账面价值2 200 000元与其计税基础1 920 000元之间的280 000元差额，代表着将于未来期间计入企业应纳税所得额的金额，产生未来期间应交所得税的增加，应确认为递延所得税负债。

【例13－6】甲公司于2005年12月20日取得某设备，成本为16 000 000元，预计使用10年，预计净残值为0，采用年限平均法计提折旧。2008年12月31日，根据该设备生产产品的市场占有情况，甲公司估计其可收回金额为9 200 000元。假定税法规定的折旧方法、折旧年限与会计准则相同，企业的资产在发生实质性损失时可予税前扣除。

分析：

2008年12月31日，甲公司该设备的账面价值 = 16 000 000 － 1 600 000 × 3 = 11 200 000（元），可收回金额为9 200 000元，应当计提2 000 000元固定资产减值准备，计提该减值准备后，固定资产的账面价值为9 200 000元。

该设备的计税基础 = 16 000 000 － 1 600 000 × 3 = 11 200 000（元）

资产的账面价值9 200 000元小于其计税基础11 200 000元，产生可抵扣暂时性差异。

2. 无形资产

除内部研究开发形成的无形资产以外，以其他方式取得的无形资产，初始确认时其入账价值与税法规定的成本之间一般不存在差异。

（1）对于内部研究开发形成的无形资产，会计准则规定有关研究开发支出区分两个阶段，研究阶段的支出应当费用化计入当期损益，而开发阶段符合资本化条件的支出应当计入所形成无形资产的成本；税法规定，自行开发的无形资产，以开发过程中该资产符合资本化条件后至达到预定用途前发生的支出为计税基础。对于研究开发费用的加计扣除，税法中规定企业为开发新技术、新产品、新工艺发生的研究开发费用，未形成无形资产计入当期损益的，在按照规定据实扣除的基础上，按照研究开发费用的50%加计扣除；形成无形资产的，按照无形资产成本的150%摊销。

对于内部研究开发形成的无形资产，一般情况下初始确认时按照会计准则规定确定的成本与其计税基础应当是相同的。对于享受税收优惠的研究开发支出，在形成无形资产时，按照会计准则规定确定的成本为研究开发过程中符合资本化条件后至达到预定用途前发生的支出，而因税法规定按照无形资产成本的150%摊销，则其计税基础应在会计上入账价值的基础上加计50%，因而产生账面价值与计税基础在初始确认时的差异，但如果该无形资产的确认不是产生于企业合并交易、同时在确认时既不影响会计利润也不影响应纳税所得额，按照所得税会计准则的规定，不确认该暂时性差异的所得税影响。

（2）无形资产在后续计量时，会计与税收的差异主要产生于对无形资产是否需要摊销及无形资产减值准备的计提。

会计准则规定应根据无形资产使用寿命情况，区分为使用寿命有限的无形资产和使用寿命不确定的无形资产。对于使用寿命不确定的无形资产，不要求摊销，在会计期末应进行减值测试。税法规定，企业取得无形资产的成本，应在一定期限内摊销，有关摊销额允许税前扣除。

在对无形资产计提减值准备的情况下，因所计提的减值准备不允许税前扣除，也会造成其账面价值与计税基础的差异。

【例13－7】甲公司当期发生研究开发支出计10 000 000元，其中研究阶段支出2 000 000元，开发阶段符合资本化条件前发生的支出为2 000 000元，符合资本化条件后发生的支出为6 000 000元。假定开发形成的无形资产在当期期末已达到预定用途。

分析：

甲公司当年发生的研究开发支出中，按照会计规定应予费用化的金额为4 000 000元，形成无形资产的成本为6 000 000元，即期末所形成无形资产的账面价值为6 000 000元。

甲公司于当期发生的10 000 000元研究开发支出，可在税前扣除的金额为6 000 000元。对于按照会计准则规定形成无形资产的部分，税法规定按照无形资产成本的150%作为计算未来期间摊销额的基础，即该项无形资产在初始确认时的计税基础为9 000 000元（6 000 000×150%）。

该项无形资产的账面价值6 000 000元与其计税基础9 000 000元之间的差额3 000 000元将于未来期间税前扣除，产生可抵扣暂时性差异。

【例13－8】甲公司于2009年1月1日取得某项无形资产，成本为6 000 000元。企业根据各方面情况判断，无法合理预计其带来经济利益的期限，作为使用寿命不确定的无形资产。2009年12月31日，对该项无形资产进行减值测试表明未发生减值。企业在计税时，对该项无形资产按照10年的期间摊销，有关摊销额允许税前扣除。

分析：

会计上将该项无形资产作为使用寿命不确定的无形资产，在未发生减值的情况下，其账面价值为取得成本6 000 000元。

该项无形资产在2009年12月31日的计税基础为5 400 000元（6 000 000－600 000）。

该项无形资产的账面价值 6 000 000 元与其计税基础 5 400 000 元之间的差额 600 000元将计入未来期间的应纳税所得额，产生未来期间企业所得税款流出的增加，为应纳税暂时性差异。

3. 以公允价值计量且其变动计入当期损益的金融资产

按照《企业会计准则第 22 号——金融工具确认和计量》的规定，对于以公允价值计量且其变动计入当期损益的金融资产，其于某一会计期末的账面价值为公允价值，如果税法规定按照会计准则确认的公允价值变动损益在计税时不予考虑，即有关金融资产在某一会计期末的计税基础为其取得成本，会造成该类金融资产账面价值与计税基础之间的差异。

【例 13－9】甲公司 2008 年 7 月以 520 000 元取得乙公司股票 50 000 股作为交易性金融资产核算，2008 年 12 月 31 日，甲公司尚未出售所持有乙公司股票，乙公司股票公允价值为每股 12.4 元。税法规定，资产在持有期间公允价值的变动不计入当期应纳税所得额，待处置时一并计算应计入应纳税所得额的金额。

分析：

作为交易性金融资产的乙公司股票在 2008 年 12 月 31 日的账面价值为 620 000 元（12.4×50 000），其计税基础为原取得成本不变，即 520 000 元，两者之间产生100 000 元的应纳税暂时性差异。

（二）负债的计税基础

负债的计税基础是指负债的账面价值减去未来期间按照税法规定计算应纳税所得额时可予抵扣的金额。

负债的计税基础＝负债的账面价值－未来可税前列支的金额

通常情况下，短期借款、应付票据、应付账款、其他应付款等负债的确认和偿还，不会对当期损益和应纳税所得额产生影响，因此其计税基础即为账面价值。但在某些情况下，对自费用中提取的负债的确认可能会影响损益，并影响不同期间的应纳税所得额，使其计税基础与账面价值之间产生差额。

1. 预计负债

按照《企业会计准则第 13 号——或有事项》规定，企业应将预计提供售后服务发生的支出在销售当期确认为费用，同时确认预计负债。如果税法规定，与销售产品相关的支出应于发生时税前扣除。因该类事项产生的预计负债在期末的计税基础为其账面价值与未来期间可税前扣除的金额之间的差额，因有关的支出实际发生时可全额税前扣除，其计税基础为 0。

因其他事项确认的预计负债，应按照税法规定的计税原则确定其计税基础。某些情况下，某些事项确认的预计负债，税法规定其支出无论是否实际发生均不允许税前扣除，即未来期间按照税法规定可予抵扣的金额为 0，则其账面价值与计税基础相同。

【例 13－10】甲公司 2008 年因销售产品承诺提供 3 年的保修服务，在当年度利润表中确认了 8 000 000 元销售费用，同时确认为预计负债，当年度发生保修支出 2 000 000元，预计负债的期末余额为 6 000 000 元。假定税法规定，与产品售后服务相关的费用在实际发生时税前扣除。

分析：

该项预计负债在甲公司2008年12月31日的账面价值为6 000 000元。

该项预计负债的计税基础 = 账面价值 - 未来期间计算应纳税所得额时按照税法规定可予抵扣的金额 = 6 000 000 - 6 000 000 = 0。

2. 预收账款

企业在收到客户预付的款项时，因不符合收入确认条件，会计上将其确认为负债。税法对于收入的确认原则一般与会计规定相同，即会计上未确认收入时，计税时一般亦不计入应纳税所得额，该部分经济利益在未来期间计税时可予税前扣除的金额为0，计税基础等于账面价值。

如果不符合会计准则规定的收入确认条件，但按照税法规定应计入当期应纳税所得额时，有关预收账款的计税基础为0，即因其产生时已经计入应纳税所得额，未来期间可全额税前扣除，计税基础为账面价值减去在未来期间可全额税前扣除的金额，即其计税基础为0。

3. 应付职工薪酬

会计准则规定，企业为获得职工提供的服务而给予的各种形式的报酬以及其他相关支出均应作为企业的成本、费用，在未支付之前确认为负债。税法对于合理的职工薪酬基本允许税前扣除，相关应付职工薪酬负债的账面价值等于计税基础。

4. 其他负债

企业的其他负债项目，如应交的罚款和滞纳金等，在尚未支付之前按照会计规定确认为费用，同时作为负债反映。税法规定，罚款和滞纳金不允许税前扣除，其计税基础为账面价值减去未来期间计税时可予税前扣除的金额0之间的差额，即计税基础等于账面价值。

【例13 - 11】甲公司因未按照税法规定缴纳税金，按规定需在2008年缴纳滞纳金1 000 000元，至2008年12月31日，该款项尚未支付，形成其他应付款1 000 000元。税法规定，企业因违反国家法律、法规规定缴纳的罚款、滞纳金不允许税前扣除。

分析：

因应缴滞纳金形成的其他应付款账面价值为1 000 000元，因税法规定该支出不允许税前扣除，其计税基础 = 1 000 000 - 0 = 1 000 000（元）。

对于罚款和滞纳金支出，会计与税收规定存在差异，但该差异仅影响发生当期，对未来期间计税不产生影响，因而不产生暂时性差异。

（三）特殊交易或事项中产生资产、负债计税基础的确定

除企业在正常生产经营活动过程中产生的资产和负债以外，对于某些特殊交易中产生的资产、负债，其计税基础的确定也应遵从税法的规定，如企业合并过程中取得资产、负债计税基础的确定。

《企业会计准则第20号——企业合并》中视参与合并各方在合并前及合并后是否为同一方或相同的多方最终控制，将企业合并分为同一控制下的企业合并与非同一控

制下的企业合并两种类型。

对于企业合并交易的所得税处理，通常情况下，将被合并企业视为按公允价值转让、处置全部资产，计算资产的转让所得，依法缴纳所得税。合并企业接受被合并企业的有关资产，计税时可以按经评估确认或税法认可的转让价值确定计税成本。税法对于企业的合并、改组等交易，考虑合并中涉及的非股权支付额的比例、取得被合并方股权比例等条件，将其区分为应税合并与免税合并。

由于会计准则与税法对企业合并的划分标准不同、处理原则不同，某些情况下，会造成企业合并中取得的有关资产、负债的入账价值与计税基础的差异。

二、暂时性差异的类型

暂时性差异是指资产或负债的账面价值与其计税基础之间的差额。暂时性差异是指资产、负债的账面价值与其计税基础不同产生的差额。其中，账面价值是指按照会计准则规定确定的有关资产、负债在资产负债表中应列示的金额。由于资产、负债的账面价值与其计税基础不同，产生了在未来收回资产或清偿负债的期间内，应纳税所得额增加或减少并导致未来期间应交所得税增加或减少的情况，在这些暂时性差异发生的当期，一般应当确认相应的递延所得税负债或递延所得税资产。

按照暂时性差异对未来期间应税金额的影响，可将暂时性差异分为应纳税暂时性差异和可抵扣暂时性差异。

（一）应纳税暂时性差异

应纳税暂时性差异是指在确定未来收回资产或清偿负债期间的应纳税所得额时，将导致产生应税金额的暂时性差异。应纳税暂时性差异通常产生于以下情况：

1. 资产的账面价值大于其计税基础

一项资产的账面价值代表的是企业在持续使用或最终出售该项资产时会取得的经济利益的总额，而计税基础代表的是一项资产在未来期间可予税前扣除的总金额。资产的账面价值大于其计税基础，该项资产未来期间产生的经济利益不能全部税前抵扣，两者之间的差额需要交所得税，产生应纳税暂时性差异。

2. 负债的账面价值小于其计税基础

一项负债的账面价值为企业预计在未来期间清偿该项负债时的经济利益流出，而其计税基础代表的是账面价值在扣除税法规定未来期间允许税前扣除的金额之后的差额。因负债的账面价值与其计税基础不同产生的暂时性差异，实质上是税法规定就该项负债在未来期间可以税前扣除的金额为负数，即应在未来期间应纳税所得额的基础上调增，增加应纳税所得额和应交所得税金额，产生应纳税暂时性差异，应确认相关的递延所得税负债。

例如，交易性金融资产的公允价值变动。按照企业会计准则规定，交易性金融资产期末应以公允价值计量，公允价值的变动计入当期损益；而税法规定交易性金融资产在持有期间公允价值变动不计入应纳税所得额，即其计税基础保持不变，这就产生了交易性金融资产的账面价值与计税基础之间的差异。

【例 13 - 12】假定张公庙公司持有一项交易性金融资产，成本为 1 000 万元，期末公允价值为 1 500 万元，即期末账面价值为 1 500 万元，而计税基础仍维持 1 000 万元不变。由于该项资产的升值部分为 500 万元，在将来收回时将会产生应交所得税，因此该项资产的账面价值 1 500 万元与其计税基础 1 000 万元之间的差额 500 万元属于应纳税暂时性差异。

（二）可抵扣暂时性差异

可抵扣暂时性差异是指在确定未来收回资产或清偿负债期间的应纳税所得额时，将导致产生可抵扣金额的暂时性差异。可抵扣暂时性差异一般产生于以下情况：

1. 资产的账面价值小于其计税基础

从经济含义来看，资产在未来期间产生的经济利益少，按照税法规定允许税前扣除的金额多，则企业在未来期间可以减少应纳税所得额并减少应交所得税。

2. 负债的账面价值大于其计税基础

负债产生的暂时性差异实质上是税法规定就该项负债可以在未来期间税前扣除的金额。一项负债的账面价值大于其计税基础，意味着未来期间按照税法规定构成负债的全部或部分金额可以自未来应税经济利益中扣除，减少未来期间的应纳税所得额和应交所得税。

对于按照税法规定可以结转以后年度的未弥补亏损及税款抵减，虽不是因资产、负债的账面价值与计税基础不同产生的，但本质上可抵扣亏损和税款递减与可抵扣暂时性差异具有同样的作用，均能够减少未来期间的应纳税所得额，进而减少未来期间的应交所得税，在会计处理上，视同可抵扣暂时性差异，符合条件的情况下，应确认相关的递延所得税资产。

【例 13 - 13】张公庙公司期末持有一批原材料，原账面价值（账面成本）为 1 000 万元，估计其可变现净值为 800 万元，按照存货准则规定，计提了存货跌价准备 200 万元。但是税法规定存货跌价损失在发生实质性损失前不允许税前扣除，因此该批存货的计税基础仍为 1 000 万元。由于存货跌价准备在存货处置时可从应纳税所得额中扣除，在期末资产负债表中，该批存货的账面价值 800 万元与其计税基础 1 000 万元之间的差额 200 万元属于可抵扣暂时性差异。

由上可知，资产的账面价值大于其计税基础或者负债的账面价值小于其计税基础的，产生应纳税暂时性差异；资产的账面价值小于其计税基础或者负债的账面价值大于其计税基础的，产生可抵扣暂时性差异。

（三）特殊项目产生的暂时性差异

某些交易或事项发生后，因为不符合资产、负债的确认条件而未体现为资产负债表中的资产或负债，但按照税法规定能够确定其计税基础的，其账面价值 0 与计税基础之间的差异也构成暂时性差异。如企业发生的符合条件的广告费和业务宣传费支出，除税法另有规定外，不超过当年销售收入 15% 的部分准予扣除；超过部分准予在以后纳税年度结转扣除。该类支出在发生时按照会计准则规定即计入当期损益，不形成资产负债表中的资产，但因按税法规定可以确定其计税基础，两者之间的差异也形成暂时性差异。

【例 13-14】甲公司 20×8 年发生广告费 10 000 000 元，至年末尚未支付给广告公司。税法规定，企业发生的广告费、业务宣传费不超过当年销售收入 15% 的部分允许税前扣除，超过部分允许结转以后年度税前扣除。甲公司 20×8 年实现销售收入 60 000 000元。

分析：

因广告费支出形成其他应付款的账面价值为 10 000 000 元，

其计税基础 =10 000 000 －（10 000 000 －60 000 000 ×15%） =9 000 000（元）。

其他应付款的账面价值 10 000 000 元与其计税基础 9 000 000 元之间形成 1 000 000 元可抵扣暂时性差异。

三、递延所得税负债和递延所得税资产的确认和计量

（一）递延所得税负债的确认和计量

1. 递延所得税负债的确认

应纳税暂时性差异在转回期间将增加未来期间的应纳税所得额和应交所得税，导致企业经济利益的流出，从其发生当期看，构成企业应支付税金的义务，应作为负债确认。

确认应纳税暂时性差异产生的递延所得税负债时，交易或事项发生时影响到会计利润或应纳税所得额的，相关的所得税影响应作为利润表中所得税费用的组成部分；与直接计入所有者权益的交易或事项相关的，其所得税影响应增加或减少所有者权益；企业合并产生的，相关的递延所得税影响应调整购买日应确认的商誉或是计入当期损益的金额。

除会计准则中明确规定可不确认递延所得税负债的情况以外，企业对于所有的应纳税暂时性差异均应确认相关的递延所得税负债。除直接计入所有者权益的交易或事项以及企业合并外，在确认递延所得税负债的同时，应增加利润表中的所得税费用。

【例 13-15】根据【例 13-12】的资料，假定企业适用的所得税税率为 25%，递延所得税负债不存在期初余额，对于交易性金融资产产生的 500 万元的应纳税暂时性差异，应确认 125 万元的递延所得税负债。

有些情况下，虽然资产、负债的账面价值与其计税基础不同，产生了应纳税暂时性差异，但出于各方面的考虑，会计准则规定不确认相关的递延所得税负债。这些情况主要包括：

（1）商誉的初始确认。

（2）除企业合并以外的其他交易或事项中，如果该项交易或事项发生时既不影响会计利润，也不影响应纳税所得额，则所产生的资产、负债的初始确认金额与其计税基础不同，形成应纳税暂时性差异的，交易或事项发生时不确认相应的递延所得税负债。该规定主要是考虑到由于交易发生时既不影响会计利润，也不影响应纳税所得额，确认递延所得税负债的直接结果是增加有关资产的账面价值或是降低所确认负债的账

面价值，使得资产、负债在初始确认时，违背历史成本原则，影响会计信息的可靠性。

(3) 与联营企业、合营企业投资等相关的应纳税暂时性差异，一般应确认递延所得税负债，但同时满足以下两个条件的除外：

一是投资企业能够控制暂时性差异转回的时间；二是该暂时性差异在可预见的未来很可能不会转回。

满足上述条件时，投资企业可以运用自身的影响力决定暂时性差异的转回，如果不希望其转回，则在可预见的未来该项暂时性差异即不会转回，从而无须确认相关的递延所得税负债。

应予说明的是，企业在运用上述条件不确认与联营企业、合营企业相关的递延所得税负债时，应有确凿的证据表明其能够控制有关暂时性差异转回的时间。一般情况下，企业对联营企业的生产经营决策仅能够实施重大影响，并不能够主导被投资单位包括利润分配政策在内的主要生产经营决策的制定，满足《企业会计准则第 18 号——所得税》规定的能够控制暂时性差异转回时间的条件一般是通过与其他投资者签订协议等，达到能够控制被投资单位利润分配政策等情况。

2. 递延所得税负债的计量

递延所得税负债应以应纳税暂时性差异转回期间适用的所得税税率计量。在我国，除享受优惠政策的情况以外，企业适用的所得税税率在不同年度之间一般不会发生变化，企业在确认递延所得税负债时，可以现行适用所得税税率为基础计算确定。对于享受优惠政策的企业，如国家需要重点扶持有高新技术企业，享受一定时期的税率优惠，则所产生的暂时性差异应以预计其转回期间的适用所得税税率为基础计量。另外，无论应纳税暂时性差异的转回期间如何，递延所得税负债不要求折现。

(二) 递延所得税资产的确认和计量

1. 递延所得税资产的确认

资产、负债的账面价值与其计税基础不同产生可抵扣暂时性差异的，在估计未来期间能够取得足够的应纳税所得额用以利用该可抵扣暂时性差异的，应当以很可能取得用来抵扣可抵扣暂时性差异的应纳税所得额为限，确认相关的递延所得税资产。同递延所得税负债的确认相同，有关交易或事项发生时，对会计利润或是应纳税所得额产生影响的，所确认的递延所得税资产应作为利润表中所得税费用的调整；有关的可抵扣暂时性差异产生于直接计入所有者权益的交易或事项，则确认的递延所得税资产也应计入所有者权益；企业合并时产生的可抵扣暂时性差异的所得税影响，应相应调整企业合并中确认的商誉或是应计入当期损益的金额。

【例 13－16】根据【例 13－13】的资料，假定企业适用的所得税税率为 25%，递延所得税资产不存在期初余额，则对于存货项目产生的可抵扣暂时性差异 200 万元，应确认 50 万元的递延所得税资产。

某些情况下，如果企业发生的某项交易或事项不是企业合并，并且交易发生时既不影响会计利润也不影响应纳税所得额，且该项交易中产生的资产、负债的初始确认金额与其计税基础不同，产生可抵扣暂时性差异的，会计准则规定在交易或事项发生时不确认相关的递延所得税资产。其原因同该种情况下不确认相关的递延所得税负债相同，如果确认递延所得税资产，则需调整资产、负债的入账价值，对实际成本进行调整将有违历史成本原则，影响会计信息的可靠性，该种情况下不确认相关的递延所得税资产。

【例 13－17】甲公司 20×8 年发生资本化研究开发支出 8 000 000 元，至年末研发项目尚未完成。税法规定，按照会计准则规定资本化的开发支出按其 150% 作为计算摊销额的基础。

分析：

甲公司按照会计准则的规定，资本化的开发支出为 8 000 000 元，其计税基础为 12 000 000元（8 000 000×150%），该开发支出及所形成无形资产在初始确认时其账面价值与计税基础即存在差异，因该差异并非产生于企业合并，同时在产生时既不影响会计利润也不影响应纳税所得额，按照《企业会计准则第 18 号——所得税》规定，不确认与该暂时性差异相关的所得税影响。

2. 递延所得税资产的计量

（1）适用税率的确定。同递延所得税负债的计量相一致，确认递延所得税资产时，应估计相关可抵扣暂时性差异的转回时间，采用转回期间适用的所得税税率为基础计算确定。另外，无论相关的可抵扣暂时性差异转回期间如何，递延所得税资产均不予折现。

（2）递延所得税资产的减值。与其他资产相一致，资产负债表日，企业应当对递延所得税资产的账面价值进行复核。如果未来期间很可能无法取得足够的应纳税所得额用以利用递延所得税资产的利益，应当减记递延所得税资产的账面价值。对于预期无法实现的部分，一般应确认为当期所得税费用，同时减少递延所得税资产的账面价值；对于原确认时计入所有者权益的递延所得税资产，其减记金额亦应计入所有者权益，不影响当期所得税费用。

递延所得税资产的账面价值因上述原因减记以后，继后期间根据新的环境和情况判断能够产生足够的应纳税所得额用以利用可抵扣暂时性差异，使得递延所得税资产包含的经济利益能够实现的，应相应恢复递延所得税资产的账面价值。

四、所得税费用的确认和计量

按照资产负债表债务法进行核算的情况下，利润表中的所得税费用由两个部分组成：当期所得税和递延所得税费用（或收益）。

（一）当期所得税

当期所得税是指企业按照税法规定计算确定的针对当期发生的交易和事项，应缴纳给税务机关的所得税金额，即应交所得税。当期所得税应当以适用的税收法规为基础计算确定。

企业在确定当期所得税时，对于当期发生的交易或事项，会计处理与税收处理不同的，应在会计利润的基础上，按照适用税收法规的要求进行调整（即纳税调整），计算出当期应纳税所得额，按照应纳税所得额与适用所得税税率计算确定当期应交所得税。一般情况下，应纳税所得额可在会计利润的基础上，考虑会计与税收规定之间的差异，按照以下公式计算确定：

应纳税所得额 = 税前会计利润 + 纳税调整增加额 - 纳税调整减少额

纳税调整增加额主要包括税法规定允许扣除项目中，企业已计入当期费用但超过税法规定扣除标准的金额（如超过税法规定标准的职工福利费、工会经费、职工教育经费、业务招待费、公益性捐赠支出、广告费和业务宣传费等），以及企业已计入当期损失但税法规定不允许扣除项目的金额（如税收滞纳金、罚款、罚金）。

纳税调整减少额主要包括按税法规定允许弥补的亏损和准予免税的项目，如前五年内的未弥补亏损和国债利息收入等。

企业应交所得税的计算公式为：

应交所得税 = 应纳税所得额 × 所得税税率

【例 13 - 18】甲公司 2 ×12 年度按企业会计准则计算的税前会计利润为 19 800 000 元，所得税税率为 25%。甲公司全年实发工资、薪金为 2 000 000 元，职工福利费 300 000元，工会经费 50 000 元，职工教育经费 100 000 元；经查，甲公司当年营业外支出中有 120 000 元为税收滞纳罚金。假定甲公司全年无其他纳税调整因素。

分析：

本例中，按税法规定，企业在计算当期应纳税所得额时，可以扣除工资、薪金支出 2 000 000 元，扣除职工福利费支出 280 000（2 000 000 × 14%）元，工会经费支出 40 000（2 000 000 × 2%）元，职工教育经费支出 50 000（2 000 000 × 2.5%）元。甲公司有两种纳税调整因素，一种是已计入当期费用但超过税法规定标准的费用支出；另一种是已计入当期营业外支出但按税法规定不允许扣除的税收滞纳金，这两种因素均应调整增加应纳税所得额。

甲公司当期所得税的计算如下：

纳税调整数 =（300 000 - 280 000）+（50 000 - 40 000）+（100 000 - 50 000）+ 120 000 = 200 000（元）

应纳税所得额 = 19 800 000 + 200 000 = 20 000 000（元）

当期应交所得税额 = 20 000 000 × 25% = 5 000 000（元）

（二）递延所得税费用（或收益）

递延所得税费用（或收益）是指按照会计准则规定应予确认的递延所得税资产和递延所得税负债在会计期末应有的金额相对于原已确认金额之间的差额，即递延所得税资产和递延所得税负债的当期发生额，但不包括计入所有者权益的交易或事项的所得税影响。用公式表示如下：

递延所得税费用（或收益）= 当期递延所得税负债的增加 + 当期递延所得税资产的减少 - 当期递延所得税负债的减少 - 当期递延所得税资产的增加

值得注意的是，如果某项交易或事项按照会计准则规定应计入所有者权益，由该交易或事项产生的递延所得税资产或递延所得税负债及其变化亦应计入所有者权益，不构成利润表中的递延所得税费用（或收益）。

（三）所得税费用

计算确定了当期应交所得税及递延所得税费用（或收益）以后，利润表中应予确认的所得税费用为两者之和，即：

所得税费用＝当期所得税＋递延所得税费用（或收益）

【例13－19】甲公司2012年全年利润总额（即税前会计利润）为10 200 000元，其中包括本年收到的国债利息收入200 000元，所得税税率为25%。假定甲公司全年无其他纳税调整因素。

分析：

按照税法的有关规定，企业购买国债的利息收入免交所得税，即在计算应纳税所得额时可将其扣除。甲公司递延所得税负债年初数为400 000元，年末数为500 000元，递延所得税资产年初数为250 000元，年末数为200 000元。甲公司会计处理如下：

应纳税所得额＝10 200 000－200 000＝10 000 000（元）

当期应交所得税额＝10 000 000×25%＝2 500 000（元）

甲公司所得税费用的计算如下：

递延所得税＝（500 000－400 000）＋（250 000－200 000）＝150 000（元）

所得税费用＝当期所得税＋递延所得税＝5 000 000＋150 000＝5 150 000（元）

甲公司应编制如下会计分录：

借：所得税费用	5 150 000	
贷：应交税费——应交所得税		5 000 000
递延所得税负债		100 000
递延所得税资产		50 000

第三节　本年利润

一、利润的构成

企业作为一个经济实体，其经营目的就是以自身经营收入来抵补发生的成本费用，从而实现赢利。企业赢利能力的大小在很大程度上反映企业自身的生产经营管理水平和效益，企业只有获取尽可能多的利润，才能在激烈的市场竞争中生存和发展。

利润是指企业在一定期间的经营成果。企业一般按月计算利润，利润包括收入减去费用后的净额、直接计入当期利润的利得和损失等。

直接计入当期利润的利得和损失，是指应当计入当期损益、会导致所有者权益发生增减变动的、与所有者投入资本或者向所有者分配利润无关的利得和损失。

利润金额取决于收入和费用、直接计入当期利润的利得和损失金额的计量。根据利润表，利润总额的计算公式如下：

营业利润 = 营业收入 - 营业成本 - 营业税金及附加 - 销售费用 - 管理费用 - 财务费用 - 资产减值损失 + 公允价值变动收益（ - 公允价值变动损失） + 投资收益（ - 投资损失）

利润总额 = 营业利润 + 营业外收入 - 营业外支出

净利润 = 利润总额 - 所得税费用

二、利润的核算

为了进行本年利润的核算，企业应设置“本年利润”科目，用来核算企业本年度实现的利润（或亏损）。年度终了时，企业应将各收益类科目的余额转入本科目贷方，将各费用、支出类科目的余额转入本科目借方。结转以后，“本年利润”科目余额如在借方，则表示企业发生的亏损总额；余额如在贷方，则反映企业本年度累计实现的利润总额。

【例 13 - 17】张公庙公司 8 月月末未转账前损益类科目的余额如下（单位：元）：

请将各损益科目余额转入“本年利润”科目。

收入科目（贷方余额）

主营业务收入	350 000	投资收益	15 000
其他业务收入	5 000	营业外收入	2 500

支出科目（借方余额）

营业税金及附加	1 258	所得税费用	17 068
主营业务成本	234 550. 8	管理费用	32 320
销售费用	20 000	财务费用	8 150
其他业务成本	4 500	营业外支出	20 000

根据上述资料，企业月终应做会计分录如下：

（1）将所有收入类科目余额转入“本年利润”科目：

借：主营业务收入	350 000	
其他业务收入	5 000	
投资收益	15 000	
营业外收入	2 500	
贷：本年利润		372 500

（2）将所有支出科目余额转入“本年利润”科目：

借：本年利润	337 846. 8	
贷：营业税金及附加		1 258
主营业务成本		234 550. 8
销售费用		20 000
其他业务成本		4 500
管理费用		32 320
财务费用		8 150

营业外支出　　20 000

所得税费用　　17 068

经过以上结转后，该企业 8 月份“本年利润”科目增加贷方余额 34 653.2 元(372 500 - 337 846.8)，即该企业 8 月份实现的净利润为 34 653.2 元。

年终，企业按上述步骤和方法计算出“本年利润”余额后，将“本年利润”科目的最终余额（即净利润）转入“利润分配”科目。若为借方余额，则借记“利润分配——未分配利润”科目，贷记“本年利润”科目；若为贷方余额，则借记“本年利润”科目，贷记“利润分配——未分配利润”科目。结转后，“本年利润”科目应无余额。

【例 13 - 18】张公庙公司 2010 年 12 月月末“本年利润”未结转的贷方余额即全年净利润为 1 060 000 元，将其转入“利润分配”科目如下：

借：本年利润　　1 060 000

　贷：利润分配——未分配利润　　1 060 000

【本章小结】

1. 营业外收入是指企业发生的与其经营活动无直接关系的各项净收入，主要包括处置非流动资产利得、非货币性资产交换利得、债务重组利得、融资租赁时最低租赁收款额与未担保余值的现值之和大于该项融资租赁资产账面余额的差额、权益法下长期股权投资的初始投资成本小于投资时应享有被投资单位可辨认净资产公允价值份额的差额、罚没利得、政府补助利得、收到的因享受税收优惠而返还的消费税和营业税等税金、确实无法支付的应付账款和按规定程序经批准后划转出去的应付款项、捐赠利得、盘盈利得等。

2. 营业外支出是指企业发生的与其经营活动无直接关系的各项净支出，包括处置非流动资产损失、非货币性资产交换损失、债务重组损失、融资租赁时最低租赁收款额与未担保余值的现值之和小于该项融资租赁资产账面余额的差额、罚款支出、公益性捐赠支出、非常损失、盘亏损失等。

3. 所得税是以税法为依据，以课税为目的，以企业在一定期间内的生产经营所得和其他所得为课税对象的税种。在我国境内的所有企业，只要有应税所得，都应按规定交纳企业所得税。因此所得税是企业的一项资产流出，属于企业的一项费用。

4. 资产的计税基础是指企业收回资产账面价值过程中，按照税法规定计算应纳税所得额时可以自应税经济利益中抵扣的金额。

5. 负债的计税基础是指负债的账面价值减去未来期间按照税法规定计算应纳税所得额时可予抵扣的金额。

6. 应纳税暂时性差异是指在确定未来收回资产或清偿负债期间的应纳税所得额时，将导致产生应税金额的暂时性差异。

7. 可抵扣暂时性差异，是指在确定未来收回资产或清偿负债期间的应纳税所得额时，将导致产生可抵扣金额的暂时性差异。

8. 利润是指企业在一定期间的经营成果。企业一般按月计算利润，利润包括收入减去费用后的净额、直接计入当期利润的利得和损失等。

【复习与思考】

1. 营业外收入和营业外支出包括哪些内容？
2. 企业净利润的构成，期末应如何计算和结转？
3. 简述暂时性差异的概念、分类与特征。

第十四章 财务会计报告

【目的与要求】

了解企业编制财务会计报告的作用、会计报表的种类；
熟悉会计报表编制的要求。

【主要内容】

资产负债表；
利润表；
现金流量表；
所有者权益变动表；
财务报表附注。

【考核重点】

从企业的实际情况出发，编制资产负债表、利润表、现金流量表、所有者权益变动表等报表。

【案例导入】

曾引起证券市场轩然大波的湖北蓝田股份有限公司（后改名为“生态农业”）造假案，由湖北省武汉市中级人民法院公开宣判：83 名原告向 11 名被告索赔 617 万余元，法院判决被告生态农业公司赔偿原告 540 多万元；包括华伦会计师事务所在内的其他 8 名被告，被法院判决对原告的经济损失承担连带赔偿责任。

据悉，这是会计师事务所在我国的虚假陈述证券民事赔偿案中承担连带责任的首例判决。业内人士称，目前我国已有 20 家上市公司因涉嫌虚假陈述，被投资者告上法庭，已经判决和调解的此类案件有 14 起。其中，由法院判决会计师事务所承担连带责任的，蓝田案是第一个。

资料来源：岳敬飞，牟敦国．蓝田造假案判赔 540 多万，华伦会计师事务所承担连带赔偿责任［N］．上海证券报，2006－08－02.

第一节 财务会计报告概述

一、财务会计报告的概念与意义

财务会计报告是指企业对外提供的反映企业在某一特定日期财务状况和某一会计期间经营成果、现金流量的文件。财务会计报告是以日常会计核算资料为主要依据编制的，是会计核算过程中最后提出的结果，是会计核算工作的总结，也是企业对外披露会计信息最重要的手段。

编制财务会计报告，是会计核算的一种专门方法，也是会计核算的一项重要内容。在日常的会计核算中，企业通过记账、算账工作，把各项经济业务分类地登记在会计账簿中，账簿记录的会计信息比会计凭证反映的信息更加条理化、系统化，但仍然是分散的、部分的会计信息，因而不能集中地揭示和反映该会计期间的经营活动和财务收支的全貌。为了充分发挥会计的职能作用，必须对日常核算的资料进行整理、分类、计算和汇总，编制成相应的财务会计报告，为各有关方面提供总括性信息资料。编制财务会计报告是为了满足投资者、债权人、政府及其机构以及企业自身经营管理对财务信息的需求。财务会计报告作为其使用者进行经济决策的重要依据，具有十分重要的意义。

（一）财务会计报告提供的信息是投资者和债权人进行决策的依据

随着经济的发展，企业筹资、投资活动的日益频繁，企业与社会上各方面的经济联系越来越密切，在企业的外部形成了投资者、债权人组成的与企业有着经济利益关系的集团。债权人、部分投资者一般不直接参与企业的生产经营活动，不能直接从中获得其所需的信息，为了进行投资等方面的决策，需要通过对企业财务会计报告的分析，了解企业的财务状况及生产经营情况，分析企业偿债能力，并对企业的财务状况作出准确的判断。作为投资、信贷、融资筹资决策的依据；同时，一些投资者还需要通过财务会计报告提供的信息，了解企业的情况，监督企业的生产经营管理，以保护自身的合法权益。

（二）财务会计报告提供的信息是企业加强和改善经营管理的重要依据

财务会计报告通过一定报表及附注与说明的形式，将企业生产经营的全面情况，特别是财务收支方面的资料，进行搜集、整理，将分散的信息加工成系统的信息资料，传递给企业内部经营管理部门。企业内部经营管理部门，通过财务会计报告，可以全面、系统、总括地了解企业产经营活动、财务情况和经营成果，检查、分析财务成本计划和有关方针政策的执行情况，能够及时地发现经营活动中存在的问题，迅速作出决策，采取有效的措施，改善生产经营管理；同时也可利用财务会计报告提供的信息，为未来的经营计划和经营方针提供准确的依据，促使企业计划和经营方针更为合理科学。

（三）财务会计报告提供的信息是国家经济管理部门进行宏观调控和管理的依据

财务会计报告将企业生产经营情况和财务方面的信息提供给政府经济管理部门，政府部门可以利用财务会计报告所提供的财务信息，及时掌握各企业的经济情况和管理情况，便于对企业的生产经营情况进行检查分析。如国家财政部门可以利用企业报送的财务会计报告，监督检查企业是否合理节约使用资金，监督检查企业的财务管理情况；税务部门通过阅读企业的财务会计报告，了解税收的执行情况。国家宏观经济管理部门还可以通过对企业的财务会计报告提供的资料进行汇总分析，分析和考核国民经济总体的运行情况，从而发现国民经济运行中存在的问题，对宏观经济运行作出准确的决策，为政府进行国民经济宏观调节和控制提供依据。国家有关部门还可以通过财务会计报告所提供的信息，检查和评价各项政策的制定是否科学合理，为有关部门制定和修订政策提供依据。

二、财务会计报告的构成

（一）财务会计报告的内容

财务会计报告包括财务报表和其他应当在财务报告中披露的相关信息和资料。财务报表是财务报告的核心内容。

财务报表是会计要素确认、计量的结果和综合性描述，会计准则中对会计要素确认、计量过程中所采用的各项会计政策被企业实际应用后将有助于企业可持续发展，反映企业管理层受托责任的履行情况。

财务报表由报表本身及其附注两部分构成。一套完整的财务报表至少应当包括“四表一注”，即资产负债表、利润表、现金流量表、所有者权益（股东权益，下同）变动表以及附注。

1. 资产负债表

资产负债表是反映企业在某一特定日期的财务状况的会计报表。企业编制资产负债表的目的是通过如实反映企业的资产、负债和所有者权益金额及其结构情况，从而有助于使用者评价企业资产的质量以及短期偿债能力、长期偿债能力、利润分配能力等。

2. 利润表

利润表是反映企业在一定会计期间的经营成果和综合收益的会计报表。企业编制利润表的目的是通过如实反映企业实现的收入、发生的费用以及应当计入当期利润的利得和损失、其他综合收益、综合收益等金额及其结构情况，从而有助于使用者分析评价企业的盈利能力及其构成与质量。

3. 现金流量表

现金流量表是反映企业在一定会计期间的现金和现金等价物流入和流出的会计报表。企业编制现金流量表的目的是通过如实反映企业各项活动的现金流入和现金流出，从而有助于使用者评价企业生产经营过程特别是经营活动中所形成的现金流量和资金周转情况。

4. 所有者权益变动表

所有者权益变动表是反映构成企业所有者权益的各组成部分当期的增减变动情况的报表。所有者权益变动表应当全面反映一定时期所有者权益变动的情况，不仅包括所有者权益总量的增减变动，还包括所有者权益增减变动的重要结构性信息，特别是要反映直接计入所有者权益的利得和损失，让使用者准确理解所有者权益增减变动的根源。

5. 附注

附注是对在会计报表中列示项目所作的进一步说明，以及对未能在这些报表中列示项目的说明等。附注由若干附表和对有关项目的文字性说明组成。企业编制附注的目的是通过对报表本身作补充说明，以更加全面、系统地反映企业财务状况、经营成果和现金流量的全貌，从而有助于使用者提供更为有用的决策信息，帮助其作出更加科学合理的决策。

（二）财务会计报告的种类

1. 按财务报告编报期间的不同，可以分为中期财务报表和年度财务报表

中期财务报表是以短于一个完整会计年度的报告期间为基础编制的财务报表，包括月报、季报和半年报等。

2. 按财务报告编报主体的不同，可以分为个别财务报表和合并财务报表

个别财务报表是由企业在自身会计核算基础上对账簿记录进行加工而编制的财务报表，个别财务报表主要用以反映企业自身的财务状况、经营成果及现金流量情况。

合并财务报表是以母公司和子公司组成的企业集团为会计主体，根据母公司和所属子公司的财务报表，由母公司编制的综合反映企业集团财务状况、经营成果及现金流量的财务报表。

三、编制财务会计报告的一般要求

编制财务会计报告的基本目的，是向财务会计报告的使用者提供有关财务方面的信息资料，保证财务会计报告提供的信息能及时、准确、完整地反映企业的财务状况和经营成果。财务会计报告的便于理解、真实可比和全面完整，是会计信息的质量要求，财务会计报告及时提供给使用者是信息的基本要求。因此，在我国，编制财务会计报告的基本要求就是便于理解、真实可靠、相关可比、全面完整和编报及时。

（一）便于理解

可理解性是指财务会计报告提供的财务信息可以为使用者所理解。企业对外提供的财务会计报告是为广大阅读者使用，以提供企业过去、现在和未来的财务信息资料，为投资者、债权人以及潜在的投资者和债权人提供决策所需要的经济信息，因此，编制的财务会计报告应清晰易懂。如果提供的财务会计报告晦涩难懂，不可理解，使用者就不能作出可靠的判断，所提供的财务会计报告也就毫无用途。当然，财务会计报告的这一要求是建立在使用者具有一定阅读财务会计报告能力的基础之上的。

（二）真实可靠

会计首先是一个信息系统，如实反映企业的经营活动和财务状况是信息的基本要求。对外提供的财务会计报告主要满足不同的使用者对信息资料的要求，便于使用者根据所提供的财务信息作出决策。因此，财务会计报告所提供的数据必须做到真实可靠。如果财务会计报告所提供的信息不真实可靠，甚至提供虚假的信息资料，这样的财务会计报告不仅不能发挥其应有的作用，反而会由于错误的信息，导致财务会计报告的使用者对企业财务状况作出相反的结论，使其决策失误。

（三）相关可比

相关可比是指财务会计报告提供的财务信息必须与使用者的决策需要相关联并具有可比性。如果财务会计报告提供的信息资料能够使使用者了解过去、现在或未来事项的影响及其变化趋势，并为使用者提供有关的可比信息，则可认为财务会计报告提供的财务信息相关可比。

（四）全面完整

财务会计报告应当全面反映企业的财务状况和经营成果，反映企业经营活动的全貌。财务会计报告只有全面反映企业的财务情况，提供完整的会计信息资料，才能满足各方面对财务信息资料的需要。为了保证财务会计报告的全面完整，企业在编制财务会计报告时，应该按照规定的格式和内容进行填列，凡是国家要求提供的财务会计报告，必须按照国家规定的要求编报，不得漏编、漏报。

（五）编报及时

信息的特征是具有时效性。财务会计报告只有及时编制和报送，才能有利于财务会计报告的使用者使用。否则，即使最真实可靠完整的财务会计报告，由于编制、报送不及时，对于报告的使用者来说也是没有任何价值的。特别是在市场经济条件下，市场瞬息万变，要求企业根据市场供求的变动情况，及时调整生产经营活动。如果不能及时得到有关信息资料，对市场的变化情况作出及时反应，企业在市场竞争中将会处于被动地位。我国社会主义市场经济体制的完善，对财务会计报告的及时性提出了更高的要求。

第二节　资产负债表

一、资产负债表的结构和内容

资产负债表是反映企业在某一特定日期财务状况的会计报表。资产负债表是根据“资产＝负债＋所有者权益（股东权益）”这一会计基本等式，按照一定的分类标准和顺序，把企业在一定日期的资产、负债和所有者权益各项目予以适当排列编制而成的。资产负债表是企业的基本会计报表之一，该报表主要为报表使用者提供企业所拥有或控制的经济资源及这些经济资源的分布和构成的信息，提供企业资金的来源构成的信息，包括企业所承担的债务，所有者在企业中所拥有的权益等，同时，通过对该表的分析，可以使使用者了解企业的财务状况，尤其是企业偿债能力的情况，若把前后期的资产负债表加以对比分析，还可以把握企业资金结构的变化情况及财务状况的发展趋势等方面的信息。

资产负债表的结构，一般有两种：一种是账户式的，即报表左右对称结构，左方列资产各项目反映全部资产的分布及存在形态，一般按资产流动性大小排列；右方列负债和所有者权益。（股东权益）各项目反映全部负债和所有者权益的内容及构成情况，一般按要求清偿时间先后顺序排列。另一种是报告式的，即按上下顺序依次列资产、负债及所有者权益（股东权益）项目。我国采用账户式的资产负债表。

资产负债表按照资产、负债和所有者权益（或股东权益）分类分项列示。

资产类项目主要按项目的流动性排列，即流动资产、非流动资产两大类，并分项列示。

满足下列条件之一的资产应当归类为流动资产：

（1）预计在一个正常营业周期中变现、出售或耗用；

（2）主要为交易目的而持有；

（3）预计在资产负债表日起一年内（含一年，下同）变现；

（4）自资产负债表日起一年内，交换其他资产或清偿负债的能力不受限制的现金或现金等价物。

流动资产项目包括货币资金、交易性金融资产、应收票据、预付账款、应收股利、应收利息、其他应收款、存货等。流动资产以外的资产应当归类为非流动资产。非流动资产包括可供出售金融资产、持有至到期投资、投资性房地产、长期股权投资、长期应收款、固定资产、在建工程、无形资产、研发支出、商誉等若干项目。

负债类项目按照流动负债、非流动负债进行分类并分项列示。

满足下列条件之一的负债应当归类为流动负债：

（1）预计在一个正常营业周期中清偿；

（2）主要为交易目的而持有；

（3）自资产负债表日起一年内到期应予以清偿；

（4）企业无权自主地将清偿推迟至资产负债表日后一年以上。

这里所指的一个正常营业周期，是指企业从购买用于加工的资产起至实现现金或现金等价物的期间。

流动负债包括短期借款、交易性金融负债、应付票据、应付账款、预收账款、应付职工薪酬、应交税费、应付利息、应付股利、其他应付款、预提费用等。流动负债以外的负债应当归类为非流动负债。非流动负债项目包括长期借款、应付债券、长期应付款等若干项目。对于在资产负债表日起一年内到期的负债，企业预计能够自主地将清偿义务展期至资产负债表日后一年以上的，应当归类为非流动负债；不能自主地将清偿义务展期的，即使在资产负债表日后、财务报告批准报出日前签订了重新安排清偿计划协议，该项仍应归类为流动负债。

所有者权益（股东权益）按照实收资本（股本）、资本公积、盈余公积、未分配利润项目分别列示。

资产负债表中资产类项目金额合计与负债和所有者权益（股东权益）项目金额合计必须相等。各项资产与负债的金额一般不应相互抵销。

对于资产负债表中有关重要项目的明细资料，以及其他有助于理解和分析资产负债表的重要事项，应在报表附注中逐一列示和说明。

另外，资产负债表除了列示各项资产、负债和所有者权益（股东权益）项目的期末余额外，通常还列示这些项目的年初余额，通过对年初数与期末数的比较，可以看出各项资产、负债及所有者权益（股东权益）的变动。这种格式的资产负债表称为比较资产负债表。

二、资产负债表的编制方法

表 14.1　　　　资产负债表

会企 01 表

编制单位：花纹公司　　　　2008 年 12 月 31 日　　　　单位：元

资产	行次	期末余额	年初余额	负债和所有者权益（或股东权益）	行次	期末余额	年初余额
流动资产：				流动负债：			
货币资金		4 102 110	5 625 200	短期借款		200 000	1 200 000
交易性金融资产		420 000	60 000	交易性金融负债			
应收票据		137 200	984 000	应付票据		300 000	800 000
应收账款		2 796 800	1 596 400	应付账款		3 819 200	3 819 200
预付账款		400 000	400 000	预收账款			
应收利息				应付职工薪酬		720 000	440 000
应收股利				应交税费		421 130	146 400
其他应收款		20 000	20 000	应付利息			
存货		10 330 600	10 320 000	应付股利			1 100
				其他应付款		200 000	200 000
一年内到期的非流动资产				一年内到期的非流动负债		4 000 000	4 000 000
其他流动资产				其他流动负债			
流动资产合计		18 206 710	19 005 600	流动负债合计		9 660 330	10 605 600
非流动资产：				非流动负债：			
可供出售金融资产				长期借款		2 400 000	2 400 000
持有至到期投资				应付债券			
长期应收款				长期应付款			

表14.1(续)

资产	行次	期末余额	年初余额	负债和所有者权益（或股东权益）	行次	期末余额	年初余额
长期股权投资		1 000 000	1 000 000	专项应付款			
投资性房地产				预计负债			
固定资产		7 600 000	3 200 000	递延所得税负债			
在建工程		2 112 000	6 000 000	其他非流动负债			
工程物资		600 000		非流动负债合计		2 400 000	2 400 000
固定资产清理				负债合计		12 060 330	13 005 600
生产性生物资产				所有者权益（或股东权益）：			
油气资产				实收资本（或股本）		20 000 000	20 000 000
无形资产		3 360 000	3 600 000	资本公积			
研发支出				减：库存股			
商誉				盈余公积		504 838	400 000
长期待摊费用				未分配利润		1 143 542	200 000
递延所得税资产		30 000		所有者权益（或股东权益）合计		21 648 380	20 600 000
其他非流动资产		800 000	800 000				
非流动资产合计		15 502 000	14 600 000				
资产总计		33 708 710	33 605 600	负债和所有者权益（或股东权益）总计		33 708 710	33 605 600

(一)“年初余额”栏的填列方法

资产负债表“年初余额”栏内各项数字，应根据上年年末资产负债表“期末余额”栏内所列数字填列。如果上年度资产负债表规定的各个项目的名称和内容同本年度不相一致，应对上年年末资产负债表各项目的名称和数字按照本年度的规定进行调整，填入本表“年初余额”栏内。

(二)“期末余额”栏的填列方法

资产负债表内“期末余额”栏内各项数字，一般应根据资产、负债和所有者权益期末类科目的期末余额填列。主要包括以下方式：

(1) 根据总账科目余额填列。资产负债表中的有些项目，可直接根据有关总账科目的余额填列，如“交易性金融资产”、“短期借款”、“应付票据”、“应付职工薪酬”等项目；有些项目则需根据几个总账科目的期末余额计算填列，如“货币资金”项目，需根据“库存现金”、“银行存款”、“其他货币资金”三个总账科目的期末余额的合计数填列。

（2）根据明细账科目余额计算填列。如“应付账款”项目，需要根据“应付账款”和“预付款项”两个科目所属的相关明细科目的期末贷方余额计算填列；“应收账款”项目，需要根据“应收账款”和“预收款项”两个科目所属的相关明细科目的期末借方余额计算填列。

（3）根据总账科目和明细账科目余额分析计算填列。例如，“长期借款”项目，需要根据“长期借款”总账科目余额扣除“长期借款”科目所属的明细科目中将在一年内到期，且企业不能自主地将清偿义务展期的长期借款后的金额计算填列。

（4）根据有关科目余额减去其备抵科目余额后的净额填列。例如，资产负债表中的“应收账款”项目，应当根据“应收账款”科目的期末余额减去“坏账准备”科目余额后的净额填列。“固定资产”项目，应当根据“固定资产”科目的期末余额减去“累计折旧”、“固定资产减值准备”备抵科目余额后的净额填列等。

（5）综合运用上述填列方法分析填列。例如，资产负债表中的“存货”项目，需要根据“原材料”、“库存商品”、“委托加工物资”、“周转材料”、“材料采购”、“在途物资”、“发出商品”、“材料成本差异”等总账科目期末余额的分析汇总数，再减去“存货跌价准备”科目余额后的净额填列。

（三）资产负债表各项目的列报说明

（1）“货币资金”项目，反映企业期末持有的现金、银行存款和其他货币资金等总额。

（2）“交易性金融资产”项目，反映企业持有的以公允价值计算且其变动计入当期损益为交易目的所持有的债券投资、股票投资、基金投资、权证投资等金融资产。

（3）“应收票据”、“预付账款”、“应收利息”、“应收股利”、“其他应收款”、“存货”、“消耗性生物资产”、“可供出售金融资产”、“持有至到期投资”、“长期应收款”、“长期股权投资”、“投资性房地产”、“固定资产”、“在建工程”、“工程物资”、“固定资产清理”、“生产性生物资产”、“油气资产”、“无形资产”、“研发支出”、“商誉”、“长期待摊费用”、“递延所得税资产”、“其他非流动资产”等项目，反映企业期末持有的相应资产的账面余额扣减累计折旧（折耗）、累计摊销、累计减值准备后的账面价值。

（4）“存货”项目还反映建造承包商的“工程施工”期末余额大于“工程结算”期末余额的差额。

“一年内到期的非流动资产”项目，反映长期应收款、持有至到期投资、长期待摊费用等资产中将于一年内到期或摊销完毕的部分。

“其他非流动资产”项目，反映企业期末持有的“衍生工具”、“套期工具”、“被套期项目”等。

融资租赁出租方以及分期收款销售且实质上具有融资性质的“长期应收款”项目，反映扣减相应的“未实现融资收益”后的净额（折现值）。

有公益性生物资产的企业，应增设“公益性生物资产”项目，列在“生产性生物资产”项目之后。

（5）“短期借款”、“交易性金融负债”、“应付票据”、“应付账款”、“预收款项”、“应付职工薪酬”、“应交税费”、“应付利息”、“应付股利”、“其他应付款”、“其他流动负债”、“长期借款”、“应付债券”、“专项应付款”、“递延所得税负债”、“预计负债”等项目，通常反映企业期末尚未偿还的各项负债的账面余额。

（6）“应付账款”项目还反映建造承包商的“工程施工”期末余额小于“工程结算”期末余额的差额。

“一年内到期的非流动负债”项目，反映长期应付款、长期借款、应付债券、预计负债等负债中将于一年内到期的部分等。

“其他非流动负债”项目，反映企业期末持有的“衍生工具”、“套期工具”、“被套期项目”以及“递延收益”中将于一年内到期的部分等。

“长期应付款”项目，反映企业除长期借款、应付债券外的其他各种长期应付款项。其中，融资租赁承租方以及分期付款购买固定资产且实质上具有融资性质的，反映扣减相应的“未实现融资费用”后的净额（折现值）。

（7）“实收资本（或股本）”、“库存股”、“资本公积”、“盈余公积”、“未分配利润”等项目，通常应反映企业期末持有的接受投资者投入企业的实收资本，企业收购的尚未转让或注销的本公司股份金额，从净利润中提取的盈余公积余额等。

以外币作为记账本位币的企业，增设“外币报表折算差额”项目，列在“未分配利润”项目之后。

第三节　利润表

一、利润表的结构和内容

利润表，又称损益表、收益表，是反映企业在一定会计期间的经营成果的会计报表。利润表的列报必须充分反映企业经营业绩的主要来源和构成，有助于使用者判断净利润的质量及其风险，有助于使用者预测净利润的持续性，从而做出正确的决策。通过利润表，可以反映企业一定会计期间的收入实现情况；可以反映一定会计期间的费用耗费情况；可以反映企业生产经营活动的成果，即净利润的实现情况，据以判断资本保值、增值情况。将利润表中的信息与资产负债表中的信息相结合，还可以提供进行财务分析的基本资料，如将赊销收入净额与应收账款平均余额进行比较，计算出应收账款周转率；将销货成本与存货平均余额进行比较，计算出存货周转率；将净利润与资产总额进行比较，计算出资产收益率等，可以表现企业资金周转情况以及企业的盈利能力，便于报表使用者判断企业未来的发展趋势，做出经济决策。

由于不同的国家和地区对会计信息要求不完全相同，利润表的结构也不完全相同，利润表的格式主要有多步式和单步式两种，以会计等式“收入－费用＝利润”为编制依据。我国一般采用多步式利润表格，见表 14.2。

表 14.2 利润表

会企 02 表

编制单位：花纹公司 2008 年 单位：元

项目	行次	本期金额	上期金额
一、营业收入		5 000 000	
减：营业成本		3 000 000	
营业税金及附加		8 000	
销售费用		80 000	
管理费用		388 400	
财务费用		120 000	
资产减值损失		123 600	
加：公允价值变动收益（损失以“－”号填列）			
投资收益（损失以“－”号填列）		6 000	
其中：对联营企业和合营企业的投资收益			
二、营业利润（亏损以“－”号填列）		1 286 000	
加：营业外收入		200 000	
减：营业外支出		88 160	
其中：非流动资产处置损失			
三、利润总额（亏损总额以“－”号填列）		1 397 840	
减：所得税费用		349 460	
四、净利润（净亏损以“－”号填列）		1 048 380	
五、每股收益：			
（一）基本每股收益		—	
（二）稀释每股收益		—	

我国《企业会计准则》规定，利润表采用多步式，其步骤和内容如下：

第一步，以主营业务收入为基础，计算主营业务利润。其计算公式为：主营业务利润＝主营业务收入－主营业务成本－主营业务税金及附加。

第二步，以主营业务利润为基础，计算营业利润。其计算公式为：营业利润＝营业收入－营业成本－营业税金及附加－销售费用－管理费用－财务费用－资产减值损失＋公允价值变动收益（－公允价值变动损失）＋投资收益（－投资损失）。

第三步，以营业利润为基础，计算出利润总额。其计算公式为：利润总额＝营业利润＋营业外收入－营业外支出。

第四步，以利润总额为基础，计算净利润。其计算公式为：净利润＝利润总额－所得税费用。

第五步，每股收益，普通股或潜在普通股已公开交易的企业，以及正处于公开发行普通股或潜在普通股过程中的企业，还应当在利润表中列示每股收益信息，包括基本每股收益和稀释每股收益两项指标。

二、利润表的编制方法

1. 上期金额栏的填列方法

利润表中的“上期金额”栏内各项数字，应根据上年度利润表“本年金额”栏内所列数字填列，如果上年度利润表规定的各个项目的名称和内容同本年度不相一致，应对上年度利润表各项目的名称和数字按本年度的规定进行调整，填入本表“上期金额”栏内。

2. 本期金额栏的填列方法

利润表中“本期金额”栏内各项数字一般应当反映以下内容：

（1）“营业收入”项目，反映企业经营主要业务和其他业务所确认的收入总额。

（2）“营业成本”项目，反映企业经营主要业务和其他业务发生的实际成本总额。

“营业税金及附加”项目，反映企业经营业务应负担的营业税、消费税、城市维护建设税、资源税、土地增值税和教育费附加等。

“销售费用”项目，反映企业在销售商品过程中发生的包装费、广告费等费用和为销售本企业商品而专设的销售机构的职工薪酬、业务费等经营费用。

“管理费用”项目，反映企业为组织和管理生产经营发生的管理费用。

“财务费用”项目，反映企业筹集生产经营所需资金等而发生的筹资费。

“资产减值损失”项目，反映企业各项资产发生的减值损失。

发生勘探费用的企业，应在“管理费用”和“财务费用”项目之间增设“勘探费用”项目。

（3）“公允价值变动净收益”项目，反映企业交易性金融资产、交易性金融负债，以及采用公允价值模式计量的投资性房地产等公允价值变动形成的应计入当期损益的利得或损失。

“投资净收益”项目，反映企业以各种方式对外投资所取得的收益。其中，“对联营企业和合营企业的投资收益”项目，反映采用权益法核算的对联营企业和合营企业投资在被投资单位实现的净损益中应享有的份额（不包括处置投资形成的收益）。

（4）“营业外收入”、“营业外支出”项目，反映企业发生的与其经营活动无直接关系的各项收入和支出。其中，处置非流动资产净损失，应当单独填列。

（5）“所得税费用”项目，反映企业根据所得税准则确认的应从当期利润总额中扣除的所得税费用。

（6）“基本每股收益”和“稀释每股收益”项目，应当根据每股收益准则的规定计算的金额填列。

第四节　现金流量表

一、现金流量表的概念与作用

现金流量表是反映企业在一定会计期间的现金和现金等价物的流入和流出的会计报表。现金流量表反映企业一定会计期间内现金和现金等价物流入和流出的信息，表明企业获得现金和现金等价物的能力。

现金流量表的出现，主要是要反映出资产负债表中各个项目对现金流量的影响，并根据其用途划分为经营、投资及融资三个活动分类。现金流量表可用于分析一家机构在短期内有没有足够现金去应付开销。现金流量表是一份显示于指定时期（一般为一个月、一季，主要是一年的年报）的现金流入和流出的财政报告。这份报告显示资产负债表（Balance Sheet）及损益表（Income Statement/Profit and Loss Account）如何影响现金和等同现金，以及根据公司的经营，投资和融资角度做出分析。作为一个分析的工具，现金流量表的主要作用是决定公司短期生存能力，特别是缴付账单的能力。

现金流量表其组成内容与资产负债表和损益表相一致。通过现金流量表，可以概括反映经营活动、投资活动和筹资活动对企业现金流入流出的影响，对于评价企业的实现利润、财务状况及财务管理，要比传统的损益表提供更好的基础。

编制现金流量表，主要是为企业会计报表使用者提供企业一定会计期间内现金和现金等价物流入和流出的信息，以便于报表使用者了解和评价企业获取现金和现金等价物的能力，并据以预测企业未来现金流量。通过编报现金流量表，能够说明企业一定期间内现金流入和流出的原因，说明企业的偿债能力和支付股利的能力；也能够用以分析企业未来获取现金的能力，分析企业投资和理财活动对经营成果和财务状况的影响，有助于对企业的整体财务状况作出客观评价。

现金流量表为我们提供了一家公司经营是否良好的证据。如果一家公司经营活动产生的现金流无法支付股利与保持股本的生产能力，从而它得用借款的方式满足这些需要，那么这就给我们一个警告，这家公司从长期来看无法维持正常情况下的支出。现金流量表通过显示经营中产生的现金流量的不足和不得不用借款来支付无法永久支撑的股利水平，从而揭示了公司内在的发展问题。

二、现金流量表的编制基础

现金流量表是以收付实现制为编制基础，将权责发生制下的盈利信息调整为收付实现制下的现金流量的报表。现金流量表是以现金为基础编制的。这里的现金是相对广义的现金，不仅包括企业的库存现金，还包括企业可以随时用于支付的存款以及现金等价物。

（一）现金

现金是指企业库存现金以及可以随时用于支付的存款。不能随时用于支付的存款不属于现金。现金主要包括库存现金、银行存款和其他货币资金。

1. 库存现金

库存现金是指企业持有可随时用于支付的现金，也就是目前企业会计核算中“现金”科目核算的内容。

2. 银行存款

银行存款是指企业存放在银行或其他金融机构随时可以用于支付的存款，与目前企业会计核算中“银行存款”科目核算的内容基本一致，它不包括不能随时支取的定期存款，但提前通知金融企业便可支取的定期存款，应包括在现金范围内。

3. 其他货币资金

其他货币资金是指企业存在银行有特定用途的资金，包括外埠存款、银行汇票存款、银行本票存款等，与目前企业会计核算中“其他货币资金”科目核算的内容一致。

（二）现金等价物

现金等价物是指企业持有的期限短、流动性强、易于转换为已知金额现金、价值变动风险很小的投资。期限短，一般是指从购买日起三个月内到期。现金等价物通常包括三个月内到期的短期债券投资。权益性投资变现的金额通常不确定，因而一般不属于现金等价物。企业应当根据具体情况，确定现金等价物的范围，一经确定不得随意变更，如改变划分标准，应视为会计政策的变更。企业确定现金等价物的原则及其变更，应在会计报表附注中披露。

（三）现金流量及其分类

现金流量是指企业现金和现金等价物的流入和流出。企业销售商品或提供劳务、出售固定资产、从银行取得借款等取得的现金，即为现金流入；而企业购买商品或接受劳务、购建固定资产、偿还银行借款等支出的现金，即为现金流出。现金流量是衡量企业经营状况是否良好、偿债能力强弱的重要指标。影响现金流量的因素包括企业的经营活动、投资活动和筹资活动等日常经营业务。

企业一定时期内现金流入和流出是由各种因素产生的，为了给会计报表的使用者提供企业现金流量的具体信息，现金流量表首先要对企业各项经济业务发生的现金流量进行合理的分类。根据企业会计准则的规定，企业一定时期内发生的现金流量分为以下三类：经营活动产生的现金流量、投资活动产生的现金流量和筹资活动产生的现金流量。

1. 经营活动产生的现金流量

经营活动是指企业投资活动和筹资活动以外的所有交易和事项。

从经营活动的定义可以看出，经营活动的范围很广，它包括了除投资活动和筹资活动以外的所有交易和事项。对于工商企业而言，经营活动主要包括：销售商品、提供劳务、购买商品、接受劳务、支付税费等。

一般来说，经营活动产生的现金流入项目主要有：销售商品、提供劳务收到的现金，收到的税费返还，收到的其他与经营活动有关的现金；经营活动产生的现金流出项目主要有：购买商品、接受劳务支付的现金，支付给职工以及为职工支付的现金，支付的各项税费，支付的其他与经营活动有关的现金。

各类企业由于行业特点不同，对经营活动的认定存在一定差异，在编制现金流量表时，应根据企业的实际情况，对现金流量进行合理的归类。由于金融保险企业比较特殊，本准则对金融保险企业经营活动的认定作了提示。

2. 投资活动产生的现金流量

投资活动是指企业长期资产的购建和不包括在现金等价物范围内的投资及其处置活动。其中，长期资产是指固定资产、无形资产、在建工程、其他资产等持有期限在一年或一个营业周期以上的资产。

一般来说，投资活动产生的现金流入项目主要有：收回投资所收到的现金，取得投资收益所收到的现金，处置固定资产、无形资产和其他长期资产所收回的现金净额，收到的其他与投资活动有关的现金。投资活动产生的现金流出项目主要有：购建固定资产、无形资产和其他长期资产所支付的现金，投资所支付的现金，支付的其他与投资活动有关的现金。

3. 筹资活动产生的现金流量

筹资活动是指导致企业资本及债务规模和构成发生变化的活动。这里所说的资本，既包括实收资本（股本），也包括资本溢价（股本溢价）；这里所说的债务，指对外举债，包括向银行借款、发行债券以及偿还债务等。应付账款、应付票据等商业应付款等属于经营活动，不属于筹资活动。

一般来说，筹资活动产生的现金流入项目主要有：吸收投资所收到的现金，取得借款所收到的现金，收到的其他与筹资活动有关的现金。筹资活动产生的现金流出项目主要有：偿还债务所支付的现金，分配股利、利润或偿付利息所支付的现金，支付的其他与筹资活动有关的现金。

三、现金流量表列报的基本格式

《企业会计准则》指南规定的一般企业现金流量表的基本格式如表 14.3 所示。

表 14.3　　现金流量

会企 03 表

编制单位：花纹公司　　2008 年　　单位：元

项目	行次	本期金额	上期金额
一、经营活动产生的现金流量：			
销售商品、提供劳务收到的现金		5 366 000	
收到的税费返还			
收到其他与经营活动有关的现金			
经营活动现金流入小计		5 366 000	
购买商品、接受劳务支付的现金		2 028 830	
支付给职工以及为职工支付的现金		1 200 000	

表14.3(续)

项目	行次	本期金额	上期金额
支付的各项税费		787 460	
支付其他与经营活动有关的现金		80 000	
经营活动现金流出小计		4 096 290	
经营活动产生的现金流量净额		1 269 710	
二、投资活动产生的现金流量:			
收回投资收到的现金		66 000	
取得投资收益收到的现金			
处置固定资产、无形资产和其他长期资产收回的现金净额		1 201 200	
处置子公司及其他营业单位收到的现金净额			
收到其他与投资活动有关的现金			
投资活动现金流入小计		1 267 200	
购建固定资产、无形资产和其他长期资产支付的现金		1 800 000	
投资支付的现金		420 000	
取得子公司及其他营业单位支付的现金净额			
支付其他与投资活动有关的现金			
投资活动现金流出小计		2 220 000	
投资活动产生的现金流量净额		-952 800	
三、筹资活动产生的现金流量:			
吸收投资收到的现金			
取得借款收到的现金		4 000 000	
收到其他与筹资活动有关的现金			
筹资活动现金流入小计		4 000 000	
偿还债务支付的现金		5 000 000	
分配股利、利润或偿付利息支付的现金		840 000	
支付其他与筹资活动有关的现金			
筹资活动现金流出小计		5 840 000	
筹资活动产生的现金流量净额		-1 840 000	
四、汇率变动对现金及现金等价物的影响			
五、现金及现金等价物净增加额		1 523 090	
加:期初现金及现金等价物余额		5 625 200	
六、期末现金及现金等价物余额		4 102 110	

四、现金流量表编制方法

（一）经营活动产生现金流量的编制方法

编制现金流量表时，经营活动现金流量的编制方法通常有直接法和间接法两种。直接法是通过现金收入和支出的主要类别反映来自企业经营活动的现金流量；而间接法是指以净利润为起算点，调整不涉及现金的收入、费用、营业外收支等有关项目，剔除投资活动、筹资活动对现金流量的影响，据此计算出经营活动产生的现金流量。直接法能显示经营活动现金流量的各项流入流出的内容，比间接法更能体现现金流量表的目的，提供的信息有助于评价企业未来的现金流量；间接法确定的经营活动现金流量，则有助于分析影响现金流量的原因以及从现金流量角度分析企业净利润的质量。我国企业会计准则要求企业按直接法编制现金流量表，进一步在附注中提供按间接法将净利润调节为经营活动现金流量的信息。

现金流量表中的经营活动现金流入和流出各项目，其编制方法，分别说明如下：

1. “销售商品、提供劳务收到的现金”项目

本项目可根据“主营业务收入”、“其他业务收入”、“应收账款”、“应收票据”、“预收账款”及“库存现金”、“银行存款”等账户分析填列。

本项目的现金流入可用下述公式计算求得：

销售商品、提供劳务收到的现金 = 本期营业收入净额 + 本期应收账款减少额（ - 应收账款增加额） + 本期应收票据减少额（ - 应收票据增加额） + 本期预收账款增加额（ - 预收账款减少额）

注：上述公式中，应收账款是科目余额。如果本期有实际核销的坏账损失，也应减去（因核销坏账损失减少了应收账款，但没有收回现金）；如果有收回前期已核销的坏账金额，应加上（因收回已核销的坏账，并没有增加或减少应收账款，但却收回了现金）。

2. “收到的税费返还”项目

该项目反映企业收到返还的各种税费。本项目可以根据“库存现金”、“银行存款”、“应交税费”、“营业税金及附加”等账户的记录分析填列。

3. “收到的其他与经营活动有关的现金”项目

本项目反映企业除了上述各项目以外收到的其他与经营活动有关的现金流入，如罚款收入、流动资产损失中由个人赔偿的现金收入等。

本项目可根据“营业外收入”、“营业外支出”、“库存现金”、“银行存款”、“其他应收款”等账户的记录分析填列。

4. “购买商品、接受劳务支付的现金”项目

本项目可根据“应付账款”、“应付票据”、“预付账款”、“库存现金”、“银行存款”、“主营业务成本”、“其他业务成本”、“存货”等账户的记录分析填列。

本项目的现金流出可用以下公式计算求得：

购买商品、接受劳务支付的现金 = 营业成本 + 本期存货增加额（ - 本期存货减少

额）+本期应付账款减少额（-本期应付账款增加额）+本期应付票据减少额（-本期应付票据增加额）+本期预付账款增加额（-本期预付账款减少额）

5. “支付给职工以及为职工支付的现金”项目

该项目反映企业实际支付给职工以及为职工支付的工资、奖金、各种津贴和补贴等（含为职工支付的养老、失业等各种保险和其他福利费用）。但不含为离退休人员支付的各种费用和固定资产购建人员的工资。

本项目可根据“库存现金”、“银行存款”、“应付职工薪酬”、“生产成本”等账户的记录分析填列。

6. “支付的各项税费”项目

本项目反映的是企业按规定支付的各项税费和有关费用。但不包括已计入固定资产原价而实际支付的耕地占用税和本期退回的所得税。

本项目应根据“应交税费”、“库存现金”、“银行存款”等账户的记录分析填列。

7. “支付的其他与经营活动有关的现金”项目

本项目反映企业除上述各项目外，支付的其他与经营活动有关的现金，包括罚款支出、差旅费、业务招待费、保险费支出、支付的离退休人员的各项费用等。

本项目应根据“管理费用”、“销售费用”、“营业外支出”等账户的记录分析填列。

（二）投资活动产生的现金流量的编制方法

现金流量表中投资活动现金流入和流出各项目的编制方法如下：

1. “收回投资所收到的现金”项目

本项目反映企业出售、转让和到期收回的除现金等价物以外的交易性金融资产、长期股权投资而收到的现金，以及收回持有至到期投资本金而收到的现金。不包括持有至到期投资收回的利息以及收回的非现金资产。

本项目应根据“交易性金融资产”、“长期股权投资”、“库存现金”、“银行存款”等账户的记录分析填列。

2. “取得投资收益所收到的现金”项目

本项目反映企业因股权性投资而分得的现金股利和分回利润所收到的现金，以及债权性投资取得的现金利息收入。

本项目应根据“投资收益”、“库存现金”、“银行存款”等账户的记录分析填列。

3. “处置固定资产、无形资产和其他长期资产所收回的现金净额”项目

该项目反映处置上述各项长期资产所取得的现金，减去为处置这些资产所支付的有关费用后的净额。

本项目可根据“固定资产清理”、“库存现金”、“银行存款”等账户的记录分析填列。

如该项目所收回的现金净额为负数，应在“支付的其他与投资活动有关的现金”项目填列。

4.“收到的其他与投资活动有关的现金”项目

本项目反映除上述各项目以外，收到的其他与投资活动有关的现金流入。

本项目应根据“库存现金”、“银行存款”和其他有关账户的记录分析填列。

5.“购建固定资产、无形资产和其他长期资产所支付的现金”项目

本项目反映企业购买、建造固定资产，取得无形资产和其他长期资产所支付的现金。其中企业为购建固定资产支付的现金，包括购买固定资产支付的价款现金及增值税款、固定资产购建支付的现金。但不包括购建固定资产的借款利息支出和融资租入固定资产的租赁费。

本项目应根据“固定资产”、“无形资产”、“在建工程”、“库存现金”、“银行存款”等账户的记录分析填列。

6.“投资所支付的现金”项目

该项目反映企业在现金等价物以外进行交易性金融资产、长期股权投资、持有至到期投资所实际支付的现金，包括佣金手续费所支付的现金。但不包括企业购买股票和债券时，实际支付价款中包含的已宣告尚未领取的现金股利或已到付息期但尚未领取的债券利息。

本项目应根据“交易性金融资产”、“长期股权投资”、“持有至到期投资”、“库存现金”、“银行存款”等账户记录分析填列。

7.“支付的其他与投资活动有关的现金”项目

本项目反映企业除了上述各项以外，支付的与投资活动有关的现金流出。包括企业购买股票和债券时，实际支付价款中包含的已宣告尚未领取的现金股利或已到付息期但尚未领取的债券利息等。

本项目应根据“库存现金”、“银行存款”、“应收股利”、“应收利息”等账户的记录分析填列。

（三）筹资活动产生的现金流量

现金流量表中筹资活动现金流入和流出各项目的编制方法如下：

（1）“吸收投资收到的现金”项目，反映企业以发行股票、债券等方式筹集资金实际收到的款项，减去直接支付给金融企业的佣金、手续费、宣传费、咨询费、印刷费等发行费用后的净额。

（2）“取得借款收到的现金”项目，反映企业举借各种短期、长期借款而收到的现金。

（3）“偿还债务支付的现金”项目，反映企业以现金偿还债务的本金。

（4）“分配股利、利润或偿付利息支付的现金”项目，反映企业实际支付的现金股利、支付给其他投资单位的利润或用现金支付的借款利息、债券利息。

（5）“收到其他与筹资活动有关的现金”、“支付其他与筹资活动有关的现金”项目，反映企业除上述（1）至（4）项目外，收到或支付的其他与筹资活动有关的现金流入或流出，包括以发行股票、债券等方式筹集资金而由企业直接支付的审计和咨询等费用，为购建固定资产而发生的借款利息资本化部分、融资租入固定资产所支付的

租赁费，以分期付款方式购建固定资产以后各期支付的现金等。

（四）“汇率变动对现金的影响”项目

“汇率变动对现金的影响”项目反映下列项目之间的差额：

（1）企业外币现金流量及境外子公司的现金流量折算为记账本位币时，所采用的现金流量发生日的即期汇率或按照系统合理的方法确定的，与现金流量发生日即期汇率近似的汇率折算的金额。

（2）“现金及现金等价物净增加额”中外币现金净增加额按期末汇率折算的金额。

五、现金流量表附注披露

现金流量表补充资料披露格式及有关内容说明，见表14.4。

表14.4　　　　单位：元

补充资料	行次	本期金额	上期金额
1. 将净利润调节为经营活动现金流量：			
净利润		1 048 380	
加：资产减值准备		123 600	
固定资产折旧、油气资产折耗、生产性生物资产折旧		400 000	
无形资产摊销		240 000	
长期待摊费用摊销			
处置固定资产、无形资产和其他长期资产的损失（收益以“－”号填列）		－200 000	
固定资产报废损失（收益以“－”号填列）		78 800	
公允价值变动损失（收益以“－”号填列）			
财务费用（收益以“－”号填列）		40 000	
投资损失（收益以“－”号填列）		－6 000	
递延所得税资产减少（增加以“－”号填列）		－30 000	
递延所得税负债增加（减少以“－”号填列）			
存货的减少（增加以“－”号填列）		－10 600	
经营性应收项目的减少（增加以“－”号填列）		－357 200	
经营性应付项目的增加（减少以“－”号填列）		－57 270	
其他			
经营活动产生的现金流量净额		1 269 710	
2. 不涉及现金收支的重大投资和筹资活动：			
债务转为资本			
一年内到期的可转换公司债券			

表14.4(续)

补充资料	行次	本期金额	上期金额
融资租入固定资产			
3. 现金及现金等价物净变动情况：			
现金的期末余额			
减：现金的期初余额			
加：现金等价物的期末余额			
减：现金等价物的期初余额			
现金及现金等价物净增加额			

(一)“将净利润调节为经营活动的现金流量”

(1)“资产减值准备”项目，反映企业本期计提的坏账准备、存货跌价准备、短期投资跌价准备、长期股权投资减值准备、持有至到期投资减值准备、投资性房地产减值准备、固定资产减值准备、在建工程减值准备、无形资产减值准备、商誉减值准备、生产性生物资产减值准备、油气资产减值准备等资产减值准备。

(2)“固定资产折旧”、“油气资产折耗”、“生产性生物资产折旧”项目，分别反映企业本期计提的固定资产折旧、油气资产折耗、生产性生物资产折旧。

(3)“无形资产摊销”、“长期待摊费用摊销”项目，分别反映企业本期计提的无形资产摊销、长期待摊费用摊销。

(4)“处置固定资产、无形资产和其他长期资产的损失”项目，反映企业本期处置固定资产、无形资产和其他长期资产发生的损益。

(5)“公允价值变动损失”项目，反映企业持有的金融资产、金融负债以及采用公允价值计量模式的投资性房地产的公允价值变动损益。

(6)“财务费用”项目，反映企业利润表“财务费用”项目的金额。

(7)“投资损失”项目，反映企业利润表“投资收益”项目的金额。

(8)“递延所得税资产减少”项目，反映企业资产负债表“递延所得税资产”项目的期初余额与期末余额的差额。

(9)“递延所得税负债增加”项目，反映企业资产负债表“递延所得税负债”项目的期初余额与期末余额的差额。

(10)“存货的减少”项目，反映企业资产负债表“存货”项目的期初余额与期末余额的差额。

(11)“经营性应收项目的减少”项目，反映企业本期经营性应收项目（包括应收票据、应收账款、预付款项、长期应收款和其他应收款中与经营活动有关的部分及应收的增值税销项税额等）的期初余额与期末余额的差额。

(12)“经营性应付项目的增加”项目，反映企业本期经营性应付项目（包括应付票据、应付账款、预收款项、应付职工薪酬、应交税费、应付利息、应付股利、长期应付款、其他应付款中与经营活动有关的部分及应付的增值税进项税额等）的期初余额与期末余额的差额。

（二）“不涉及现金收支的投资和筹资活动”，反映企业一定期间内影响资产或负债但不形成该期现金收支的所有投资和筹资活动的信息

（1）“债务转为资本”项目，反映企业本期转为资本的债务金额。

（2）“一年内到期的可转换公司债券”项目，反映企业一年内到期的可转换公司债券的本息。

（3）“融资租入固定资产”项目，反映企业本期融资租入固定资产的最低租赁付款额扣除应分期计入利息费用的未确认融资费用的净额。

（三）“现金及现金等价物净增加额”与现金流量表中的“现金及现金等价物净增加额”项目的金额应当相等

第五节 所有者权益变动表

一、所有者权益（或股东权益）变动表的格式和内容

所有者权益变动表是指反映构成所有者权益各组成部分当期增减变动情况的报表。所有者权益变动表应当全面反映一定时期所有者权益变动的情况，不仅包括所有者权益总量的增减变动，还包括所有者权益增减变动的重要结构性信息，特别是要反映直接计入所有者权益的利得和损失，让报表使用者准确理解所有者权益增减变动的根源。

2007年以前，公司所有者权益变动情况是以资产负债表附表形式予以体现的。新准则颁布后，要求上市公司于2007年正式对外呈报所有者权益变动表，所有者权益变动表将成为与资产负债表、利润表和现金流量表并列披露的第四张财务报表。

在所有者权益变动表中，企业至少应当单独列示反映下列信息的项目：

（1）净利润；

（2）直接计入所有者权益的利得和损失项目及其总额；

（3）会计政策变更和差错更正的累积影响金额；

（4）所有者投入资本和向所有者分配利润等；

（5）提取的盈余公积；

（6）实收资本或股本，以及资本公积、盈余公积、未分配利润的期初和期末余额及其调节情况。

二、所有者权益（或股东权益）变动表的编制方法

所有者权益（或股东权益）变动表各项目应当根据当期净利润、直接计入所有者权益的利得和损失项目、所有者投入资本和向所有者权益分配利润、提取盈余公积等情况分析填列。其格式见表14.5。

表 14.5

所有者权益变动表

会企 04 表

编制单位：花纹公司　　　　单位：元

项目	行次	本年金额						上年金额（略）					
		实收资本（或股本）	资本公积	减：库存股	盈余公积	未分配利润	所有者权益合计	实收资本（或股本）	资本公积	减：库存股	盈余公积	未分配利润	所有者权益合计
一、上年年末余额		20 000 000	9 000		400 000	200 000	20 600 000						
1. 会计政策变更													
2. 前期差错更正													
二、本年年初余额		20 000 000			400 000	200 000	20 600 000						
三、本年增减变动金额（减少以“－”号填列）													
（一）本年净利润						1 048 380	1 048 380						
（二）直接计入所有者权益的利得和损失													
1. 可供出售金融资产公允价值变动净额													
2. 现金流量表套期工具公允价值表面变动净额													
3. 与计入所有者权益项目相关的所得税影响													
4. 其他													
上述（一）和（二）小计						1 048 380	1 048 380						
（三）所有者投入和减少资本													
1. 所有者投入资本													
2. 股份支付计入所有者权益的金额													
3. 其他													
（四）利润分配													
1. 提取盈余公积					104 838	－104 838	0						
2. 对所有者（或股东）的分配													
3. 其他													
（五）所有者权益内部结转													

表14.5(续)

项目	行次	本年金额						上年金额（略）					
		实收资本（或股本）	资本公积	减：库存股	盈余公积	未分配利润	所有者权益合计	实收资本（或股本）	资本公积	减：库存股	盈余公积	未分配利润	所有者权益合计
1. 资本公积转增资本（或股本）													
2. 盈余公积转增资本（或股本）													
3. 盈余公积弥补亏损													
4. 其他													
四、本期期末余额		20 000 000			504 838	1 143 542	21 648 380						

在所有者权益（或股东权益）变动表中，直接计入当期损益的利得和损失应包含在净利润中。直接计入所有者权益的利得和损失，主要包括：可供出售金融资产公允价值变动净额、现金流量套期工具公允价值变动净额等，单列项目反映。

第六节　附注

一、附注的概念及形式

财务报表附注是对在资产负债表、利润表、现金流量表和所有者权益变动表等报表中列示项目的文字描述或明细资料，以及对未能在这些报表中列示项目的说明等。

财务报表附注是财务报表不可或缺的组成部分，报表使用者为了了解企业的财务状况、经营成果和现金流量，应当全面阅读附注，附注相对于报表而言，同样具有重要性。

财务报表附注的相关信息应当与资产负债表、利润表、现金流量表和所有者权益变动表等报表中列示的项目相互参照。

根据企业会计准则规定，财务报表附注应当按照一定的结构进行系统合理的排列和分类，有顺序地披露信息。企业会计准则解释规定附注中至少披露下列内容，但是，非重要项目除外。

二、附注披露的内容

（一）企业的基本情况

（1）企业注册地、组织形式和总部地址。

（2）企业的业务性质和主要经营活动。

（3）母公司以及集团最终母公司的名称。

（4）财务报告的批准报出者和财务报告批准报出日。按照有关法律、行政法规等规定，企业所有者或其他方面有权对报出的财务报告进行修改的事实。

（二）财务报表的编制基础

（1）会计年度。

（2）记账本位币。

（3）会计计量所运用的计量基础。

（4）现金和现金等价物的构成。

（三）遵循企业会计准则的声明

企业应当明确说明编制的财务报表符合企业会计准则的要求，真实、完整地反映企业的财务状况、经营成果和现金流量等有关信息。

（四）重要会计政策和会计估计

企业应当披露采用的重要会计政策和会计估计，不重要的会计政策和会计估计可以不披露。

（五）会计政策和会计估计变更以及差错更正的说明

（1）会计政策变更的性质、内容和原因。

（2）当期和各个列报前期财务报表中受影响的项目名称和调整金额。

（3）会计政策变更无法进行追溯调整的事实和原因以及开始应用变更后的会计政策的时点、具体应用情况。

（4）会计估计变更的内容和原因。

（5）会计估计变更对当期和未来期间的影响金额。

（6）会计估计变更的影响数不能确定的事实和原因。

（7）前期差错的性质。

（8）各个列报前期财务报表中受影响的项目名称和更正金额；前期差错对当期财务报表也有影响的，还应披露当期财务报表中受影响的项目名称和金额。

（9）前期差错无法进行追溯重述的事实和原因以及对前期差错开始进行更正的时点、具体更正情况。

（六）重要报表项目的说明

企业应当尽可能以列表形式披露重要报表项目的构成或当期增减变动情况。对重要报表项目的明细说明，应当按照资产负债表、利润表、现金流量表、所有者权益变动表的顺序以及报表项目列示的顺序进行披露，应当以文字和数字描述相结合进行披露，并与报表项目相互参照。

（七）或有和承诺事项的说明

（1）预计负债的种类、形成原因以及经济利益流出不确定性的说明。

（2）与预计负债有关的预期补偿金额和本期已确认的预期补偿金额。

（3）或有负债的种类、形成原因及经济利益流出不确定性的说明。

（4）或有负债预计产生的财务影响，以及获得补偿的可能性；无法预计的，应当说明原因。

（5）或有资产很可能会给企业带来经济利益的，其形成的原因、预计产生的财务影响等。

（6）在涉及未决诉讼、未决仲裁的情况下，披露全部或部分信息预期对企业造成重大不利影响的，该未决诉讼、未决仲裁的性质以及没有披露这些信息的事实和原因。

（八）资产负债表日后事项的说明

每项重要的资产负债表日后非调整事项的性质、内容，及其对财务状况和经营成果的影响无法做出估计的，应当说明原因。

（九）关联方关系及其交易的说明

【本章小结】

1. 财务会计报告是指企业对外提供的反映企业在某一特定日期财务状况和某一会计期间经营成果、现金流量的文件。财务会计报告是以日常会计核算资料为主要依据编制的，是会计核算过程中最后提出的结果，是会计核算工作的总结，也是企业对外披露会计信息最重要的手段。

2. 资产负债表是反映企业在某一特定日期的财务状况的会计报表。企业编制资产负债表的目的是通过如实反映企业的资产、负债和所有者权益金额及其结构情况，从而有助于使用者评价企业资产的质量以及短期偿债能力、长期偿债能力、利润分配能力等。

3. 利润表是反映企业在一定会计期间的经营成果和综合收益的会计报表。企业编制利润表的目的是通过如实反映企业实现的收入、发生的费用以及应当计入当期利润的利得和损失、其他综合收益、综合收益等金额及其结构情况，从而有助于使用者分析评价企业的盈利能力及其构成与质量。

4. 现金流量表是反映企业在一定会计期间的现金和现金等价物流入和流出的会计报表。企业编制现金流量表的目的是通过如实反映企业各项活动的现金流入和现金流出，从而有助于使用者评价企业生产经营过程特别是经营活动中所形成的现金流量和资金周转情况。

5. 所有者权益变动表是反映构成企业所有者权益的各组成部分当期的增减变动情况的报表。所有者权益变动表应当全面反映一定时期所有者权益变动的情况，不仅包括所有者权益总量的增减变动，还包括所有者权益增减变动的重要结构性信息，特别是要反映直接计入所有者权益的利得和损失，让使用者准确理解所有者权益增减变动的根源。

6. 附注是对在会计报表中列示项目所作的进一步说明，以及对未能在这些报表中列示项目的说明等。附注由若干附表和对有关项目的文字性说明组成。企业编制附注的目的是通过对报表本身作补充说明，以更加全面、系统地反映企业财务状况、经营成果和现金流量的全貌，从而有助于使用者提供更为有用的决策信息，帮助其作出更加科学合理的决策。

【复习与思考】

1. 资产负债表的编制方法

资产负债表主项目编制方法

报表项目	具体编制方法
货币资金	根据“库存现金”、“银行存款”和“其他货币资金”的总账科目余额之和填列。
交易性金融资产	照抄“交易性金融资产”的账面余额
应收账款和预收账款	根据“应收账款”及“预收账款”的明细账借方余额之和再与其备抵账“坏账准备”相抵后填列“应收账款”项目；根据“应收账款”及“预收账款”的明细账贷方余额之和填列“预收账款”项目。
应付账款和预付账款	根据“应付账款”和“预付账款”的明细账借方余额之和填“预付账款”项，明细账贷方余额之和填“应付账款”项目。
存货	根据“原材料”、“材料采购”、“在途物资”、“材料成本差异”、“库存商品”、“发出商品”、“受托代销商品”、“受托代销商品款”、“委托加工物资”、“生产成本”、“周转材料”、“存货跌价准备”、“消耗性生物资产”、“工程施工”减去“工程结算”的正差额（如果是负差额则列入“应付账款”）、“商品进销差价”等总账科目余额相加或相减后填列。
长期待摊费用	下一年不到期的长期待摊费用
持有至到期投资	“下一年不到期的持有至到期投资”－相应的“持有至到期投资减值准备”
长期股权投资	“长期股权投资”－“长期股权投资减值准备”
可供出售金融资产	照抄科目余额
一年内到期的非流动资产	下一年要到期的“长期应收款”减去相应的“未实现融资收益”＋下一年到期的“持有至到期投资”减去相应的“持有至到期投资减值准备”＋下年到期的“长期待摊费用”
长期应收款	下一年不到期的“长期应收款”减去相应的“未实现融资收益”
投资性房地产	以净值列示。
固定资产	“固定资产”－“累计折旧”－“固定资产减值准备”
在建工程	照抄科目余额
无形资产	“无形资产”－“累计摊销”－“无形资产减值准备”
研发支出	根据“研发支出”的期末余额填列
商誉	照抄科目余额
递延所得税资产	照抄科目余额
递延所得税负债	照抄科目余额
应付职工薪酬	照抄科目余额

表(续)

报表项目	具体编制方法
应交税费	照抄科目余额
“长期负债”与“一年内到期的长期负债”	根据各长期负债项中下一年要到期的部分填在“一年内到期的长期负债”，其余部分填在各长期负债项。
库存股	照抄科目余额
未分配利润	根据“本年利润”和“利润分配”分析填列

其余各项根据总账科目余额填列。

2. 利润表的编制方法

利润表各项指标编制方法

项目	填列方法
一、营业收入	=“主营业务收入”+“其他业务收入”
减：营业成本	=“主营业务成本”+“其他业务成本”
营业税金及附加	=“营业税金及附加”
销售费用	=“销售费用”
管理费用	=“管理费用”
财务费用（收益以“－”号填列）	=“财务费用”
资产减值损失	=“资产减值损失”
加：公允价值变动净收益（净损失以“－”号填列）	=“公允价值变动损益”
投资净收益（净损失以“－”号填列）	=“投资收益”
二、营业利润（亏损以“－”号填列）	推算认定
加：营业外收入	=“营业外收入”
减：营业外支出	=“营业外支出”
三：利润总额（亏损总额以“－”填列）	推算认定
减：所得税费用	=“所得税费用”
四、净利润（净亏损以“－”填列）	推算认定
五、每股收益：	
（一）基本每股收益	=“归属于普通股股东的当期净利润”÷“当期发行在外普通股的加权平均数”
（二）稀释每股收益	=“归属于普通股股东的当期净利润”÷“假定稀释性潜在普通股转换为已发行普通股的前提下普通股股数的加权平均数”
六、其他综合收益	=“资本公积——其他资本公积”科目的本期发生额
七、综合收益总额	=推算认定

参考文献

[1] 盖地．财务会计学［M］．天津：南开大学出版社，2007.

[2] 杨松令．财务会计［M］．北京：清华大学出版社，2008.

[3] 董惠良．中级财务会计学［M］．上海：立信会计出版社，2009.

[4] 郭惠云．财务会计［M］．北京：中国财政经济出版社，2009.

[5] 财政部会计资格评价中心．中级财务会计实务［M］．北京：经济科学出版社，2010.

[6] 中华人民共和国财政部会计司．企业会计准则讲解［M］．北京：人民出版社，2008.

[7] 王文华．中级财务会计学［M］．上海：立信会计出版社，2007.

[8] 吴开新．中级财务会计［M］．北京：化学工业出版社，2010.

[9] 沈彤．财务会计学［M］．大连：大连理工大学出版社，2010.

[10] 邹香．中级财务会计［M］．大连：大连理工大学出版社，2010.

[11] 刘永泽，陈立军．中级财务会计［M］．大连：东北财经大学出版社，2007.

[12] 袁新文．中级财务会计［M］．厦门：厦门大学大学出版社，2007.

[13] 陈强．中级财务会计［M］．北京：清华大学出版社，2009.